The Luminous Rebel
Life Story of a Maverick Mystic

異端の神秘家

OSHO・反逆の軌跡

著◉ヴァサント・ジョシ
訳◉宮川 義弘

市民出版社

OSHO:THE LUMINOUS REBEL;
Life Story of a Maverick Mystic by Vasant Joshi

Japanese translation rights arranged with Wisdom Tree,
New Delhi through Tuttle-Mori Agency, Inc., Tokyo

はじめに

チベット仏教カギュ派の亡き教主ラマ・カルマパは言った。

「ＯＳＨＯは、インドにおける仏陀以来の最大の神性の化身だ。彼は生きているブッダだ」

ＯＳＨＯは実際、新しい人類と新しい世界のために、見者の啓発されたビジョンと輝ける建設的な青写真の両方を提示している。

ＯＳＨＯとは人物ではない。ＯＳＨＯとは現象だ。人は、彼の存在を理解できない。そのため彼を言葉で述べることは不可能だ。ＯＳＨＯとは太陽のようなもので、明るく輝き、力強く光を発し、滋養を与えてくれる。たとえば私たちは、太陽が照らす光の中にあらゆるものを見る。だが、自分の目を通して太陽を見ることはできない。同様に、人はＯＳＨＯという光の中に生の真実を見るが、実際に彼を見ることはできない。

ＯＳＨＯは「目覚めた人」、「光明を得た人」であり、どんな心的《メンタル》な投影もなく、純粋な意識を通して「そうであるもの」を見た人だ。彼は、惨めさはマインドの創造物であり、マインドは超越できると示す。たとえ、彼の並外れた生の物語が言葉を超えたものであろうと、ほんの僅かでもそれを知る可能性があれば、私たちを目覚めさせることができる。それは内なる喜びと神性さ、平和と創造性の源を見つけることと同じなのだ。

ＯＳＨＯは反逆者であり、非協調主義者ではない。彼は反動主義者たちのように、一つの極端からもう一つの極端へ行く人ではない。彼は常に、バランスの取れた状態の中にいる。ＯＳＨＯは〝反撃する人〟または〝闘う人〟という意味で、辞書に定義されるような反逆者ではない。確かにＯＳＨＯの反逆はその本質に関するものだが、〝応戦〟はその姿の半分しか示しておらず、不充分だ。ＯＳＨＯは全ての間違っているものと闘っただけではない。古いもの、腐敗したもの、的外れなものを取り壊しただけではない。より大きな明晰さと理解をもって、自分自身と周りの世界を認識できる新たな展望と新たな光もまた、私たちにもたらした。彼は反逆の残り半分を完成させた。人類全体がより良い生を生きられるように、そのための新しいビジョンを創造した。だからＯＳＨＯとは自己を定義する現象であり、彼が彼自身の定義そのものだ。一方で、彼の反逆が人類の精神分裂的状態――物質と魂の、身体と意識の間に生まれた分割と二分裂の状態を破壊しながらも一方では、気づきと理解、愛と瞑想、ゾルバとブッダによって導かれる全体性をもって、光明を得た生の包括的なビジョンを分かち合った。

彼には地図もなく案内もない。あらゆる瞬間が彼にとって新しい。あらゆる瞬間に彼は新たな空間、新たな体験に到達し、自らの真実、ビジョンに到達する。まさに彼の生とワークは戯れ《リーラ》だ。リーラにはどんな論理的な意味もない。それは論理と合理主義を超えている――自発的で実存的、超合理的な『純然たる意識の神性な遊び』だ。

ＯＳＨＯが反逆者であるのは、自分のやり方、自分の時間、自分の選んだ場所で社会から禁じられたことを行動し、因習的な方法と手段に挑戦するからだ。反逆者は、自分の行動が禁じられているかどうかなど気にしない。なぜなら人類の未来のためにそうするからだ。実際に反逆者は、ＯＳＨＯが自らのビジョンの力を通して示したように、「彼は人類の未来だ」ということを示す。

反逆者は、偽り、否定的な生、偽善的なものへの戦いにおいては常に孤独だ。ＯＳＨＯは「私は一人という多数派に属する」と言う。彼はどんな範疇《カテゴリー》にも当てはまらない。彼は「私は私自身という範疇《カテゴリー》に属する」と宣言する。全ての反逆者たちは、彼ら自身というカテゴリーにあり、仏陀、ソクラテス、イエス、カビール、ミーラはみんな彼らの反逆性において、また彼らのビジョンにおいて独特な神秘家たちだ。ＯＳＨＯはそうした反逆者たちを「まさに地の塩」と呼ぶ。

ＯＳＨＯは基本的に魂の科学者だ。彼は〝宗教〟の人ではないが、まさにその存在が宗教的であることの反映だ。彼は神を探しに行くことを勧めずに、むしろ瞑想、愛、そして気づきを通して、あたり一面に神々しさを拡張させる。彼のメッセージとは、過去の支配から解放されてあなた自身の道を発見し、勇気と関わり合いながら進み続けることにある。

「人類全ての歴史に反対する男」とＯＳＨＯが自らを表現する時、当然その後に続くのは、最も誤解されるだろうことだ。

彼は言う、「人々は常に私を誤解してきた――おそらくそれは運命なのだろう」

――*Sat Chit Anand*

たいてい誤解が生じるのは、多くの人々が、本当は一つの冒険映画であるその一枚のスナップ写真しか見ないからだ。彼らは意識の川よりも、水たまりを見る。時が経つにつれて、その川全体の完全さを私たちが理解すれば、最も注意を引くものはその「過程《プロセス》」だ。

そう、本質的なものは常にそこにあったし、常にそこにある。だがその形態は、その時代のニーズに合わせて作られたものであり、それは聴衆がこれまでの歴史から離れて前進するために最高の助けとなるものだった。人々がかつての歴史の中に埋没することが　ＯＳＨＯ　の描く「黄金の未来」の可能性を妨げていることを、ＯＳＨＯ　はわかっていた。

初期の頃には、彼はもう一人のＪ・クリシュナムルティと、つまりマスター、弟子、テクニック等々に反対する者と見なされていた。しかし彼は、彼の時代の旧時代的な知恵を――それがマルクス、ガンジー、唯物主義、または社会主義であろうと――激しく非難する扇動者としても知られている。しかしＯＳＨＯを理解したつもりでいる人々は宗教の罠にかかる、ということにＯＳＨＯ　は気づいているように思われる。それで彼は宗教を取り上げる。

私はＯＳＨＯが六十年代後半に、クリシュナについて語るためにムンバイ（当時はボンベイ）に現れた時の、奇妙な話を聞いたことがある。

門番は驚いてＯＳＨＯに尋ねた。「あなたがクリシュナについて語っていたことは、真実だったのですか？　なぜなら二年前には、クリシュナに反対して語っていたからです」

ＯＳＨＯ　は答えた。「そうだ。だが、もし私がクリシュナに反対して話したら、誰もやって来ない。だから私は、クリシュナに賛成して話している。だが、あなたがこの話題を繰り返すなら、私はそれを否定するだろう！」

だからＪ・クリシュナムルティがしたように、疑いに留まるよりも、ＯＳＨＯ　は本当に知性的に疑うことの基礎として、まず信頼をもって始める。しかし彼は、この期間について次のように語り、彼の心を打ち開けている。

「……しかし今、私はただ単に、私の真実を話している。なぜなら今、私は信頼できるからだ――あなたはイエス、マハーヴィーラ、仏陀、クリシュナのような、何らかの媒介を経由する必要がないのを理解するだろうということを――。私は直接的に、すぐにあなたに語ることができる。私は言葉のゲームを演じる必要はない」

「……私が演じなければならなかったゲームは、必要悪だった。そうしなければ、あなたを見つけることは無理だっただろう。あなたは自分が、無神論者、道徳否定論者、神を否定する非宗教的な人物のところに来たとでも思っているのだろうか？　もしあなたがその問題を自分自身に問いかけるなら、なぜ私が宗教と宗教的な専門用語を使わざるを得なかったのかを理解するだろう。私はただあなたのためだけに、自分自身に反してそれを使っていた。私がした全ての事柄は、あなたのためだった。だが、今やその必要はない」

――*From Personality to Individuality*

そこで彼はマスターという役を演じ、弟子たちを入門させ、時には駅にいて、「サニヤス」にまつわる私たちの条件付けから皮肉を作り、全ての人たちを激怒させるためにバグワンという名前を受け入れ、それからある日、単に「ジョークは終わった」と言う。

もちろんＯＳＨＯは、自分には追従者たちはいない、ただ共に旅をする仲間たちだけがいると、常に主張してきた。だが、従うことはとても容易で居心地が良い。その時、それは私たちの責任ではない……。人は責任を、他の誰かに押し付けることができる――神、グル、仏陀、イエス、どんなものにでもだ。しかしゆっくりと、そして無情にも、ＯＳＨＯは私たちの企てに対する彼の支援を引っ込める。鳥が巣から雛を誘い出すように――それは辛辣なテストであった。ＯＳＨＯの存在に依存した何かを作ることとは別に、自己再生、自己成長をもたらすものを作り出し、外側の助けを借りず、各個人の内なる源泉のみを頼るなど、誰も予想できなかったことだった。今日、彼のワークが、彼が予想するように「私たちのマインドを超えて」広がることがあり得るなどと、誰が考えていただろう？

それからある日、突然彼は立ち去る。それは私たちが一人で立つべき時だった。彼の意図は、私たちが彼が話すことにあまり関心を持つのではなく、彼が指し示すものに関心を持つべきだということだ。彼は私たちを一人に、完全に一人に残しておく。私たちが誰の助けも受け取らず、どんな預言にも固執しないように、ゴータマ・ブッダやイエスが私たちを救ってくれるなどと、私たちが思わなくなるようにだ。完全に一人に残されると、自分の最も奥深い中心を見つけざるを得なくなる。彼はそれを明確にする……。

「そこに道はなく、行くべきところはどこにもなく、助言者も教師もマスターもいない。それは厳しいように見え、荒々しいように見えるが、あなたを愛しているからだ。そうしなかった人々は、あなたを全く愛していなかった。彼らは自分自身を愛していて、自分たちの周りに大きな群集を持つことを愛していた。群集が大きければ大きいほど、自分のエゴに栄養を与えていると感じる。だから私は、光明を得ることさえ『最後のゲーム』と呼んだのだ。あなたがそれを落とすのが早ければ早いほど、それは良い。なぜ、ただ在るだけではいけないのだろうか。なぜ、あちらこちらへ不必要に急ぐのだろう。あなたとは存在がそうあるように望んだものだ。ただくつろぎなさい」

――*Om Mani Padme Hum*

ＯＳＨＯの愛する両親、親類、友人たち、そして弟子たちが、この伝記をまとめるに当たっていろいろと援助し協力してくれたことに、私は非常に感謝している。原稿を読んで、非常に重要な感想を述べることに貴重な時間を惜しまなかった友人たち、共に旅をする仲間たち、ジャイエッシュ、アムリット、ニーラム、アナンド、チャイタニヤ・キルティに非常に感謝している。とりわけ、ＯＳＨＯの私的な医者であり、彼の世話をしている一人であるプレム・アムリット（ジョージ・メレディス医師）に対して、彼の観察記録を本書に記載することを承諾してくれたことに感謝している。特に、ＯＳＨＯの健康の詳細は、完全に彼の診断書に基づいている。

私は若い頃の著作『*The Awakened One: Life and Work of Bhagwan Shree Rajneesh*（邦訳：「反逆のブッダ」）』に掲載したＯＳＨＯの人生に関する話を本書に取り入れた。その本は一九八三年に、サン・フランシスコのハーパー・アンド・ロウ社より出版された。

本当に、この物語を書くことは、非常にやりがいのある体験だった。それは喜びと祝福の両方の感覚をもたらした。本書は実はＯＳＨＯの伝記ではない。その目的は、ＯＳＨＯの信じがたいほど広大な生から、あらゆる詳細な部分を記載することでは決してない。それは無謀なことだっただろう。その努力は、私のハートからの糸で布を織るようなものだった。この物語を書くという挑戦的な現実は、決して私のマインドから逃れなかったし、それはより以上の……ウイリアム・ブレイクによって、とても美しく表現されたようなものであった。

一粒の砂に世界を見、
一輪の野の花に天国を見る。
手のひらに無限をつかみ、
一瞬のうちに永遠をとらえる。

この物語を出版することに個人的な関心を寄せてくれた、*Wisdom Tree* 社の発行者ショビット・アーリヤに感謝を表したい。また、ナンディータ・ジャイシャンカールとアンキータ・A・タルワーが、とても念入りに本文の編集をしてくれたことにも感謝する。

ヴァサント・ジョシ博士　二〇〇九年八月

私は永遠に属する……OSHO

「私はどんな社会運動《ムーブメント》の一部でもない。
私がしていることは永遠の何かだ。
それは最初の人間が地上に現れてから続いてきて、最後の人間まで続くだろう。
それは社会運動ではない。それはまさに進化の核心だ……。
私は人類の永遠の進化の一部だ。

真理の探求は新しくも古くもない。あなた自身の存在の探求は、時間とは何の関係もない。

それは非時間的なものだ。

私はいなくなるかもしれないが、私がしていることは継続する。他の誰かがそれをするだろう。私がここにいなかったら、他の誰かがそれをしていた。そこでは誰も開祖ではないし、誰も指導者ではない。

それは多くの光明を得た人々が現れ、助け、そして消えていったというような広漠な現象だ。

しかし彼らの助けは、人類にいくらかの高みをもたらし、人類を少しばかり良く、少しばかり、より人間的にさせてきた。彼らは世界を、それを見つけた時より、少しばかり美しくしてきた。

世界をより良いものに残すことは、大きな満足となる。更にそれ以上のものが、とても多く求められている。世界はあまりにも大きく、たった一人の個としての人間はとても小さい。もし彼が何百万年もの間、進化によって作られてきた絵画にほんの少しの一筆でも残せるなら、それで充分だ。ほんの少しの一筆で……もう少しだけ完成し、もう少しだけ明瞭になる。

私はどんな流行の一部でもなく、どんな社会運動の一部でもない。

私は永遠に属している。

そして私はあなたも、一時的な段階にではなく永遠に属してもらいたい、と思っている」


—— *Socrates Poisoned Again After 25 Centuries*

目次

OSHOとは何者か

Who is OSHO

初期瞑想キャンプ中

「展望《ビジョン》の欠如というものが、地球上の最も目立った国家をつかんでしまったようだ……。統治する者が、最も切迫している問題と取り組むことへの、政府の首脳や、時には挙党や民主主義体制による失敗――それは最近、痛々しいほど世界的に明白だ……。明らかに、世界は新しい展望《ビジョン》を必要としている」

――タイム・マガジン　一九九三年七月十二日

世界中にいる数多くの彼を慕う人たち、弟子たち、そして帰依者たちにとって、彼は単に「OSHO」として知られていた。インドや世界で、彼は「アチャリヤ・ラジニーシ」、そして「バグワン・シュリ・ラジニーシ」としても知られていた。OSHO自身の説明では、その名前はウイリアム・ジェームスの言葉「オーシャニック *oceanic*（大洋）」に由来する。それは文字通りの意味より一歩進めるなら、海に溶け込むもの、となる。「オーシャニック」が体験を言い表すため、「オショー OSHO」とは体験を通過する者を言い表わす。OSHOとは、意識の普遍的大洋に溶け込んだ人、そして一滴の露が海に消えるのと同じように、『自身の分離した実体を失った人』という意味だ。「OSHO（和尚）」は、極東では「祝福された者、天はその人の上に花々を降り注ぐ」という意味で、歴史的に使われてもきた。

ゴータマ・ブッダから二十五世紀後、OSHOは人間の意識を引き上げるために、再度法《ダルマ》の車輪を回した。彼について書くことは容易ではない。彼は全ての二元性、全ての多様性、全ての矛盾を含む広大な空間のようだ。彼は暗闇の中で手探りしている人たちに、光をもたらす意識を放射する。彼は究極の栄光として、スピリチュアリティを象徴する。闘争に支配された人類にとって、OSHOはおそらく、平和で健全な社会を生み出すための唯一の選択肢であるかのように、よりいっそう思える。彼のビジョンとワークは、知的に成長して幸福を見つけたいと思っている個々人の生において、偉大な霊的革命と信じがたい変容の良い例になる。彼は破壊、痛み、そして苦しみにつきまとわれている今日の全人類に、明晰さと信頼、愛と慈悲、理解と気づきを提供する。

OSHOの革命的なメッセージは、彼自身の真実の体得から来ている。そのため彼のワークには真正さと鋭さがあり、誰であれ彼に心を開く意志があるなら、その人に完全な変容をもたらす力がある。OSHOは、自己実現を果たして光明を得た他のほとんどのマスターとは違う。宗教を現代的にさせ、それをあらゆる人たちやあらゆる瞬間に適用させることに成功したのは、おそらく彼が最初だろう。

しばしば反逆者、因習打破主義者、光明を得た神秘家、不合理、無政府主義者、多作な作家、悪質、反キリスト、スピリチュアル・テロリスト、知的な巨人などと評されるが、OSHOはこれらの全てであり、それ以上のものだ。その単純な理由は、彼がどんな伝統の一部でもなく、どんな哲学の学派の一部でもなく、またはどんな宗教の一部でもないからだ。「私は、全面的に新しい宗教的意識の始まりだ」と彼は宣言する。「私を過去と繋げないように。それは覚えておく価値さえない」。彼は仏陀、老子、クリシュナ、イエス、カビール、グルジェフであり、それより多くのもの全てを含んでいる。

OSHOは、まさに他の光明を得た神秘家たちがそうだったように、一生を通して論争の的であり続けた。彼らが論争の的になってきたのは、彼らの生き方が変化と変容の道であり、それは社会に抵抗するものだからだ。社会は現状を好む。社会は馴染んだものに安心する。そのため光明を得たマスターの言葉と行動は、受け入れ難いものとなる。光明を得たマスターの知恵の、この受け入れ難さが論争を引き起こす。

OSHO曰く、「私は教えるために来たのではない。私は目覚めさせるために来た」。教師は決して論争を引き起こすことはできない。彼は現状に甘んじているからだ。彼は自ら進んで、踏みならされた道に従う。教師は何であれ社会に受け入れられそうなことを言い、それをする。自分自身に関して提供できるものは何もないし、自分自身の体験から生じる知識もない。古来からの条件付けから私たちを連れ出せる人は、OSHOのようなマスターしかいない。彼は私たちを、宗教的かつ社会的偽善から目覚めさせるためにここにいる。彼は私たちの本来の現実《リアリティ》に、私たちの周りの現実に、そして私たちが将来、光明を得た存在として進化するという真実に私たちを気づかせる。そのために、彼は私たちを刺激して、人類がその無意識状態から出て来れるようにエネルギーの摩擦を引き起こす。OSHOに関しては、彼が政府、宗教、そして古い信仰に対して公然と恐れなく自分の真実を話すため、論争はより強烈になる。彼は、自分は「自分自身という範疇《カテゴリー》」だ、と宣言する。

OSHOは光明を得た存在であり、古来からの信仰、伝統、教えをくつがえした火のような神秘家だ。「私は完全な宗教を教える」と彼は宣言する。「私は妥協するためにここにいるのではない。私はその代償が何であろうとも、全く正直かつ誠実であろうと決めている」

講話の中で、彼は「新しい人」、「新しい人間」、または「新しい人類」のために必要なことについて語る。OSHOは、私たちは分割された人類であるため、傷ついた者でもある、という事実を強調する。彼にとって、人間を東西南北に分割することは意味がない。彼にとって世界は本質的に一つであり、そうした分割は全て人間の無知に基づいていた。彼は東洋と西洋が一緒に溶け合い、お互いが豊かになることを望んでいた。彼が言うには、ただそこにのみ、平和と調和が真に永続する可能性がある。新しい人間と新しい人間性についての彼の展望《ビジョン》に分割の余地はない。

彼は言う、「ただ全体的 (*whole*) な人だけが、神聖 (*holy*) な人であり得る」と。ＯＳＨＯによると……

「新しい人間は、あれかこれか、ではない。彼は両方であり、どちらでもあるだろう。新しい人間は世俗的かつ神性であり、この世的であり、あの世的でもある。新しい人間は自分の全体性を受け入れ、どんな内的な分割もなしに生きるだろう。彼は分裂していない。彼の神は悪魔に反対しない。彼の道徳は不道徳に反対しない。彼はどんな反対も知らない。彼は二元性を超える。彼は精神分裂症ではない。新しい人間と共に新しい世界は訪れる。なぜなら新しい人間は質的に異なる手段で知覚し、前例のないような完全に異なる生を生きるからだ。彼は神秘家、詩人、科学者であり、その全部であるだろう」

同様に、ＯＳＨＯは科学と意識を統合する必要性も見ていた。彼は科学が人間の意識を破壊するのではなく、高めるために作用する世界を望んでいた。実際に彼は、意識は科学的な努力を導くものだと提示した。

ＯＳＨＯのサニヤシンたちはしばしば「カルト」という汚名を着せられ、ＯＳＨＯは愚かしくもジム・ジョーンズ師（※人民寺院の指導者、一九七八年にガイアナで九百人余りの信者たちと集団自殺）やコレシュ（※デビッド・コレシュ、ブランチ・ダビディアンという終末思想を掲げるキリスト教系新興宗教の教祖。一九九三年に八十余名の信者と共に焼身自殺）のようなカルト指導者と同様に扱われている。これは真実からは程遠い。ジム・ジョーンズとコレシュは共にキリスト教徒で、死、復活、そして再臨の栄光に取りつかれていた。彼らは聖書の予言を狂信的に信じていて、自分の信者たちを増員して支配するため、自らの狂信を利用したのだ。ジム・ジョーンズとコレシュは、両方とも盲信、貪欲、野心の持ち主だった。彼らはおそらくどんな代償を払ってでも、注目と承認を求めていた。OSHOは彼のサニヤシンたちを追従者として見るのではなく、友人として、旅の仲間として見ている。そのように在り、探求し、実験し、問いかけるという彼のサニヤスのビジョンは、個人の自由に基づいている。信仰も不信仰も求めず、彼らの生に光と喜びをもたらす真実を探求することだけを求める。OSHOにとって、サニヤシンは生への敬意に満ちている。サニヤシンは自然に生きる人であり、生の全ての現われ方にオープンな人だ。サニヤシンは、神の存在の是非に悩まされない。彼の努力はOSHOが「神々しさ」と呼ぶもの——気づきと慈悲、愛と祝祭の性質を生にもたらすことにある。サニヤシンはこの世界を非常に配慮するので、架空の楽園を捜すために地上から逃避せず、地上に楽園を作り出す。OSHOのメッセージは明確だ。

「私は私の人々に世界から去ってほしくない……人々が妥協せずに社会に留まれるように、気づきをもって充分強くなるべき時だ。たとえそれがはるかに困難でも、社会で生きながらその一部とならないこと、社会で生きても社会があなたの中に生きるのを許さないこと、それは大きな挑戦だ。それが宗教的な体験と反逆的な人間への、私の特別な貢献だ」

ＯＳＨＯは、社会や世間の変革は広めない。彼にとって社会というものはなく、ただ個人だけが在るからだ。

「私たちに必要なものは、完全に違う種類の変化、個人のハートの変化だ……。革命や社会を変えるという見地や、そのような構造で考える代わりに、私たちは瞑想についてもっと多く、そして個人を変えることについて考えねばならない……」と彼は言う。

それゆえに、OSHOのところに来た人たちは個になる。彼らは変化と変容を必要とする探求者たちだ。彼らには社会が避けている問題に向き合う用意がある。彼らには、社会が隠すか抑圧するように彼らに教えてきた病いに直面する勇気がある。瞑想は変容への方法として働く。それがまさにOSHOのビジョンの基盤だ。彼の言葉では——。

「もし瞑想があまねく広がり、人々が自分自身の内側の意識に至るなら、世界は調和を実現できる。これは革命ではなく、瞑想と変容をもって働きかけるという完全に異なる次元であるだろう。それは人々が思うほど難しくない。それはただ、瞑想の価値を理解するという問題にすぎない。私の努力は瞑想を、それが宗教と関係のある何かでなく、科学にすることにある。それなら、誰でも瞑想を実習できる——彼がヒンドゥー教徒、またはキリスト教徒、ユダヤ教徒やイスラム教徒であろうとなかろうと、どうでもいいことだ……瞑想は、ほとんど野火のようにならねばならない。その時、何らかの希望がある」

瞑想、サニヤス、コミューン、ラジニーシプーラム、ワールド・ツアー、これらは全て、OSHOのワークの強力な次元だった。愛と慈悲、実験と活力《ダイナミズム》から生まれたこれらは、人類を目覚めさせることを意図した実存的な真理だ。OSHOの周りで起こったことは社会運動ではないし、間違っても新しい宗教的活動でもない。OSHOは「新しい宗教」ではなく、ただ新しい宗教的意識だけをもたらした。彼は何かの運動の指導者であることを否定し、または何かの運動の一部であることさえ否定する。

「私は何かの社会運動の一部ではない」とOSHOは言う。

「私がしていることは永遠の何かだ。それは最初の人間が地上に現れてから続いてきて、最後の人間まで続くだろう。それは社会運動ではない。それはまさに進化の核心だ」

人間の意識を上昇させるために、彼がサニヤシンと共に創造したエネルギーの場がますます強まるだろうことを、彼はあらゆる人々に伝えていた。この場を訪れる世界中からの探求者たちは、例外なくこの真実を体験できる。

OSHOには展望《ビジョン》がある。そして政府や政治家、宗教伝導者たちが私たちの問題を解決するのを待つよりも、慈悲と平和、愛と無限の創造性という彼の展望《ビジョン》に、私たちが注視することが重要になる。人類へのOSHOの貢献について、何らかの評価を下すのは早すぎる。しかし彼は、自分がしてきたことをはっきり述べている。

「人々は今日理解するかもしれない、もしくは明日、または明後日に――それは問題ではない――しかし、ある日彼らは理解するだろう。私に言えることは、私が語ることは何であれ、全人類の未来の哲学、未来の宗教だということだ」

一九九〇年一月十九日に肉体から離れるほんの数週間前、OSHOは、彼が去った時に彼のワークに何が起こるかと尋ねられた。

「私の存在への信頼は絶対だ。もし私の語ることに何らかの真理があるなら、それは生き残るだろう……。私のワークに依然として関心を持つ人々は、ただその光を持ち運ぶだろうが、誰かに何かを押し付けることはない……。私は私の人々にとって啓示《インスピレーション》の源のままであるだろう。それは大多数のサニヤシンたちが感じることだ。私は彼らに愛のような、その周りにどんな教会も作ることのできない、彼ら自身の質を成長させてほしい——気づきのような、誰の独占物でもない質、祝祭や喜びのような質を——、そして新鮮な、子供のような目を維持してほしい……。私は私の人々に、他の誰かに従うのではなく、自分自身を知ってほしい。その道は内側にある」

第1章
家　　族
The Family

クチワダの生家

OSHOが生まれた部屋

両　親

OSHOの父、バブラル（親しみを込めて兄という意味のダダーとも呼ばれた）は、一九〇八年にマディヤ・プラデシュの小さな町、ティマルニで生まれた。バブラルの祖先は、ジャイナ教のディガンバラ派に属していた。バブラルの父方は、タラン・パンチと呼ばれた小さな宗派の信者だった。その宗派は十六世紀にタラン・スワミという名の聖人によって創設された。彼はインドの聖人カビールやナナクと同時代の人だった。ディガンバラ派のジャイナ教徒であるタラン・スワミは、ディガンバルのパリワール派からやって来た。

タラン・スワミは、ディガンバラ派のジャイナ教徒たちの間で広く普及していた偶像崇拝に反対していた。彼は無形の崇拝を勧めていた。彼は、唯物主義に基づくディガンバラ派のジャイナ教徒の主張を非難した。その代わり、ジャイナ教の創始者マハーヴィーラの説くスピリチュアリティへの転向を熱心に説いた。その考え方のためにタラン・スワミは、社会からの多くの嫌がらせに直面せざるを得なかった。それでも少数のジャイナ教徒、さらに非ジャイナ教徒もタラン・スワミの教えを受け入れ、彼を自分たちの導師として受け入れた。ダダーの祖先は彼らに囲まれていた。タラン・スワミの教えは十四冊の本に記録されている。子供時代に彼の本を読んだOSHOは、ある程度まで彼の教えに触発されたと言われている。

OSHOの祖父は、初めはバソダと呼ばれた小さな町から大家族でやって来た。バソダは疫病に襲われていて、全人口が伝染病にさらされていた。家族も疫病で数人を失った。多くの人たちは、ダダーの父と叔父も含めて、彼らの家族と一緒にダダーの叔父の親戚たちが住んでいたティマルニへ避難した。ダダーの叔母たちの一人も、ティマルニに住んでいた。彼女はダダーの父に、彼が始めた小さな商売のために、服を買うのを援助しようと数ルピーを貸した。彼は布地を売るために、村から村へと自分の馬を乗り続けた。後ほど、同じ叔母はダダーの父の結婚の手はずを整え、彼が住むための借家も見つけた。

家族が成長した頃、財政状況はさらにもっと緊迫した。ある日彼は荷車に家財道具全部を積み込み、家族と共にマディヤ・プラデシュの小さな村、クチワダへ出発した。そこには彼の妻の両親が住んでいた。ティマルニとクチワダの間にガダルワラという町がある。その町はそれほど大きくはなかったが、それでもずいぶん繁栄していた。当時のその地域では最大の、穀物生産の中心地だった。ダダーの父は、この町で自分の商売をやってみることに決めた。そこで一九三四年に彼らはガダルワラに落ち着いた。（OSHOは既に三歳になっていた）

ダダーと彼の父は、布地の商売を成功させるために一生懸命働いた。OSHOの祖父はその商売を楽しんでいて、取引での人間的な触れ合いを持ち続けた。OSHOには大好きな思い出がある。

「私は老いた祖父を思い出す。彼は布地商人で、その仕事をとても楽しんだため、私の家族はみんな困惑した。それは何時間もぶっ通しで続く、得意客たちとのゲームだった。もしある商品に十ルピーの値があるなら、彼は五十ルピーを要求した。彼はこれが馬鹿げているのがわかっていた。そして彼の得意客たちもわかっていた。それは、だいたい十ルピーくらいのはずだと知っていたので、彼らは二ルピーから始めた。それから長い押し問答がその後に続いた……何時間もぶっ続けで。私の父と叔父は腹を立てた……だが祖父には、彼専属の得意客たちがいた。彼らは来た時にこう尋ねた。『オヤジはどこだ？　爺さんはどこにいる？　爺さんと一緒なら、それはゲームだし遊びなんだ。我々が一ルピー失おうと二ルピー失おうと、多かろうと少なかろうと大したことじゃない！』。得意客たちはそれを楽しんだ」

ＯＳＨＯの人生は家族に大いに感化された。ダダーの兄弟で、アムリットラルと最年少のシカールチャンドは、両方ともＯＳＨＯの生において重要な存在だった。詩を通して自分自身を表現し始めたアムリットラルの文学の知識と活動は、ＯＳＨＯにとって若い頃の模範になった。けれども、ＯＳＨＯは彼のより若い叔父であるシカールチャンドと、より親しい仲になった。シカールチャンドはコングレス党の活動的な一員で、その進歩的な思想を吹き込まれていた。彼は社会主義の概念を信じていて、ガダルワラでそれらを実践する役割を果たした。その考えは若いＯＳＨＯにも影響を及ぼした。シカールチャンドと一緒に、若者たちが出会ういくつかのグループを組織し、社会主義的な考えに従うように示唆した。シカールチャンドは政治運動に活発に関与したため、高等学校以上の勉強を続けられなかった。彼は後に、甥であるＯＳＨＯの弟子になった。

しかし、ＯＳＨＯの生で最も大きな影響力を持っていた人物は、おそらく彼の父、ダダーだった。ＯＳＨＯはしばしば父親の性質を、講話の中で例として用いた。彼の父は非常に愛すべき男だった。彼は家族の長、商人、ガダルワラの責任ある市民として多様な役割を円滑にこなしていたため、ガダルワラではよく知られた人物だった。彼の純朴さ、親切、知恵、そして愛嬌のあるユーモアのセンスは、出会った人は誰でもすぐに感銘を受けたほどだった。

ダダーは正規の教育を受け続けたかったが、家業で彼の父を助けるために、四学年以降の勉強をあきらめざるを得なかった。しかし彼は、二人の若い弟には学校教育を続けるように強く励ました。それが、彼らを家業に加えたかった父の望みに反していようともだ。ダダーは内密にアムリットラルにお金を渡した。彼が高等学校を卒業して、大学教育のためにジャバルプールの町に引っ越せるようにだ。これは家族を面倒な事に巻き込んだ。一九三二年に、アムリットラルはマハトマ・ガンジーによって先導されたインドの独立運動に参加し、投獄された。ダダーの父と他の家族の者たちがそれを聞いた時、彼らはショックを受けた……家族の者が刑務所に入るということは、まさに途方もない騒動と不幸を引き起こした。OSHOの祖父は激怒し、ダダーを咎めた。もしダダーが彼を援助しなかったら、アムリットラルは刑務所にいなかっただろう……彼はそう主張した。しかしダダーは断固として変わらず、他の人たちに教育を続けるように励まし続けた。実際、全ての人たちが反対するにも関わらず、自分の子供たちが医学、工学、科学の学位を取得するように援助した。

ダダーの二つの性質は注目すべきもので、その一つは自然への愛と深い敬意だった。彼の日課には早朝に川のそばを散歩することと、その後何時間も泳ぐことが含まれていた。父に関するOSHOの最も幼い頃の記憶は、毎日の散歩に関連したものだ。

OSHOは詳しく話す……。

「彼について思い出す最初の事は、彼が私を朝の三時に起こしたことだ。私はその頃非常に幼くて、三時は眠っている時間だった……彼は私を三時に起こして散歩に連れて行った。ブラフマ・ムフルタ（日の出以前の早い、神聖な時）、それが彼の私への最初の贈り物だった。最初、それはずいぶん私を悩ませた。私はほとんど彼の後ろに引きずられていたものだった……だが次第に私は、早朝の時刻の美しさを見たり感じたりし始めた。だんだんと、早朝の瞬間は欠かせない時だと理解するようになった。おそらく神がそれほど地上に近づくのは、これらの早朝の瞬間以外には決してないだろう」

ダダーを愛すべき男にしたもう一つの性質は、他人への友好的な態度と気前の良さだった。OSHOは、彼の父が裕福でなかったにも関わらず、友人や客人たちに惜しみなくお金を使ったことを懐かしく思い出す。彼は客人たちを毎日夕食に招いた。たとえそれが、借金をしてでもだ。彼の生きる目的は、分かち合うことのように見えた。ダダーは貧乏な人々を助けることにも、積極的に関わった……財政的に、または彼にできることなら、どんな方法ででもだ。彼には進歩的な精神があり、追放されるという危険を冒してでも、社会基準から外れる覚悟があった。

しかし何にもまして、ダダーは徹底してスピリチュアルな男だった。アムリットラルによると、ダダーは彼の宗教的精神のために、かなり尊敬されていた。ダダーはよく寺院を訪れ、断食し、さらに神聖な経典を読んだものだった。しかしこれは、彼のスピリチュアリティの探求の単なる一部にすぎなかった。心の中では、彼の探求は寺院、本、または儀式に制限され得ないものに対して続いていた。彼は人生の最後の十年を、朝の三時から六時まで規則正しく瞑想することに費やした。彼はしばしばとても深く瞑想に入ったので OSHO の母は心配し、八時から始まる OSHO の朝の講話のために、彼を起こそうとした。(ダダーは最後の十年をプネーの OSHO コミューンで過した) 何回か、ダダーは何時間もぶっ続けに深い瞑想に入り、講話を聞き逃したことがあった。

ＯＳＨＯの母サラスワティーに関しては、彼女は常に優しい女主人として見られ、愛情のこもった歓待のために尊敬されていた。そして友人、親類や他の人たちをもてなすことを途方もなく楽しむ彼女の夫と、完全に似合っていることに対しても……。彼女は素朴な人で、一九九七年五月十七日に光明を得て肉体から去った。

彼女の一生涯ずっと、人々はＯＳＨＯに関して、彼の若い頃の人生についての質問をし、彼女は率直かつ控え目に答えた。絶えず尋ねられた質問について感じたことを、彼女は次のように表現した。

「なぜＯＳＨＯが、私たちのような素朴な家庭に誕生したのかが不思議なのよ。だって人々はとても多くの意味深い質問を尋ね続けて、彼は大変な知恵をもって話しているし……それで私たちは、なぜ彼がこの家庭に生まれなければならなかったのか、驚きでいっぱいなの！　もし私たちがもっと才能のある親だったなら、彼の生についてとても多くの事柄を言い表せたでしょうし……とても多くの方法で彼を賞賛したでしょう。でも私たちにはできません。私たちはこれらの質問がくると、呆然としてしまうのよ。人々は質問を大量にしてくるけど、それに答えられる能力が私たちにあるとは思えません」

――*O Samadhi Alleluia!", Sannayas, no.6*

サラスワティーは一人っ子だったので、両親に非常にかわいがられた。彼らはクチワダに住んでいた。そこは小さな農村で、マディヤ・プラデシュにあるヴィンディヤ山の美しい谷に位置している。彼女の父は、親切で礼儀正しく裕福な人物だった。農業に加えて小さな食料品店も所有していた。当時は、子供の結婚がインドでは一般的で、OSHOの母は彼女がほんの子供だった頃に結婚した。

OSHOは詳しく語る……。

「母が結婚したのは、ほんの七歳のときだった。私は何度も『どんな感じだったの?』と尋ねた。彼女は言った。『何が起こっているのかわからなかったの。何かが起こっているということを単純に楽しんだわ。何が起こっているのかを見るために外へ駆け出したけれど、私は家の中に戻されたの。そして本当の結婚式の直前に、私は閉じ込められたのよ。私は楽隊や音楽や馬にとても興味があったから。(伝統によると、結婚式が終わる前に花婿を見ることは花嫁にとって不吉なものと見なされていた) そして人々がやって来たの……』

それから私は父に『どんな感じだったの?』と尋ねた。

彼は『わからんな……ただ馬に乗っているのを楽しんだだけだ』と言った」

(地方の楽隊が音楽を奏でる行進で、花婿は花嫁の家まで馬に乗せて連れて来られた)

この愛にあふれた、素朴で正直な二人の結びつきから、一九三一年十二月十一日、サラスワティーはクチワダの実家で、非常に美しくて健康な男の子を産んだ。

OSHOの母は、偉大な魂である息子の兆候を、彼の誕生の数日前に感じたことを詳しく話した。出産準備のために、妊娠六ヶ月目に、彼女をクチワダへ連れて行くために従兄弟がやって来た。その頃は雨期が頂点に達していて、ティマルニとクチワダの間を流れるナルマダ川が浸水していた。船頭は増水する川を渡って彼らを連れて行くことを拒否した。

どうしようもできず、ＯＳＨＯの母と従兄弟は、水が引くのを待つために三日間川の近くで過した。三日目に、背が高くて印象的な雰囲気の僧が通りがかり、岸で待つ彼らを見た。僧はまだ気が進まない船頭に、その婦人の胎内には生まれるのを待っている偉大な魂がいる、と言った。彼は、この魂がいるから船頭とその乗客は安全なままでいられる、だから何の恐れもなく対岸へ連れて行かねばならない、と言って船頭を安心させた。船頭は僧を信じて、彼らを危険な高水位の川の対岸へと連れて行った。僧の言葉は真実になり、誰もがどんな怪我も困難もなく川を渡った。

サラスワティーの父は息子の誕生をとても喜んだ。彼女の両親、特に新しい祖父は大喜びした。その子供の優雅さと美しさから、ある過去生の王が誕生したのだと祖父は納得し、自ら進んで「王」という意味の「ラジャ」という名前を付けた。

サラスワティーの父は孫をとても愛したので、孫をティマルニへ連れ戻すことを許さなかった。そこは彼女がダダーや家族と一緒に、布地商売に励んで生活をしたところだった。ＯＳＨＯが述べるように、「幼い子供時代は母方の祖父母の家で過し、私は彼らが大好きだった……。彼らは非常に寂しかったので、私を育てたいと願っていた。そのため、私は七歳になるまで彼らと一緒に暮らした。私にとって彼らは、自分の母や父だった。彼らは非常に裕福で、何ひとつ不自由しなかった。そのため、私は王子のように育てられた。母方の祖父母が死んで、私は初めて本当の父母と触れ合うようになった……それまでは私は祖父母だけを愛し、彼らからしか愛を受け取らなかった」

ラジャ（ＯＳＨＯ）が、彼の父と父方の家族を訪れるためにティマルニに連れて行かれた時はいつでも、彼らにとって喜ばしい時だった。ＯＳＨＯの最も若い叔父シカールチャンドは、ラジャが初めてティマルニに連れて来られた時の素晴らしい体験を詳しく話した。シカールチャンドは、六ヶ月の子供を迎えて抱いた最初の人だった。彼はこの上ない喜びをもって美しい赤ん坊に挨拶した。後ほど彼はラジャに、ラジニーシ・チャンドラ・モハンという新しい名前を付けた。小学校に入学するまで、少年はラジャと呼ばれていた。その後、彼は自分の正式な名前をラジニーシにした。

ＯＳＨＯの誕生は、ありふれた出来事ではなかった。それは真理の探求のために、以前にもこの地上を歩いた神聖な魂の誕生だった。彼の前の誕生は七百年前の山中で、そこには彼の教団があり、遠方の国からさまざまな伝統や道に属する弟子たちを引き寄せていた。

前世のＯＳＨＯは百六歳まで生きた。死に先立ち、彼は光明を達成するために、二十一日間の断食に入った。しかし彼には、最終的に永遠の中に消える前に、もう一回誕生を受けるという選択があった。彼は弟子たちの一団を見た。そこにはまだ真理を理解する途上にあり、助けを必要とする多くの者たちがいた。彼はまた、東洋と西洋、身体と魂、物質主義と精神主義《スピリチュアリズム》との間に統合をもたらす大きな可能性をも見た。彼は新しい人間を、完全に過去を断ち切った未来の人間を生み出す可能性を見た。実に多くの過去生で絶え間なく厳しく働きかけてきたことで、究極の達成のすぐ近くにまで来ていた彼は、彼の人々に対する純粋な愛と慈しみから、再び人間の身体に戻るという決心をした。彼は弟子たちに、自分は戻って来て真理を分かち合い、彼らの意識を目覚めの状態にもたらすことを約束した。

ＯＳＨＯの前世についての魅惑的な話は、偶然明かされた。ＯＳＨＯ自身はそれに言及しなかった。

数年前、彼の母がプネーでＯＳＨＯの弟子であるラムラル・プンガリア氏宅を訪れていた時、彼は、ＯＳＨＯの子供時代について何か特別なことを覚えているだろうかと尋ねた。彼女は、ＯＳＨＯが誕生してから三日間は泣きもせず、少しもミルクを飲まなかったと言った。それは他の幼児とは非常に違っていた。

私は一九七九年十月のＯＳＨＯの母との会談で、同じ質問をもう一度彼女に持ち出した。彼女が以前にプンガリア氏に話した以上の何かを思い起こすだろうかと尋ねた。

彼女はその出来事を語った。「ええ、三日間ミルクを飲まなかったわ。とても心配だったけど、どうしたらいいのかわからなかったのよ。私の母は彼の世話をしていて、彼に水を飲ませ続けて、心配しないようにと言ったの。四日目になって、私の母が心地良い入浴をさせたら、ミルクを飲み始めたわ」。私は彼女に、この三日間にその子は何か不快な様子を示したのかと尋ねた。

彼女は答えた。「まったくなかったわ。彼の健康は、三日間ずっと正常なままだったの」

ＯＳＨＯは後になって、この尋常ではない出来事を説明した。

「これは本当だ。七百年前の私の前世で、死ぬ前に行なわれる二十一日間の霊的な修行があった。私は二十一日間の完全な断食の後、自分の身体を捨てることになっていたが、私は二十一日間を終わらすことができなかった……。わずかに残り三日間という時、私は殺された……そしてこの三日はやり過ごされた。この生で、これらの三日間は完結された」

その殺害は、ＯＳＨＯが言うには、何らかの敵意や敵対心に起因するものではなかった。

「私はいろいろな討論の中で何度も話してきた」とＯＳＨＯは言う。

「ちょうどユダが、たとえイエスへの敵意がなくても、以前からずっとイエスを殺そうとしていたように、私を殺した人は私への敵意を持っていなかった。たとえ彼がそのように受け取られて、敵として扱われたとしてもだ」

ＯＳＨＯは続ける……。

「その殺害は価値あるものになった。死の時に、これらの三日は残された。その生の間ずっと、光明を得るためにしてきた私の全ての懸命な努力の後、これらの三日間に達成することが可能だったものを、私はこの生で、二十一年という歳月の後に達成できた。その生の三日間の各一日に対して、私はこの生で七年を費やさなければならなかった」

ＯＳＨＯの前世の物語は、死後に生まれ変わりがあるのかどうか、または輪廻の理論に何らかの論拠があるのかどうかという全ての問題点を明るみに出す。それに関するＯＳＨＯの説明は、彼の個人的な体験に基づいている。これは霊的な道を歩む者にとって重要なものだ。そしてまた、超心理学の分野や、意識の変容に働きかけている者たちに対してもだ。

人はどうやって、再び新しい身体に生まれ変わるのだろう？　どのようにして覚者《ブッダ》は生まれ変わるのだろう？　どのようにしてＯＳＨＯは生まれ変わったのだろう？　彼の前生と今生の間が七百年であることを、彼はどうやって計ったのだろう。これらの質問にＯＳＨＯは丁寧に答えている。
「私は部内者《インサイダー》の目でものを見ている」とＯＳＨＯは言う。
「覚者《ブッダ》は、部内者《インサイダー》の視界がきく。仏陀のような人が生まれる時、彼は完全に気づいて生まれる。仏陀のような人が子宮の中にいる時、彼は気づいている」

ＯＳＨＯによれば、死は通常は無意識の状態で起こる。死にかけている人は、死の出来事を体験することも目撃することも、全くできない状態だ。それを目撃することは、自分の身体が意識と分離しているのがわかるほどの、深い瞑想を人が体験するなら可能になる。ＯＳＨＯは『完全な覚醒の中で死んで、再誕生すること』がどういうものかを説明する。

「もしあなたが今生で、無意識にならずに、完全に気づいて死ぬことができるなら、あなたが死ぬ時……あなたは死のあらゆる局面を見て、あらゆる段階を聞き、身体は死にかけ、マインドが消え去ることに完全に気づいたままでいる……その時突然、あなたは自分が身体にはいなくて、意識が身体から離れてしまったのがわかる。あなたは死体がそこに横たわっていて、自分はその身体の周りで浮いているのを見ることができる……。もしあなたが、自分が死にかけている間に気づいていられるなら、これは誕生の一つの部分、一つの様相だ。もしこの一つの様相であなたが気づいているなら、あなたは自分が受胎する時に気づいているだろう。あなたは性交しているカップルの周りを浮遊しながら、完全に気づいているだろう。あなたは完全に気づいて子宮に入るだろう。その子供は、何が起こっているかに気づいて受胎する……母親の胎内での九ヵ月間、あなたは気づいている。あなたが気づいているだけでなく、仏陀のような子供が母親の胎内にいる時は、母親の質が変わる。彼女もより気づくようになる……母親は自分の意識の変化を直ちに感じる」

ＯＳＨＯは彼自身の体験から話すことで、苦しみの最も大きな二つの形態は誕生と死だ、と語る仏陀やマハーヴィーラのような聖者たちに同意する。ＯＳＨＯはもう一歩先に進めて、誕生の苦痛は死のそれよりもさらに強烈で根本的だ、と付け加える。

彼は続けてこう言う。「もしあなたが私を信頼できるなら、私は再び生まれることの苦痛は死よりも大きいと言おう……そうであるに違いない。なぜなら誕生が死を可能にさせるからだ……。誕生は苦しみの始まりであり、死はその終わりだ。誕生はより大きな苦痛であらざるを得ない……それはそうなる！　そして完全な休息、くつろぎ、何の心配もなく、するべきことは何もない九ヶ月の後、外へ投げ出されることは突然の衝撃だ。神経系統へのそうした衝撃は、二度と存在しないだろう。二度とない！」

ＯＳＨＯは、もう一度誕生する困難に直面せざるを得なかった。最も大きな障害は、ふさわしい子宮を捜し出すことだった。

「特定の発達段階に達した人にとって……」と彼は言う、「もう一つの誕生にふさわしい両親を見つけることは難しい」。ＯＳＨＯの説明では、マハーヴィーラや仏陀の時代の間、人々はだいたいより高い霊的な質を持っていて、進歩した魂はふさわしい子宮を簡単に見つけることができた。

ＯＳＨＯの場合には、霊的な意識の一般的な低下のせいで、ふさわしい子宮を見つけるのに適切な時代を待つ必要があった。ダダーとサラスワティーが彼の出会った理想の両親であるのは、彼らの霊的な質、愛する性質、そしてより高い意識が理由だった。

ＯＳＨＯは、自らの誕生にふさわしいカップルを自分自身で見つけるために七百年間待った。彼は七百年の隔たりを、どうやって計算したのかを説明する。彼はまず、進歩した魂が身体の中にいる時と、ただ意識だけでいる時の時間測定の質を区別している。

「この測定は身体をもってのみ始まる。身体の外側では、あなたが七百年いようと七千年いようと、何の違いも生じない。ただ身体を手に入れることにおいてのみ、その違いが始まる」

このことから、彼の最後の死から現在の誕生までの隔たりを計算するために、彼は間接的な方法を使った。彼は過去生で自分と一緒にいて、その時から何度か生まれ変わってきた人たちを観察することでその時間を計算した。

「七百年前の私の生涯で、ある人を私が知っていたと仮定しよう。私にとっては空白だったその間……私が身体を持たなかった時間の中で、彼は十回誕生したかもしれない。どの程度であれ、そこには十回の誕生という彼の過去の記憶がある。ただ彼の記憶からだけ、私はどれだけ長く自分が肉体のないままでいたのかを計算できる」

人が肉体にいる時と肉体にいない時に測る時間を区別することについて、OSHOは次のように言う、

「それは、ほとんどこのようなものだ。ほんのちょっと、私は寝入って夢を見る。夢の中で私は数年が過ぎ去ったと感じる。そして少し間を置いてから、あなたは私を起こして、私は居眠りをしていたのだと言う……。夢の中では、数年の広がりは一瞬の内に見ることができる。夢の生についての時間の尺度は異なる……。もし夢から目覚めた後、夢見る者に自分がいつ眠ったのかを知る方法がなかったなら、自分の睡眠時間の長さを決めるのは難しいだろう。それは時計でしか知ることはできない。例えば、前に私が目覚めていた時、時計は十二時を指し、そして今、眠りから目覚めると、それはほんの十二時一分でしかない、ということになる。他の方法では、私と同じ時間にあなたもここにいることでしか、私は知ることができない。他に知る方法はない。だからただこのやり方だけで、七百年が過ぎたことを計ってきたのだ」

OSHOは、霊的な成長という見地から、彼らが自分の探求を以前に止めたところから始められるようにするためにも、自分の過去生を知ることが個人にとって必要不可欠だと強調する。それは今生で真理の探求を続行するために費やされるエネルギーの、相当な量と時間を節約できる。

彼は説明する。「だから、私がわずかながらもあなたに私の前世について語ったのは、それに何らかの価値があるからではなく、あなたが私についての何かを知ってほしいからでもない。私がこれを話したの

は、ただあなたに自分自身を省みるようにさせ、自分の過去生の探求をするように仕向けさせるかもしれないからだ。あなたが自分の過去生を知る瞬間、そこには霊的な革命と進化があるだろう。その時あなたは、自分が最後の生で止めたところから始めるだろう。そうしなければ、あなたは終わりのない生で途方にくれて、どこにも到達しない。そこには、ただ繰り返ししかないだろう」

ＯＳＨＯは、まったく普通の子供と同じように成長した。しかしながら彼には、他の子供とはまったく異なった、非常に独特な何かがあった。彼の傑出した特質の一つは、まさに幼い頃から実験をするという傾向だった。彼の人々への関心、人間の性質への鋭い観察、創造性、そして彼自身の「真実」の探求が、彼が直接的で誠実に生を体験するようにさせた要因だった。

彼の探求は、周辺の世界と人間の心理への並外れた洞察を彼に与えた。ひとつひとつの洞察とともに、彼は「それはそうあるもの」という究極の了解《りょうげ》にますます近づいて行った。

第2章

青少年期：冒険の年月

Youth:The Years of Adventure

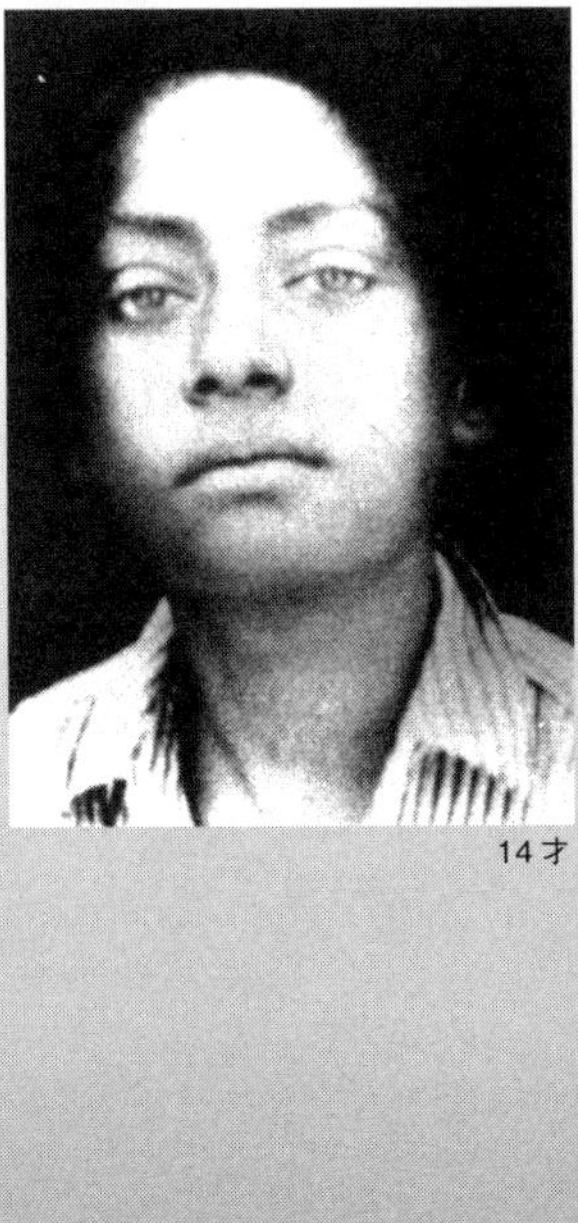

14才

13才

17才

OSHOが瞑想した寺院

ほんの子供の頃からＯＳＨＯは真理への渇望を示した。彼の探求は、数多い死との遭遇から影響を受けている。最初の死の衝撃を体験したのは五歳の頃、彼の妹クスムが死んだ時だった。ＯＳＨＯは彼女を愛していた。彼は彼女の死を気に病んだあまり食べ物を受け付けなくなり、伝統的なジャイナ僧に倣い、どうしても腰巻を着て托鉢碗を携えると言い張った。

彼の母はその場面を語った。「彼は私たちに、食べ物を用意し一列に座るように求めました。それから彼は僧侶のような衣服を着て、列の端から端までお碗を手に食べ物を乞うて歩いたのです」

幼いＯＳＨＯがようやくふつうの日常に戻ったのは、かなり説得された後だったという。

ＯＳＨＯ自身が死に遭遇したそのほとんどは、彼自身の実験の一部になった。最も重要な三つの事件は占星術師によっても同様に予言されていた。ＯＳＨＯの祖父は非常に名高い占星術師に相談していた。その占星術師はＯＳＨＯの占星出生図を鑑定した後、その子供は七歳以上生き延びることはないだろうと予言した。そのため彼は、そうした短命の人のために星図を作ることは無駄だとした。その占星術師が死んだ後、彼の息子がＯＳＨＯの出生図を鑑定し続けた。その息子も困惑して、最終的にその子供は七年ごとに死に直面するだろう、そして彼は二十一歳でほぼ確実に死ぬだろうと宣告した。これらの予言は当然ＯＳＨＯの両親と家族を心配させたが、ＯＳＨＯが指摘するように、その占星術師たちはある意味で正しかった。七歳、十四歳、そして二十一歳は、ＯＳＨＯがますます深く死と関わり合った年だった。

最も深遠な最初の死の体験に関する話の中で、ＯＳＨＯは語る……。

「七歳の時、私は生き延びたが、それでも深い死の体験をした。それは私自身の死ではなく、私の母方の祖父の死だった。私は彼にとても懐いていたので、彼の死は自分自身の死であるように思えた。私の祖父は、まさに最初の死の襲撃で口がきけなくなった。二十四時間、私たちは何かが起こるのを期待して村で待った。しかしながら回復の徴候はなかった。私が思い出すのは、彼は何かを話そうともがいていたが、それでも話せなかったことだ。彼は何かを言いたかったのだが、話すことはできなかった。そのため彼を牛車に乗せて、町へ連れて行かねばならなかった。ゆっくりと、ひとつひとつ彼の感覚は失われ始めた。彼は一度にではなく、ゆっくりと苦しみながら死んでいった。まず口がきけなくなり、それから耳が聞こえなくなった。そしてさらに彼は目を閉じた。牛車の中で私は一部始終を見守っていた。その移動は三十二キロメートルもの長い距離だった……。起こっていたことは何であれ、私の理解を超えているように思えた。これは私が目撃した最初の死だったが、私は彼が死にかけていたことを理解できなかった……。彼のゆっくりとした感覚の喪失と最終的な死は、私の記憶の中に非常に深く刻み込まれた」

それはまるでＯＳＨＯの全世界が、彼の最愛の祖父の消失とともに瓦解したかのようだった。

ＯＳＨＯは、彼が祖父の死をどのように感じたか、その様子を語り続ける……。

「彼が死んだ時、私は食べることが裏切りであるかのように感じた。もう生きたくなかったのだ。それは子供じみていたが、それを通して何かが非常に深く起こった。三日間私はただ横になっていて、ベッドから出なかった。私は『おじいさんが死んだから、僕も生きていたくない』と言った。私は生き延びたが、この三日間は死の体験になった。ある意味、私は死んだ。そして私ははっきり理解するようになった……今、私はそれについて語れるが、その時はまったく漠然とした体験だった……私は、死は不可能だ、と感じるようになったのだ」

この死は、個人としてのＯＳＨＯの中に深遠な変化をもたらした。その親密な、深い愛情のこもった関係性の崩壊により、全面的に自分自身と共に在り、独り在ることの自由を得た。ＯＳＨＯは言う。

「死は、生の前進が始まる前にすでに私を見つめていた。私にとって他の誰かが自分の中心になるという可能性は、生のまさに最初の段階で打ち砕かれた。最初に形成された中心が崩れてしまった……。〃独り在ること〃(*aloneness*)の『事実性』が、七歳から私を捕えた。〃独り在ること〃は私の本性になった。彼の死は、全ての関係性から私を永遠に自由にした。彼の死は私にとって、全ての愛着の死になった。それ以来、私は誰ともどんな絆も結べなかった。誰かとの関係性が親密になりそうになると常に、死が私を凝視するのだった」

これは、死が彼を他人に対して否定的にさせたという意味ではなく、束縛的な関係から他人を捉えなくなった、ということだ。それ以来、彼が親密にふれあう命ある存在との関わりの背景には、死があった。

自分が今日は親近感を感じている人も、明日には簡単にいなくなってしまうという点を、常に意識し続けるようになった。死という現実と、永続的な関係性を求めることの虚しさは、独りになることで人は本当に幸福になれる、という認識へまさに彼を近づけていった。

ＯＳＨＯはそれをこう説明する。「その最初の〝独り在ること〟の感覚がますます深まると、何か新しいものが生に起こり始めた。はじめは、独り在ることは私を不幸にさせるだけだったが、ゆっくりとそれは幸福へと変化し始めた……。それ以来、どんな不幸にも苦しむことはなかった」

彼の〝独り在ること〟は、実際は自己に中心が定まるという境地にほかならないことが、彼には明白になった。それはもはや、他人に依存しないという境地だった。彼を永久に幸福にしたのは、まさにこの依存性からの解放だった。

彼はこう述べる。「私自身の自己に戻る以外に他の方法はなかった。言わば、自分自身に投げ返されてしまったのだ。だんだんと、そのことは私をますます幸福にしてくれた。その後私は、幼少期の間近な死の観察は、自分にとっては祝福の変装だったと感じるようになった」

その出来事は、幼い子供の成長に深遠な影響を及ぼした。ＯＳＨＯ自身はそれを言葉にしている。

「この出来事は、私の心《マインド》に深い衝撃と影響を残した最初のものだろう。その日以来、毎日、あらゆる瞬間に生に気づくことは、常に死に気づくことと結びついていた。その時から、生きるべきか死ぬべきかは、私にとって同等の価値を持つようになった」

祖父の死後、OSHOはガダルワラで両親と父方の家族と一緒に暮らすようになった。その頃、ガダルワラは約二万人ほどの小さな町だった。その町はジャバルプールの都市から約百キロメートルのところにある。その住民は主に穀物や布地を商うヒンドゥー教徒の商人たちで、町は小さな農村に囲まれている。

OSHOは七歳で、ガダルワラのグンジ・プリマリィ小学校に入学した。しかしこの少年期でも、彼は伝統的な学校教育が自分の創造的な知性を制限していることに気づき、全ての学校の制度を拒絶した。初めの約二年間は、彼が学校に行くように大変な苦労をして家族が説き伏せねばならなかった。学校に行かないように、彼は時々作り話をでっち上げた。ある時彼は泣いて家に帰り、教師が体罰を加えたので学校には戻らないと言った。彼の母は取り乱し、OSHOの一番若い叔父シカールチャンドに、直ぐに教師に抗議するように頼んだ。シカールチャンドは、幼いOSHOを連れて学校へ向かった。ところがその途中、OSHOは叔父に、自分は嘘をつき、教師の体罰などなかったことを白状した。彼は単に、学校に行くのが楽しめなかったのだ。

OSHOは、退屈で無意味な教育や、非創造的な教師と決してなじめなかった。学ぶ価値があるものや、単なる言葉、数、見当外れな詳細な記述以上のものは何も見出せなかった。彼の内的な探求の進歩に適したものは何もなかった。学校教育の普通の教科課程への関心は全くなく、それどころか学校で教わる学科に対して、大きな嫌悪感を抱くだけだった。OSHOはこの問題への強い反感を吐露する。

「子供の時分から、私は学校で教わるどんな学科にも興味がなかった。私が歴史に疎いのはそのためだ！なぜこれらの馬鹿げた名前を覚えねばならないのか、常に不思議だった。なぜ、どんな罪のために、何人かの人々の名前、年代、正確な日付、正確な名前を覚えるという罰を科せられるのだ？　しかもこれらの人々がしたことは全て醜いことばかり！　歴史は戯言だ！　なぜこんな罰を受けるのだろう？　だから私は決して歴史の授業には出なかったし、言語にもいっさい興味がなかった。どんな言語にもだ。

私の全ての関心は、まさにその最初から、マインドを超える方法を学ぶことしかなかった。歴史も地理や数学も、またはどんな言語もまるで役に立たない。これらはみな的外れだ。私の全存在は完全に異なる方向に進んでいた」


ＯＳＨＯはどんな教師ともなじめなかった。彼の必要を理解できる人、または彼が探求していたことを体験した人が誰ひとりいなかったからだ。たとえ彼の態度が、無遠慮で礼儀知らずに見られるというひどい誤解を生んだとしても、ＯＳＨＯにとってそれは貴重な感触《フィーリング》だった。この教師の欠如は、再びＯＳＨＯを彼の中心に投げ返した。自分が独りで在ることにもう一度気づいた。

「私は誰ひとり、自分の教師として受け入れることはできなかった」とＯＳＨＯは説明する。

「私はいつでも生徒になる用意があったが、『私のマスター』と呼べるような人は誰もいなかった」

更に彼は、自分がとても強烈に間近で目撃した死の現象を、彼のために解き明かせる人を探していた。

「私が見たあらゆる人たちは、あまりにも生に巻き込まれたり、関わったりしていた。死を見たことのない人は、決して私の教師にはなれなかった。私は彼らを尊敬したかったのだが、それは無理だった。川や山、そして石さえも尊敬できたのに、人間はだめだった……。自分がおのずと尊敬できるような教師とは出会わなかった。それなしでは生が無意味になってしまうほどの絶対的な真実とは何かを、誰かが知っているとは思えなかったからだ……。私は、自分が小さな子供だから誰かの保護と指導の下に留まるべきだ、とは一度も感じなかった。だからといって誰のところにも行かなかったわけではない。私は大勢の人々のところに行ったが、常に手ぶらで戻ってきて、分け与えられたものは、全て私が既に知っていたことばかりだと感じた。彼らから学べるものは何もなかった」

これは彼の内的探求を強めた。OSHO自身の言葉では、「私は別の方面からも、同様に自分自身に投げ返された。なぜなら私は、真理が他人から学べるとは決して信じなかったし、そうは感じなかったからだ。学ぶための道はたった一つしかない。自分自身から学ぶことだけだった」

しかし幼いOSHOは、学校の成績が落ちることは全くなかった。まさに一年生の時から、OSHOは美しい筆跡と絵を描く能力で知られるようになった。二年生になると新聞や雑誌を読み始め、ガダルワラの公共図書館の会員になった。それはこれまでで最年少の会員だった。小学校にいる間、OSHOは詩や短い物語、記事を書くことで、また写真でも才能を発揮した。六年生で、OSHOは手書きの雑誌「プラヤス」(「努力」という意味)を編集した。

若きOSHOを人気者にした物事の一つは、物語を話す並外れた能力で、とりわけ探偵小説についての彼の語りだった。子供時代の友人であるスワミ・アゲハ・サラスワティーは、その時の学校での日々を懐かしく思い出す。美術の授業での実習課題が終わった後、OSHOは仲間に、探偵小説からあっと驚く物語を話した。

OSHOの精神《マインド》を発達させたもう一つの事は、自然への愛情と、ガダルワラを通って流れるシャカール川(「砂糖」という意味)と、その甘い水への慈しみだった。彼は川に、『友人』としてだけでなく『教師』も見い出した。彼の全存在が、川とそれをとり囲む環境とに溶け込んでいた。彼が川に熱中している様子の、OSHO自身による非常に詩的な記述がある。

「子供時代、私は早朝、よく川に行ったものだった。そこは小さな村だ。川は非常にゆったりとしていて、まるで全く流れていないようだった。そして太陽がまだ昇らない朝には、それが流れているかどうかを見分けることはできない。それはとてもゆったりして静かだ。そして朝、誰もいなくて、沐浴者たちがまだ来ていない時、それは途方もなく静かだ。鳥たちでさえそんなに早くには鳴かず、音はなく、ただ無音状態だけが充満している。そしてマンゴーの木の匂いが川一面を包み込む……。私はよくそこへ、一番遠い川の角へ、ただ座るために、ただそこにいるために行った。何もする必要はなかった。ただそこにいるだけで充分だった。そこにいることは非常に美しい体験だった。私は沐浴し、泳ぎ、そして太陽が昇った時、私は対岸の広大な砂浜へ行き、太陽の下で身体を乾かして横たわり、時には眠ることさえあった」

彼の母が朝の間ずっと何をしていたのかと尋ねると、OSHOは「何も」と言った。それでは満足できず、母は自分の質問にこだわった。OSHOは言う……。

「私の母は私が何かをしていたに違いないと言い張った。それで私は『わかったよ、僕は沐浴をし、そして太陽で身体を乾かしていたんだ。』と言った。すると彼女は満足した。だが私は満足しなかった……なぜなら川で起こっていたことは、『沐浴をした』という言葉では表現できないものだったからだ。この声明はとても貧しく、そして色褪せて見える。川で遊ぶ、川に浮かぶ、川で泳ぐこと、それほど深い体験だったので、単純に『沐浴をした』と言うことは何の意味もなさないし、またはただ『僕はそこに行って川岸を歩き、そこに座った』と言うことでは何も伝わらない」

ＯＳＨＯは、川を深く愛する人物との出会いに恵まれていた。この人は若いＯＳＨＯに初めて泳ぎを教え、彼を川に触れさせた。この泳ぎのマスターが彼に泳ぎを教えた方法は、若いＯＳＨＯに全面的に在ることの秘密への、非常に洞察に富んだ体験を与えた。

ＯＳＨＯはそれを表現する……。

「子供時代に、私は泳ぎのマスターのところへ行かされた。彼は町で最も優れた泳ぎ手で、それほどまでに水を愛する人に出会ったことはなかった。水は彼にとって神だった。彼はそれを礼拝し、川は彼の我が家だった。早朝の三時には川で彼を見つけることができた。そして夜には、川の側に座って瞑想する彼を見つけることができる。彼の全人生は川の近くにいることで成り立っていた……。私が彼のところに連れて来られた時、私は泳ぎの方法を学びたかった。

彼は私を見て何かを感じ、こう言った。『しかし泳ぎを学ぶ方法はない。私はただ、君を川に投げ込むくらいはできる。そうすれば泳ぎはひとりでに起こるだろう。それを学ぶ方法はない。それは教えられない。それはコツであり知識ではない』

それが彼のしたことだ。彼は私を水に投げ込み、川岸に立っていた。二、三回、私は沈み、そして自分は溺れていると感じた。彼はただそこに立っていた……彼は私を助けようとさえしなかった！　もちろん、あなたの生が危機に瀕した時、あなたは自分にできることは何でもする。だから私は自分の手をばたばた動かし始めた。それはでたらめでどうしようもなかったが、コツが生じた。生が危うくなっている時、あなたは自分にできることは何でもして、自分にできることを何でも全面的にする時はいつでも、物事は起こる！　私は泳ぐことができた！　それはわくわくさせた！『次からは』と私は言った。『僕をそこに投げ込む必要はありません。自分で跳び込みます』

今、私は身体の自然な浮力があるのを知っている。それは泳ぎの問題ではない。それはただ水と調子を合わせるという問題にすぎない。いったんあなたが水の自然力と調子が合うなら、それはあなたを守る」

——*The Sound of Running Water: A Photo-Biography of Bhagwan Shree Rajneesh and His Work 1974-1978. Ma Prem Asha, Rajneesh Foundation, 1980.*

スワミ・アゲハ・サラスワティーは、子供時代から洞察力に富んだＯＳＨＯとの川での体験を物語る。

「ＯＳＨＯと一緒に川で夜を過すのは、全くの喜びでした。それは信じがたく、時には恐ろしくもありました。なぜなら彼の友人である私たちの誰も、彼が川岸を歩きまわっている間に何をしでかすのか全く確かではなかったからです。彼は完全に予測できませんでした。言い換えれば、彼は全く自発的でしたが、私たちは完全な信頼と、冒険のぞくぞくする感覚を持って彼に従いました。私たちは川でＯＳＨＯと一緒に泳ぐことで多くの時間を過しました。危険な水位になっている川でさえ、ＯＳＨＯは私たちに、飛び込んで泳ぎ渡ることを要求しました。それだけではなく彼はさらに、反対側の岸に私たちが到達すべき具体的な地点を指示しました。私たちは全然できませんでした。そこは潮流と川の流れがとても強かったので、言われた地点から数マイル離れて押し流されてしまったからです。一方ＯＳＨＯは、私たちが出会うべき正確な地点へ、常に間違いなく到達するのでした」

川はＯＳＨＯの避難場所でもあった。彼がひどく悲しかった時は、いつでも川へやって来て瞑想するために座った。彼の友人たちは、特に二つの出来事を指摘した……彼の少年時代の恋人であるサシが死んだ時、そしてまた、一九四八年一月三十日に、マハトマ・ガンジーが暗殺された時だ。ガンジーの死のニュースを聞くと、ＯＳＨＯは友人に、涙が流れんばかりに非常に悲しいと言った。その夕方、彼と友人は川に来ると座って瞑想した。

ＯＳＨＯにとって、川とその周辺は深い瞑想を実践するための理想の場所だった。ある時、いったいあなたは何らかのサーダナ（霊的な修行）をしたのかと尋ねられた時、ＯＳＨＯは非常に興味深い物語を詳しく話した。映画がガダルワラではまだ新しかった頃、上映は一般的に四、五時間、時にはそれ以上続いた。というのも映写機が時々故障するからだ。ＯＳＨＯは家族に、映画を観に行くと言っては、早朝に家を出た。しかしその代わりに、彼は川岸の砂の中で裸で横になり自分の時間を過した。家族は彼の帰宅が遅れるのは映画館の事情によるものだと決して疑わなかった。彼の川との親密な関係は、それ以来、完璧かつ深いくつろぎの状態でいるための実験になった。それは彼が、意識のより深いレベルを体験するのを助けた。

ＯＳＨＯはまた、死についての洞察のためにも川を使った。彼の叔父たちや友人たち、親族たちは、彼が氾濫した川に跳び込んで泳ぎ渡る様子や、七十フィート（約二十一メートル）の高さの橋によじ登って水かさが増した川に飛び込む様子も語っている。最もぞっとするような実験の一つは、ＯＳＨＯが渦巻きの中へ真っ直ぐに潜ることだった。彼にとって渦巻きの中に落ちることは、「最も美しい体験の一つ」だった。ＯＳＨＯは渦巻きの性質と、その体験について述べている……。

「川では、特に雨で氾濫している時、多くの力強くて強烈な渦巻きができる。水はスクリューのようにぐるぐる回る。もしそれに捕らわれたら、あなたは強引に水底へ引っ張られ、深く進めば進むほど渦巻きは強くなる。それは死のように見える。エゴは死を非常に恐れているため、それと戦うことになる。それがエゴの自然な傾向なのだ。エゴは渦巻きと戦おうとするが、もしそれと戦うなら、氾濫した川や多くの渦巻きが存在する滝の近くでは、渦巻きの強烈さにあなたは間違いなく負ける。戦っても無駄だ。そしてこれが渦巻きの現象だ……表面上では渦巻きは大きく、深く進めば進むほどますます小さくなる。より小さいがより強い。そして水底では渦巻きはとても小さく、あなたは戦わずに簡単に抜け出ることができる。それどころか、水底の近くでは渦巻きそのものがあなたを投げ出す。しかしあなたは水底で待たねばならない。もし表面上で戦うと、あなたはやられてしまう。あなたは生き残れない。私はそれを多くの渦巻きで試してきた。その体験は愉快なものだ」

この記述は、ＯＳＨＯの死への洞察を実例で説明している。人は死と戦えば戦うほど、必ずそれに絡まり、それに呑み込まれる。しかしそれに抵抗する代わりに、もし人が自分自身により深く、瞑想的にその中へ入るのを許すなら、人は必ず途方もなくスリルに満ちた体験をして出て来る。人はその神秘の中に侵入してその底に達する時、自動的に傷を受けずにそこから出て来て、その恐れから解放される。

幼い頃、OSHOの死への没頭は並外れていた。死体を火葬場へ持ち運んでいる人々の後について行くことは、彼の一般的な習慣だった。彼の両親が彼に、なぜそうたびたび火葬場へ、見知らぬ者の葬式へ行くのかと尋ねた時、彼は言った。

「その人に関心はないよ。死は美しい現象だし、最も神秘的なものの一つだ。それを見逃すべきじゃない」

更に先へ進めて、OSHOはこう付け加える。

「誰かが死んだと聞いた瞬間、僕はそこで常に見守り、待ち、何が起こっているのかを目撃するんだ」

その人の死について思索し、経典を引用して話している人々を彼は見守り、彼らに耳を傾ける。これはOSHOを非常に困惑させた。

「私は、これらの人々は現実の事柄を避けようとしている、と感じ始めた。自分自身を討論に関わらせることで、彼らは起こった現象を避けている。彼らは死んだ人を見ていない。そして物事はそこにある！死はそこにあるのに、それについて討論している！何と愚かなことだろう！」

スワミ・アゲハ・サラスワティーは、少年の頃のOSHOがしばしば夜に火葬場へ一人で行き、そこに横たわって数時間を過したことを認めている。

彼のこの風変わりな傾向のために、ＯＳＨＯの家族は心配した。一つにはその行為が不自然な事であり、もう一つには彼が十四歳――彼の生で死が予言されていた年に近づいていたからだ。この時も、ＯＳＨＯはどうにか肉体的に生き延びた。それでも彼は、もう一度意識的に死に遭遇していた。彼は家族に、もし死が占星術師によって予言されたように確かなら、その準備をした方がましだと言った。彼は死の瀬戸際に遭遇することを望んだ。意識的に、死に出会いたかった。これを聞いて家族は衝撃を受けて困惑したが、彼の計画に干渉しなかった。

ＯＳＨＯは自分の計画を実行することに決めた。彼は校長のところに行って七日間の退学を願い出た。彼は校長に自分が死のうとしていることを伝えた。校長は自分の耳が信じられなかった。ＯＳＨＯが自殺を計画していると思って、彼は説明を求めた。ＯＳＨＯは、十四回目の年の彼の死の可能性に関する占星術師の予言について校長に話した。

彼はまた、校長にこう言った。「僕は死を待つために、七日間引き篭るつもりです。もし死がやって来るなら、それは一つの体験になるため、死と意識的に出会うのは良い事です」

校長は仰天したが、許可を与えた。ＯＳＨＯはそれから村の近くの古くて隔離された寺院に行った。そこにはその寺院を管理していた僧がいた。ＯＳＨＯは僧に自分の邪魔をしないように指図し、彼が死を待って寺院に横たわっている間、日に一度自分に食べ物と飲み物を提供するよう彼に頼んだ。それはＯＳＨＯにとって美しい体験だった。もちろん、現実の死は決してやって来なかったが、ＯＳＨＯは「死に臨むために」可能な、ほとんどすべてのことをした。彼はいくつかの奇妙で異常な感覚を通過した。多くの物事が彼に起こったが、ＯＳＨＯの言葉では、「基本的な注目点は、自分が死のうとしていると感じる時、実際にはより静かで沈黙するようになる、ということだった」。そのエピソードでの彼の体験のいくつかは実に魅惑的なものだ。死の恐れに関係する一つの特別なエピソードを、ＯＳＨＯは物語る……。

「私はそこで横になっていた。三日目か四日目に、一匹のヘビが寺院に入ってきた。それは視界に入った。私はそのヘビが見えた。だが恐れはなかった。突然私は非常に奇妙に感じた。ヘビはますます近づいてきて、私は非常に奇妙に感じた。恐れはなかった。そこで私は考えた、死はこのヘビを通してやって来ているのかもしれない、それならなぜ恐れるのだ？　待とう！　ヘビは私の上を横切って出て行った。恐れは消えた。もし死を受け入れるなら、恐れはない。生にしがみつくと、あらゆる恐れがそこにある」

いったん死が現実として受け入れられるなら、その受容は、生における出来事の流れを人が観察できる距離や地点をすぐに作り出す。これは通常そうした出来事に伴う苦痛、悲しみ、心配、絶望の及ばないところへ人を連れて行く。ＯＳＨＯは、そのような超越的状態に関わった彼の体験を述べる……。

「何度も蝿が私の周りを飛んだり、または私の上を、顔の上を這ったりした。時々私はイライラしてそれらを振り払いたかったが、その時私は自分を相手に論じたものだった。何の役に立つだろう？　遅かれ早かれ私は死のうとしているし、その時は誰も身体を守るためにそこにはいないだろう。それなら彼らの好きなようにさせよう。私が彼らの好きなようにさせようと決めた瞬間、苛立ちは消えた。蝿はまだ身体の上にいたが、それはまるで私が関わっていないかのようにそこにいた。彼らはまるで、他の誰かの身体の上を動いたり這ったりしているようだった。すぐさま距離が存在した。もしあなたが死を受け入れたら、距離が生じる。生はその全ての心配、苛立ち、あらゆるものを持って遠く離れて行く」

ＯＳＨＯが占星術師の予言を信じていたわけではない。とはいっても、それは彼に死を探求して理解するための機会と動機を与えた。ＯＳＨＯはこう結論付ける。

「もちろん、肉体的にいつか私は死ぬだろう。けれども占星術師のこの予言は、まだ若い頃に私を死に気づかせることで私を助けてくれた。ほとんど連続的に、私は瞑想することができ、それが来るのを受け入れることができた」

強烈かつ瞑想的に死に向かう体験を通過することで、身体がどんな刺激にも反応できない状態で死んだとしても、自分の意識は完全に気づいたままでいることがＯＳＨＯにとって明らかになった。

彼は述べる。「ある意味、私は死んだ。が、私は不死という存在も理解するようになった。いったん死を全面的に受け入れるなら、あなたはそれに気づくようになる」

それが氾濫したシャカール川での泳ぎであろうと、他の冒険の源を探ることであろうと、ＯＳＨＯはむしろ恐るべき悪友仲間の天性のリーダーに留まった。彼らは彼を非常に愛し、尊敬した。彼は彼らの戦友であっただけでなく、彼らの指導者であり案内者でもあった。彼らは彼のマインドの鋭さ、勇気、そして創造的な精神に驚いていた。ＯＳＨＯは彼の友人たちへ愛情をこめて対応し、深く彼らの世話をした。彼自身が新しい事で実験をしただけでなく、彼は友人たちに同じことをするように勧めた。彼らは繰り返しを避けるために毎日新しい何かをした。ＯＳＨＯは彼らに、迷信や偽善に対して戦うことを絶えず思い出させた。

ＯＳＨＯと彼の悪友仲間は、恐れ知らずなとんでもない悪戯のために、町で有名になった。地元の泥棒や殺人者たちでさえ、彼らに面と向かうことを避けたと言われている。彼らの活動は日中に行われて、満月の夜には彼らは町のロバたちを放すと、それに乗って夜が明けるまで楽しんだ。憤慨した町民たちからの苦情は、常にＯＳＨＯの家族をしつこく悩ました。彼の父は悪戯者である息子の話を聞くと、犠牲者のほとんどの不平は、彼らの傷ついたエゴだけであることを彼は感じとった。以来、どうすべきかについて父はむしろ途方に暮れた。

概ね、ダダーは注意を払わなかったが、彼が腹を立てて自分の息子を部屋に閉じ込めたという一つの出来事がある。ダダー自身が憐憫の情を感じるまでＯＳＨＯを外へ出さなかったが、その罰は全く的外れであるとわかった。彼は一人で幸せだったからだ。彼はどんな音も立てず、動きもせずに何時間も閉じ込められたままでいた。その辺りが全て沈黙していたためダダーが心配した時、ＯＳＨＯは冷静な声で彼に、心配すべきことは何もないし、自分は無期限にそこに留まることが嬉しいと言った。違う出来事では、ある教師が授業に遅刻した理由でＯＳＨＯを罰した。彼はＯＳＨＯに学校のグラウンドを走り回らせた。しかしその考えが逆効果になったのは、若いＯＳＨＯがその実習を楽しみ、それをもっとできるように遅刻を続けたからだった。結局教師はあきらめた！

ＯＳＨＯの学校での最初の反逆的な行為は、七学年の時だった。校長は学校の規則や規定の遵守に関して特に厳しく、無情なほど厳格な人だった。ＯＳＨＯの自由な精神は、どんな押し付けられた規律にも決して従わなかった。彼は自発的な自己の規律を信じていた。彼の学校では誰もが布の帽子を被るように要求されていた。けれどもＯＳＨＯは羊毛の、全学生の集団の中でたった一つの羊毛の帽子を被ることが許可された。ある日ＯＳＨＯは校長室の中を歩いて、これからは強制的な布の帽子は学校ではもう被らない、そしてもし帽子を被ることを任意にしなかったら、学生たちはストライキに入るだろうと静かに宣言した。校長にはその状況を正しく読み取るための常識があったに違いない。なぜなら、その日から帽子はもう強制的ではなくなったからだ。後に、ＯＳＨＯは他にも学校に対して無意味な規則、厳しい規律、そして教師の偽善的な振る舞いに反対する幾つかの抗議を先導した。

ＯＳＨＯの反逆は悪戯という形でも現れた。その目的は多くの場合、社会の中の偽善者を暴露するため、そして彼らのエゴを意気消沈させるためだった。それでも彼の企みとからかいには悪意がなく、傷つけるためにそうしたわけでもなかった。彼がしたことは純粋に人懐っこい戯れからのものだった。表面的に彼のエネルギーは人に向けられているように見えるが、実際に彼が狙ったものは、古くからの条件付けと自己中心的な振る舞いだった。彼の標的は人ではなかった。彼が攻撃したものは固定されたパターンだった。ＯＳＨＯが彼の故郷の小さな環境でしたことは、聖職者や法王、学者や政治家を愚弄することになった。それは侮辱ではなく教育なのだ。ＯＳＨＯのユーモアの感覚の本質と性質は、彼の友人スワミ・アゲハ・サラスワティーが伝えた興味深い話の中に見ることができる。それは人間の行動への探求に、表面を疑うことを知らない人々を参加させる方法の完璧な例といえる。何かを曝すことを楽しむのは彼の本性で、後に彼はそれを「正しい生贄」と呼んだ。

ガダルワラに医者がいて、彼は自分の名前と大学での学位の長い一覧表が書かれた看板を掲げていた。その医者が診療所にいた時、OSHOは友人たちと通りの向こう側から彼の名前と学位を大声で読んだ。その一味には、誰か一人がその医者の診療所を通り過ぎた時はいつでも、看板を読み上げるようにというOSHOからの指示があった。医者はこれに迷惑し始めたが、少年たちは止めなかった。医者はある日ついに腹を立てて、その若者たちの親たちに苦情を言った。親たちはこの問題について途方に暮れた。それがたぶん少し奇妙であることを除いたら、それに関する不快なことは何もなかった。そしてそれどころか、むしろ全ての物事をおもしろがった。その話はすぐに小さな町に広まり、そのうえ医者をひどく悔しがらせた。しかし結局は、医者は自分の署名が象徴する自己中心性がわかって、こっそりとそれを取り外した。

OSHOは決して政治の中にはいなかったが、彼の若い精神は、自分の周りで起こっていたことに完全に気づいていた。その頃、インドは英国の統治の下で苦しみ、OSHOはそれに反対した。彼の少年時代のもう一人の友人であるグラバイはOSHOの思い出を分かち合い、インドでの政治的で社会的な不正に対する若いOSHOの深い関心を明らかにした。一九四〇年から一九五〇年までOSHOと近しい間柄だったグラバイは、OSHOよりも九歳年上だったが、彼の弟子になった。

「不安定さの中で、不安にならずに生きることと恐れ知らずであることは、OSHOの傑出した特質でした」とグラバイは言った。
「そして私たちは常に、社会の悪を暴露するために彼が勇気を示したそのやり方に驚きました。たとえOSHOが私たちの何人かより若かったとしても、私たちは彼を畏敬と大きな尊敬をもって見上げました。そういう反逆性をOSHOは今、大変な世界的規模で示しています。学生時代にも、小さな規模でその反逆性を目撃することがずいぶんありました」

グラバイによると、OSHOは政治に巻き込まれることに決して何の興味も持たなかった。彼の社会への主な貢献は抑圧、不正、そして偽善に反対して大胆に発言することだった。たとえ彼が英国の規則に強く反対したとしても、彼は決して議会党や他の何かの政党のための正規の自由戦士にはならず、それは常に独立した発言だった。時には、OSHOは自由の闘争に活発に参加したが、それは一時的だった。一九四〇年に、スバース・チャンドラ・ボースによって率いられていたインド国軍(INA)の代表者がOSHOと彼の叔父シカールチャンドと面会した。彼は彼らにOSHOを隊長とするINAの若い翼隊を作るように勧めた。OSHOは別の国家主義運動、ラシュテュリヤ・スワヤムセヴァク・サング(RSS)の一員でもあったが、そこにもあまり長くはいなかった。彼はすぐにINAとRSSの両方を止めた。なぜなら彼はどんな外部の規律、観念《イデオロギー》、あるいは組織も受け入れられなかったからだ。マハトマ・ガンジーについての彼の見解も同じ路線にあった。たとえ彼がガンジーの誠実さと不屈の努力を賞賛したとしても、OSHOは決してガンジーの考えと独特な表現法の術中には陥らなかった。彼はガンジーの政策について確たる自分の見解を表明した。

実験は反逆と同じくらいOSHOの生の一部だった。毎日彼は新しくて異なる何かをした……探求は全てのレベルで続いた。彼は眠りで、起床と就寝に対していつもと変わった時間を設定する実験をした。彼は断食を試み、奇妙な時間に食べることを試みた。彼は川の中、森の中、雨の中に立って瞑想した。彼は秘儀的な、ヨーガ的な呼吸法や魔術や念動作用に関する実験をした。

彼は催眠についてもうまく実験した。

「しばしばOSHOは自分の実験に友人たちを巻き込みました」とOSHOの子供時代のもう一人の友人スワミ・スクラジ・バルティは言った。スクラジは詳しく語る。彼らが舟に乗ってよく遊びに行くと、OSHOは泳げない者を川へ突き落とした。彼が溺れないように気をつけてはいたが、同時に彼の奮闘を促した。時には彼は、一番の泳ぎ手を数秒間水の中に深く沈ませた。その人が水からやっと出た時、OSHOは「どうだった?」と尋ねた。彼が意図したことは、その体験がどれほど強烈だったか、呼吸できずに水の中にいるのはどんな感じだったかだった。OSHOはその時こう説明した……本当の神の探求が始まるのは、人の生存が危うくなるところで、その人がそのような途方もない強烈さに至る時だけだ、と。

若きマスターの忘れがたい実験の一つに、真夜中に断崖を歩くことがあった。

彼の友人スワミ・アゲハ・サラスワティーは思い出す……。

「彼は真夜中に川沿いを歩くために、私たちをそこへ連れて行きました。それから彼は高い丘の天辺に登って、その崖の淵を歩くよう私たちに要求しました。それはぞっとするような体験でした。私たちは死ぬほど怯えました。百フィート下には深い谷があり、一歩滑ると私たちは死へと崩れ落ちる可能性がありました。けれども、彼がそのような冒険に私たちを連れて行った時はいつでも、私たちは常に知っていました……彼の主な意向は、私たちに恐怖を克服する実験をさせるためだったのを。彼の主な目的は、私たちがますます気づき、油断しなくなり、勇気を持つようにさせることでした」

実験は、大部分は瞑想状態を直接体験するためだった。ＯＳＨＯは、人がマインドを超越する瞬間を経験する例えとして、崖を歩く実験と橋から川に飛び込む実験を示した。

「少年時代に、私は友人たちをよく川へ連れて行った。川の側に小さな道があった。その崖を歩くことは非常に危険だった。ほんの一歩無意識に踏むだけで川の中へ真っ直ぐに落ちるだろう。そしてそこは川が最も深いところだった。誰もそこへ行ったりしなかったが、そこは私の最も愛した場所だった。私は友人たちもみんな私と一緒に、その狭い崖を歩くようにさせた。ほんの数人はいつも私と一緒に行く用意ができていたが、行った者たちは本当に美しい体験をした。彼らはみんなこう伝えた、『これは奇妙だ。何とマインドが止まるとは！』

私は時々、友人たちを鉄橋に連れて行った……そこから川へ飛び込むためだ。それは危険だった……それは禁止されていた。そこでよく人々が自殺をすることもあったので、常に橋を監視して立っている警官がいた。私たちは警官に賄賂を与えなければならなかった――橋から飛ぶのを許してもらうためだ。次第に彼も知るようになった……これらは同じ人たちだ、彼らは死なない……そして彼らは自殺に興味はない、ということを。それどころか、彼は私たちに好意を持ち始め、賄賂を受け取ることを止めた。

彼は言った。『飛んでかまわないよ。私はそっち側を見るつもりはない。君たちが望む時はいつでも来ればいい』。その橋は非常に高かった……。川に突入する前に、橋と川の間の、その中間に、マインドが突然止まるポイントがあった。それは私の瞑想の最初の一瞥だった。それが、私が瞑想にますます興味を持つようになった方法だ。私は、山や川やどんな橋にも行かずに、これらの瞬間が利用可能となり得る……、ただ目を閉じるだけで、どこかに行くこともなく、その人自身がこれらの空間に入るようにさせられる……、そんな方法を見つけ出そうとすることに、興味を持つようになった。いったんあなたがそれを味わったら、それは難しくない」

全ての実験での主な要素は勇気だった。ＯＳＨＯは実際に、真理の探求者とは絶え間なく実験している人であり、勇気が実験のためになくてはならない、ということをずっと主張してきた。「勇気は」ＯＳＨＯによると、「生における最も偉大な質だ。なぜなら勇気なしには自由はなく、自由なしには真理はないからだ……」

ＯＳＨＯ自身が、油断せずに気づいたままでいることに激しく働きかけた。彼が高等学校にいた時、たとえばＯＳＨＯが愛し、賞賛した教師の一人は、毎日出席を取る中で、生徒は「います、先生」

と言わなければならず、「はい、先生」と言ってはいけないと主張した。これについてのコメントで、OSHOはこう言う。

「さて、これはまったく滑稽だった。『はい、先生』と言うか、『います、先生』と言うかはどうでもいいことだ。しかし私は、彼がその中にある意味を持っていたのを感じ始め、それで私はそれに瞑想し始めた。そして彼が私の名前を呼ぶ時はいつでも、私は『います、先生』と言うが、ただそれを言うだけでなく、それを感じたりもした。私はただ単にいて、気づき、油断せずにいる。そして私は美しい瞬間を持った。ほんの三十秒間、私はクラスが消え、教師が消えるほど存在するようになった」

OSHOは、外側から押し付けられた条件付けに対しても等しく油断せずにいた。彼は言う。

「私はジャイナ教の家族に生まれて、当然ちょうど他の誰もが条件付けられているように、その条件付けは私にも押し付けられた。その条件付けはとても微妙で、いったんそれに捕らわれるなら、あなたは自分自身に向けて、考えたり見たりすることができなくなる。あなたの条件付けに反対するものは何でも、あなたはそれに耳を貸さなくなる。だが私は絶えず用心深くいて、絶えず油断せずにいた。そのため、私はその条件付けに捕えられなかった」

しかしそれは、同じ条件付けが彼にある問題を引き起こした以前のことではなかった。

伝統的に、ジャイナ教徒は日没後に食事をしない。OSHOもまたこの伝統で育てられた。しかし一度それは彼にとんでもなく悲惨な状態を引き起こした。OSHOは次の出来事を物語る……。

「十八歳になるまで、私は決して夜には食べなかった。一度私は少数の友人たちと、遠く離れたジャングルに囲まれている城砦を見に行った。その城砦はとても美しかったので、一日中それに感銘して過した。ヒンドゥー教徒だった他の人たちは、昼間に食事を用意することに関心がなかった。私はただ一人のジャイナ教徒で、その提案はできなかった。なぜなら他の三十人は、何の興味もなかったからだ。だから私はあきらめた。夜に彼らは料理した。森の中と太古の城の廃墟を一日中さまよったことで、私は疲れて空腹だった。実際、それほどの空腹を覚えたことはなかった。しかし十八年間の条件付けが私に残っていて、私は夜に食べることができなかった。それから、彼らは美味しい食べ物を用意し始めた……。彼らは私に食べるように説き伏せようと、こう言った。

『他に誰もいないし、こんなこと誰も君の家族や両親に言わないだろう。誰も知りさえしないさ』

私は抵抗した……が、抵抗すればするほど、私は誘惑された。結局私は屈服して食べ始めた。食べ物は美味しかった。しかし一晩中、私は地獄の苦しみを受けた。私は少なくとも七回吐いた。その十八年の条件付けは、取り除くには簡単な事ではなかった。私は食べ物を消化できなかった。私の身体全体が反乱を起こした。全ての食べ物が投げ出されるまで、私は眠れなかった……」

ＯＳＨＯは非常に幼い年齢で、理性的に考え、それから自分の思考を効果的に言葉にする術《アート》を示した。彼は六学年以降は、演説をしたり討論に参加したりした。彼の言葉への愛は九学年になって勢いに乗り、そこから鈍ることはなかった。スワミ・アゲハ・サラスワティーは私に言った……ＯＳＨＯは、これらの若い日々においても、討論でどちらの立場を選び取っても、議論で相手を打ち負かす能力があることで

知られていた。ＯＳＨＯの言葉では……、

「遠慮なく話すことは、私にとって非常に簡単だった。私は自分が光明を得る前に、自分の見解を遠慮なく話し始めた。話すことは、私が光明を得る前にもかかわらず自然と私に起こって来た。私は決してどんな雄弁術も学ばなかったし、雄弁術を教える何かの学校にいたこともなかった。私はこれまで話術に関する本を読んだことさえない。まさに子供時代から私は議論好きであり、誰もが私に黙るように求めた……。家族で、学校で、大学で、それから総合大学でも、誰もが常に私に対して『黙ってくれ！』と言っていた。だがそれは全て、私に大いなる機会を与えてくれたし、私をますますはっきりと、ものが言えるようにさせてくれた。隣人たちや教師たちを相手に議論すること、または街路で、どこでも議論することは、私にとって自然な事になった。ちょっと誰かを見つけることが、私に議論させるには充分だった」

彼の特別な雄弁術のおかげで、ＯＳＨＯの追求心は遺憾なく発揮した。

彼は一度友人の家で、宗教と霊性《スピリチュアリティ》について七日間連続で話した。青年期の頃でさえ、時々彼は有名な学者、聖職者、そして権威者たちとの公開討論へ招待された。彼の洞察に満ちた観察と要点を突いた質問は常に彼らを不愉快にさせた。その実例は、ジャバルプールにあるＤ・Ｎ・ジャイナ高校での九月五日の教師の祝祭日に、彼が話した時の表現だ。

ＯＳＨＯが次のように話すと、聴衆に衝撃を与えた。

「今日は教師にとって最も不運な日だ……。この日はただＳ・ラダクリシュナンが、かつては教師であって今は学長であるというだけで注目されつつある。教師にとって本当の名誉は、学長が彼の学長という地位をあきらめて教師になる時だ」

彼の熱烈な話し方の背後には、ありとあらゆるテーマへの読書があった。しばしば彼は夜通し読んだ。そのために頭痛が起こると、自分の額に鎮痛の香油を塗って読書に戻った。それから夜明けに彼は川へ行って泳いだ。たとえ少年のように彼がホッケー、サッカー、バレーボールのようなゲームで遊んだとしても、常に読書の方により興味があった。ガダルワラ公共図書館の多くの本には、いまだにＯＳＨＯの署名だけを示すカードがあり、それは彼がこれらの本の唯一の読者であったことを意味する。本は政治や哲学から科学、宗教、探偵小説の範囲にわたっていた。彼自身が広く読んだだけでなく、友人たちにも、普通の教科書より他の何かを読むことを強要した。インド人のノーベル文学賞受賞者であるラビンドラナート・タゴールは、お気に入りの作家の一人だった。

若い頃は、マルクスやエンゲルスの著作、そして他の共産主義の文学を広範囲にわたって読んだために、彼は共産主義者という汚名を着せられていた。その貪欲な読書の習慣のせいで、たびたび学校を欠席し、学校から除名されそうになった。高等学校にいる間の共産主義への興味は、貧しい者への深い懸念から生じていた。友人たちの助けを得て、彼は主に共産主義の文学を含んだ小さな図書館を建てた。

共産主義の考えへの真剣な興味にもかかわらず、ＯＳＨＯ自身は社会主義の方に傾いた。彼と友人たちは、社会主義はインドの経済的な苦境に対する答えだと信じていた。しかし高校の頃になると、彼はそれに批判的になり始めた。実際に一九五〇年頃、彼がジャヤ・プラカシュ・ナラヤンのようなインド社会党の著名な指導者たちを批判し始めた、と友人グラバイは伝えている。ＯＳＨＯはかつて社会党の全国幹部役員会議に、傍聴者として出席さえしていた。それはパンチマリという丘陵行楽地で開催された。その会議は彼にとって、完全に期待外れであることがわかった。

彼ら（ＯＳＨＯと彼の友人たち）の貧しい者に対する青年期の関心は、ロビン・フッドと彼の従者になるという空想にまで広がった。彼らは力づくで金持ちに貧しい者へ与えさせるために、銃を買って、それを使用するための免許を警察から手に入れることを企てたと言われている。しかしその計画は、もちろん実行されなかった。彼の叔父アムリットラルによれば、ＯＳＨＯは若者たちのグループを組織し、そこでは共産主義の観念と彼らの宗教への抵抗についての定期的な討論がなされた。彼らの会合場所の壁に「宗教は阿片だ」と書かれてあったのを、アムリットラルは見たことがあった。

この時期のＯＳＨＯは無神論者で、宗教的儀式と経典への盲信に対し公然と批判的なままだった。（それでもＯＳＨＯが実践した瞑想はどんな宗教的儀式の一部でもなく、何かの宗教によって規定されたものではないことをここで強調しなければならない。ＯＳＨＯの見解では、瞑想は本質的に現世的な現象であり、ある宗教に従うこととは何の関係もない）

「子供時代から私を知る人たちは、宗教と私が共存できるとはまるで信じていなかった。それが彼らの予想を超えていたのは、宗教と呼ぶものや宗教として知っているものに対して私が常に戦っていたからだ。彼らが礼拝と呼ぶものは、私にとっては単にとても多くの馬鹿げた行為に過ぎなかった。彼らが出家僧《サニヤシン》と呼ぶものは、私にとっては逃避者に他ならなかった。彼らが経典と呼んでいたものは、彼らが礼拝で自分の頭を下げるために使われたが、私にとってはその上に私の足を休ませられる普通の本だった。彼らが疑う余地がないものとして受け入れたものは何でも、私は疑心暗鬼と猜疑心の中に引きずり込んだ。彼らの神、彼らの魂、そして彼らの救いは、全て私にとってはジョークとおかしさの題材だった」

ＯＳＨＯの探求は、もっぱらスピリチュアルなままだった。スピリチュアルな探求は彼の全ての活動の底流であり続けた。マルクスと社会主義的な考えへの幻滅が、彼自身の方向感覚と関与をよりいっそう明瞭にしたことは明らかだ。人間の惨めさと不幸の根は、何か特定の社会的な、または政治的な体制の中に隠されているのではないことが彼にとって全く明白になった。むしろ、それらの起源はどこか別のところにあった。ＯＳＨＯは政治的ではなく、ただ意識の革命だけが平和と幸福をもたらし得ることを理解した。もう一人のＯＳＨＯの長年の友人、シャム・ソーニは思い出す……。

「ある時、私たちが高校にいた頃、満月の夜に、私たちの何人かは川の岸辺に座っていました。それは十一時頃で、あらゆるものがとても静かで平和に満ちていました。突然ＯＳＨＯは沈黙を破り、自分の役割は宗教という場にあって、他のどこにもないと話しました。彼の場所は宗教の中にあったのです。私は彼の感じ方《フィーリング》が好きで評価していましたが、その時は信じられませんでした。その頃、彼は共産主義に非常に深入りしていたからです。それでも、宗教を除いたあらゆるものが彼にとって完全に無意味になったのは、その夜からまもなくのことでした」

共産主義と社会主義への関心から、宗教とスピリチュアリティへのＯＳＨＯの移行は、一九四五年から一九五〇年の間に起こった。

外的な活動と観念へののめり込みにもかかわらず、彼は依然として自分の家族に対しては非常に愛情深く敬意を表していた。それでも、彼は必要な時には自分の見解を率直に表現することに躊躇しなかったし、常に自分の決心には断固としたままでいた。ＯＳＨＯと彼の父の間に起きた次の出来事は、その実例を示している。

「私の子供時代、私は自分の髪の毛をできるだけ長いままにしていることが好きだった。私の父の店と住居は一緒で、私は店を通って入ったり出たりしたものだった。人々が彼に『この女の子は誰だ？』と尋ねた時、彼は非常に気まずく感じた。インドでは女性だけが長い髪の毛を誇示することを許されていて、当然彼は気まずく感じ、そして私が毎日このために問題を引き起こすことに腹を立てた。ついに彼は激怒すると、ハサミを取って私を捕まえ、私の髪の毛を切ってしまった。

私は言った。

『僕の髪を切ってもいいけど、覚えておいてね。僕はそれぐらいでおとなしくはならないから』

彼は『どういう意味だ？』と言い、私は『明日わかるよ』と言った。

そして私は道のちょうど向こう側に行った。そこにはあらゆる理容店があった。私にはある友人が、老いた阿片の常用者がいた。私はその男を愛した。なぜなら時々彼は誰かの髭を半分剃って、『待ってくれ、わしはあるところへ行かなければならない』と言うからだ。それから彼は数時間いなくなってしまい、その客は半分の髭では立ち去れないため帰れない……。そして彼はとてもいい人で、こう言った。

『心配する必要はない。もしそれが気に入らないなら、何も支払わなくていい』

私はよく彼の小さな店に座って、彼といろいろなことを討論したものだった。なぜならそれは喜びの元だったからだ……。だから私は彼のところへ行った。というのも彼は私が思ったことをできる唯一の人だったからだ。私は彼に言った。

『僕はこの長い髪に飽きている。ただ僕の頭を完全にきれいに剃ってほしいんだ』

インドでは、子供の頭は彼の父親が死んだ時に完全に剃られることになる。一瞬彼は躊躇し、そして言った。『お父さんはとても怒るだろう。君に言っておくぞ!』

私は言った。『あなたは心配しなくていいです。それは僕の責任です。そしてあなたは気概《ガッツ》を持った唯一の人です。他のどんな理髪師も僕の髪を切ろうとしません』

それで彼はオーケーと言った。彼が私の髪をすっかり剃ると、私は父の店に入った。

私を見て、直ぐに父の客たちは尋ねた。

『このかわいそうな男の子に何が起こったのだ? 彼の父親は死んだのか?』

今や彼にとって『私が彼の父親だ』と認めるのは、さらにもっと気まずかった。彼は私を家の中に呼び、『これはやりすぎだ』と言った。

私は言った。『僕はあなたに警告したよ。何かをする時はいつでも、僕は全面的にする。これからは、もしあなたが僕に干渉するなら、覚えておいてね、僕はもう一方の極端へ動くことができるから』

近所から人々が事情を聞くために集まり始めた……そして私の父を見つけると、彼らは言った。

『どうなっているのだ？　あなたは生きているのか？　私はあなたの息子が、頭を完全に剃り上げてしまったのを自分の目で見たのだよ』

学校では、私の父が死んだに違いないと思い込んだ教師と校長は、非常に同情していた。

彼らは私に言った。

『私たちは、悲しみと哀悼の意を表するために君の家に行くつもりだ。君のお父さんは良い人だった』

私は彼らの来訪を許した。そこに座っている私の父を見た時、彼らは非常に奇妙な状況に陥った。

私の父は彼らに尋ねた。

『なぜ来たんですか？　何か理由があるはずですね』

彼らは言った。『それは……だがあなたの息子さんはどうかしている。私たちが「彼は良い人だった」と言っていた時、彼はあなたがまだ生きていることを、全く言わなかった』

それが、彼が私に干渉した最後の時だった。彼はそれが危険なことになるのを完全に思い知った」


十六歳の時、ＯＳＨＯは更にもう一つの深い衝撃を受けた。それは彼の子供の頃からのガールフレンド、サシが腸チフスで死んだ時だった。彼女はＯＳＨＯが十四歳で「死んだ」同じ古い寺院の近くに住んでいた。彼女の父親は医者だった。ＯＳＨＯより二歳年下だったサシは、非常に深く彼に恋をしていた。ＯＳＨＯが瞑想するために寺院に来た時はいつでも、彼女は自分の庭または窓から彼を見つめていた。しばしば彼女は、寺院まで彼の後をついて行った。彼はいつも一人になりたがったため、彼女は時々その若者を困らせた。ＯＳＨＯは友人の一人に、瞑想の間はサシが邪魔しないように、寺院の扉を監視することを頼んだ。にもかかわらず、サシはＯＳＨＯが彼女の愛に報いているのを知っていた。彼は彼女を愛情を込めてグディヤと呼び、瞑想が終わった後に、彼女が彼のために持って来た食べ物を、愛情を込めて受け入れた。サシが死の床にあった時、ＯＳＨＯは彼女と一緒にいた。死は確かだったが、戻って彼女の愛する人と共に在り、そして彼の世話をするというサシの決意の固さもまた確かだった。彼女は彼に自分は戻って来ることを約束した。彼も彼女に約束した……彼は彼女を呼び寄せ、彼女を戻すだろう、ということを。

ＯＳＨＯの最も近しい友人の一人は、サシの死後、ＯＳＨＯはさらにもっとよそよそしく、超然とするようになった、と言った。何日も彼は誰とも話さなかった。

「私は覚えていない」とＯＳＨＯは言う。「私がこれまで何らかの友情を育てたかどうかにかかわらず、私の友人になりたかった人たちは数多くいた。多くの人々が私の友人になったのは、彼らが私と友人であることを楽しんだからではなく、私を敵にすることが不可能だったからだ。しかし私は、自分がこれまで自発的に誰かのところに行って友情を申し出たことなど、全く思い出せない。それは私が、友情を決して歓迎しなかったということではない。もし誰かが私を友人にするなら、私は心を込めてそれを歓迎する。しかしその時でさえ、私は普通の意味で友人になることはできない。私は常に離れたままでいた」

これはある意味、彼を自分自身であるために自由なままにさせた。

「私の教師の誰とでも、またはどんな仲間の生徒たちとでも、または他のどんな人とでも、私は自分をのめり込ませるほどの、または島のように離れた私の存在を壊すほどの友情を発展させることは、できなかった。友人たちはやって来て私と一緒にいた。私も同じ様に多くの人々に出会い、多くの友人を持った。しかし私の側からは、私が依存するものや感銘を受けるものは何もなかった……。私は誰とでも生きるかもしれないが、私が群集や社会の中にいようと、友人や親友と一緒にいようと、それでも私は独りだ。何も私に触れない。私は触れられないままだ」

非常に若い時期から、ＯＳＨＯはあらゆる体験を、あらゆる状況を、内的な成長へ向かう踏み石として使った。彼の気づきは、真理の探求においてどんな機会も逃さないようにさせた。彼の愛する人……彼の妹、祖父、そしてサシ……の死は、他人との愛着によって作り出される制限を理解するための、そしてこのことから、二元性を超えるための並外れた好機を彼に与えた。彼はこれらの好機につかみかかり、一人で在るために、彼自身を本当に自由にさせた。この点についてのＯＳＨＯ自身の観察は重要だ。

「生はその人を自分自身に投げ返すための多くの機会を与える。しかし私たちが狡猾であればあるほど、私たちはすぐにそのような機会から自分自身を救い出す。そのような瞬間に、私たちは自分自身から外へ移動する。もし私の妻が死んだなら、私はすぐさま別の結婚できる女性を捜す。もし私の友人がいなくなったら、別の友人を捜し始める。私はどんな隙間《ギャップ》も残すことはできない。その隙間《ギャップ》が満たされると、私が自分自身の自己に逆戻りすべき機会は、その無限の可能性とともにたちまち失われてしまう。もし私が他人に興味を持つようになっていたら、私は『自己』へ向かう旅のための機会を失っていただろう……」

彼の独り在ることの体験で、ＯＳＨＯはより以上の「部外者」に、または「異邦人」になった。彼は活動や人々の最中にあっても超然としている状態に根付くようになった。彼は独りのままだった。「私は自分自身にとってひとつの宇宙になった」とＯＳＨＯは言う。

子供時代や青年期にも、ＯＳＨＯの実に波乱に富んだ独自の生き方が充分に伺える。彼がしたことは何であれ、それに多大な関心を持ち、そして正直でいた。意義深いことに、どの程度であれ、彼は決してある行為に自分自身を同一化させなかった。彼は常に、行為と自分自身との間の距離を保った。彼の冒険の始めから終わりまで、そして彼のそれぞれの実験において、彼は決して気づきのなさから自分自身を迷わせることはなかった。

彼の行動は、体験の中で究極のものを、永遠なものを求める絶え間ない探求の一部だった。そして彼に光明をもたらしたのはこの渇望だった。

第3章

光　明

Enlightenment

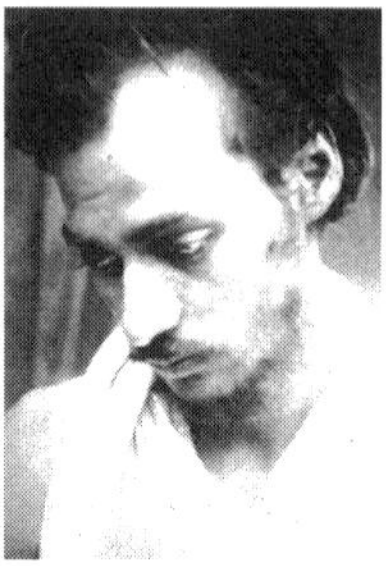

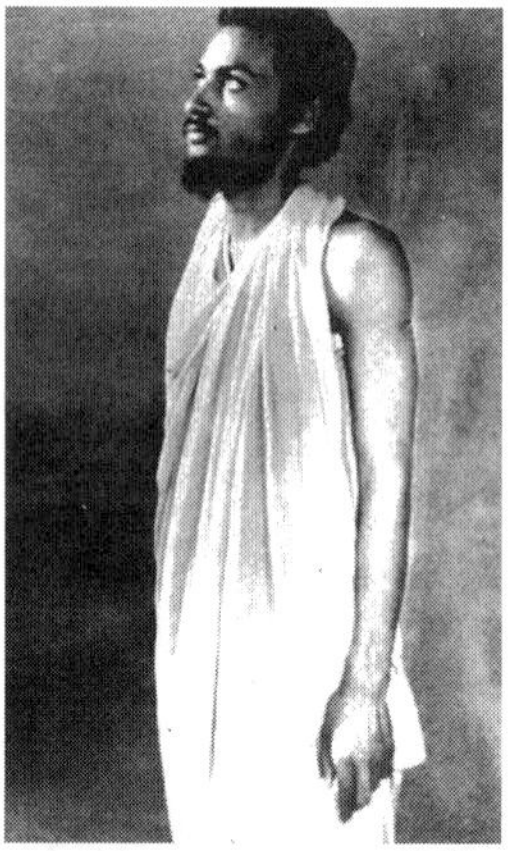

21才

この木の上で瞑想中、身体から離脱する経験をする

サーガル大学時代の部屋

大学卒業時

一九五一年、十九歳でガダルワラの高校を卒業した後、OSHOはジャバルプールへ行き、そこでヒトゥカリニ大学に入学した。彼は、ほとんど同年齢だった従姉弟のクランティとアルヴィンドと一緒に暮らした。クランティとアルヴィンドはOSHOの父の姉妹の一人、ラトニバイの子供だった。ラトニバイは二人が幼かった頃に亡くなり父は再婚したので、彼らは子供のいない叔母のマクマルバイと、その夫クンダンラル・サマイヤによって育てられた。

クランティは幼い頃に結婚したが、不運にも彼女の夫は結婚後たった一年で亡くなった。未亡人となった従妹に深く同情したOSHOはできるだけ彼女を援助し、学業を続けるようにと励ました。彼女は後に学校の教師になった。アルヴィンドは商業学校を卒業して大学教授になった。OSHOがジャバルプールにいた間は、三人は共に生活した。彼らは充分な生活の糧を得てお互いに支え合い、快適な暮らしをした。

OSHOは高校でしてきたことを大学でもやり続け、依然として妥協せず、非因習的で率直なままだった。彼は自分が自由に行動した結果が何であろうと、喜んで受け入れた。面倒事に巻き込まれるのに、それほど長くはかからなかった。大学に入った二年後、彼は除籍させられた。

哲学と論理学のクラスでは特に手に負えなかった。教授が何を言ってもことごとく質問し、長く論理的な議論を始めたので、教授の講義は決して先に進まなかった。教授から論じるなと警告された時、OSHOは、それは哲学と論理学のクラスに在席する全ての目的を破壊することだと指摘した。彼の質問と議論は、彼の鋭い問いかけのセンスと、従来の授業のやり方に縛られたものが対象だった。しかし結局教授はそれ以上どうしようもなくなり、「ＯＳＨＯが去るか私が去るか」という最終的結論を校長に引き渡した。校長はＯＳＨＯを校長室に呼び、大学を退学するよう求めた。校長は、ＯＳＨＯには実際に過失がないことを認めたが、最も年長者の一人でとても尊敬されていた教授の辞任は、見るに忍びなかったのだ。

ＯＳＨＯはその状況を理解し、別の大学の入学許可を得て、その責任を校長が負うという条件で去ることに同意した。大学の学期がほとんど終わっていたため、その要求は困難だった。校長は他の大学と連絡を取ることに同意した。ＯＳＨＯの評判は既に町じゅうに知れわたっていて、他の大学は彼を入学させることに乗り気ではなかった。最終的に、Ｄ・Ｎ・ジャイナ大学の校長がＯＳＨＯの入学を同意したが、彼がこれまでのように教授に質問しない、という条件付きだった。ＯＳＨＯは、それは不可能であり、それならクラスに出席するよりも家に居たほうがましだと言った。校長は家に居ることを彼に許し、ＯＳＨＯが試験のためにだけ現れることを許可し、出席規則を曲げた。

ＯＳＨＯは次のように、その状況を述べている……。

「私は大学を追放されたが、校長は私にこう言った。『君を追放することに気が咎める。君は何も間違っていないからだ。しかし君は少し変わっているね』

私が入った最初の大学で、私は論理学を学びたかった。多くの名誉学位を持ち、多くの本を出版した老齢の教授が、西洋論理学の父アリストテレスについて語り始めた。

私は言った、『ちょっと待ってください。あなたはアリストテレスが彼の本の中で、女性は男性よりも歯が少ないと書いたのを知っていますか?』

彼は言った、『まいった、これは何という質問だ? それが論理学とどんな関係があるんだ?』

私は言った、『それは全ての論理学の過程に関わる、非常に基本的なことです。あなたはアリストテレスには二人の妻がいたのを知っていますか?』

彼は言った、『私は知らない……君はどこからその事実を知ったのだ?』

しかしギリシャでは、女性はあらゆるものが男性より少ないものだと、何世紀にも渡って伝統的に語られていた。当然、彼女たちは男性たちと同じ数の歯を持てなかった。

私は言った、『あなたは、この男アリストテレスを論理学の父と呼ぶのですか? 彼は少なくとも、数えることはできたはずです……彼には役に立つ二人の妻がいましたが、彼は数えませんでした。彼の声明は非論理的です。彼は単に、それを伝統的に受け取っただけです。そして私は、二人の妻がいながら、女性は男性よりも歯が少ないと書いた人を信頼できません。これは男性優越主義的な態度です。論理学者は偏見を超えなければなりません』

その状況から教授は校長に、OSHOが大学から追放されるべきか、それとも教授が辞任するかのどちらかだと脅かした。そして教授は大学に来なくなった。教授は『私は三日間待つつもりだ』と言った。校長は経験豊かな教授を失いたくなかった。彼は私を校長室に呼んでこう言った。

『これまでその人には何の問題もなかった。彼は非常に好ましい人間だ。まったく最初の日に……君は何をしでかしたのだ?』

私は彼に、全ての成り行きを伝えて言った。

『あなたは、それが大学から除名されるに価することだと思いますか？　私は全く適切な質問をしていたのに、もし論理学の教授が答えられないのなら、誰が答えるのでしょうか？』

校長は良い人だった。彼は言った。

『私は君を追い出すつもりはない。君が間違っているようには見えないからだ。だが私はその教授を失う余裕もない。だから君が別の大学へ入るように準備してみよう』

しかし私の噂は全ての大学に広まっていた。私が住んでいた都市には約二十校の大学があり、これら二十校の大学をただ併合すると、最終的に非常に有名な総合大学になった。彼は私を推薦の手紙と一緒に別の校長のところへ送ったが、彼はその校長に電話でこう言っていたに違いない。

『推薦の手紙を信じてはいけない。それを書かねばならなかったのは、その学生を処分しなければならないからだ。彼は間違っていないが、絶対的に個人主義的であり、面倒な事を引き起こすだろう』

私が別の校長に会いに行くと、彼は待っていた。

彼は言った、『一つの条件を守るなら君を入学させよう。それは、決して大学の授業に出ないということだ』

私は言った、『それなら、試験がある時はどうなるのでしょうか？』

彼は言った、『大学に在籍するために必要な出席率を君に与えよう。だが、これは私と君との秘密だ』

私は言った、『それは全くけっこうです……いずれにせよ、あなたの教授たちは時代遅れです。でも、図書館には入ってもいいですか？』

彼は言った、『図書館は全くかまわない。だが決してどんなクラスにも出席してはいけない。君が面倒事を引き起こしているという苦情を、どんな教授からも聞きたくないからだ』

私はこれまでどんな面倒事も引き起こしたことがない！　単に質問をしていただけだ……もし彼らが本当の紳士だったら、彼らはこう言っただろう、『いずれ私は見つけ出すだろうが、目下のところ私は知らない』。しかし『私は知らない』と言うことは、世界で最も難しいことだ」

OSHOはこの自由時間に、日刊新聞の編集助手の仕事を見つけた。彼は数ヶ月間だけ新聞社にいた。けれどもこの期間は、OSHOの職業にとっても学業にとっても特に意味はなかった。むしろそれは、永遠なるものへの並外れて強烈な彼の個人的な探求にとって重要な意味があった。これは彼の人生の最も危機的な時だった。彼は疑いと、ぞっとするような不安感と虚無感につきまとわれていた。その全ての状況がより苦痛に満ちていたのは、彼を導く者や彼に共感する者が誰もいなかったからだ。彼は師《マスター》なしでいた。道の上で独りだった。

以前にも少し触れたように、OSHOは疑うことなしには何も受け入れなかった。彼はその現実的な対面に遭遇せず、個人的な体験なしに神の存在に関する何かを受け入れるのは、特に気が進まなかった。彼は全てを疑い、全てを拒絶した。それはクリシュナ、マハーヴィーラ、仏陀、そしてイエスのような光明を得た存在と、ヴェーダ、ウパニシャッド、聖書、そしてコーランのような経典も含まれる。そのため、これらの源泉はもはや自分の助けにならないことを、今や彼ははっきり理解した。彼の探求は完全に個人的で一人だけのものになり、彼はほとんど気が狂っていた。

ＯＳＨＯの言葉では……「あらゆる小さな事柄において疑いがあり、疑いの他には何もなかった……疑問はどんな答えもなしに残った。ある意味で私は狂っているも同然だった。私は今にも気が狂ってしまうのではないかと恐れていた。夜は眠れなかった」

「昼夜を通して……疑問は私の周りを離れなかった……いわば私は深海の中にいて、どんな舟もなく、どこにも岸はなかった。どんな舟がそこにあっても、私は自分で沈めるか拒否した。そこには多くの舟があり多くの水夫がいた。だが私は……他の誰かの舟に乗り込むことを拒絶し、他の誰かの舟に乗り込むより、自分自身で溺れるほうがましだと感じた……もしここが、自分で自分を溺れさせることで生が私を導くところなら、溺れることを受け入れるしかないと私は感じていた」

「私の状態は全くの暗闇だった。それはまるで、自分が深くて暗い井戸の中に落ちたかのようだった。この頃は、自分がどんどん落ち続け、さらに深く底無し井戸の中へ入る夢を何度も見た。そして何度も私は……びっしょり汗をかき、大量の汗に濡れて夢から目覚めた。落ちることに終わりはなく、自分の足が決して地面に着かなかったからだ……私にとって明るい道は全くなかった。それは全て暗闇だった。私にとって、あらゆる次の段階は闇の中にあった。目指すものもなく曖昧だった。私の状態は緊張、不安、そして危険に満ちていた」

ＯＳＨＯにとって逃げ場はなく、近道はなかった。彼は自分がその生で非常に決定的な時期に面しているのを知りつくしていた。それは彼がほんの少しの気づきのなさ、または忍耐の喪失、または勇気の欠如で狂暴になり得た時だった。またしても、師《マスター》の不在がこの状況をとても危機的にさせた。彼は長い間熱心に探し求めたが、そういう人を見つけることはできなかった。彼は打ち明ける……。

「マスターを見つけることは非常に稀だ。非存在となった存在を見つけることは稀だし、ほとんど不在である現存を見つけることは稀だ。神性なものへの単なる扉である人、神性なものへの開かれた扉……あなたの邪魔をせず、あなたが通れる扉である人を見つけることは稀だ。それは非常に難しい……。そう、人はマスターなしで働きかけなければならない、ということが時には起こる。もしマスターが手に入らないなら、人はマスターなしで働きかけなければならないが、その時旅は非常に危険になる」

この途方もなく強烈で挑戦的な状況は、まる一年間続いた。それはOSHOを、マインドの最も困難な状況に陥れた。OSHOは、この期間に彼が経験したその様子を語っている。

「一年間、何が起こっていたのかを知ることは、ほとんど不可能だった……全ての欲求が消えてしまったため、ただ自分自身を生かせておくだけでも非常に難しかった。日々が過ぎていっても、どんな空腹も感じなかった。日々が過ぎていっても、どんな喉の渇きも感じなかった。自分自身に食べるように、飲むようにと強制せざるを得なかった。身体はとても非存在的だったので、自分がまだ身体にいることを感じるために、自分自身を傷つけなければならなかった。私は自分の頭がまだあるのかどうかを感じるために、頭を壁にぶつけなければならなかった。それが痛む時だけ、私はいくらか身体の中にいた。

毎朝毎晩、私は五マイルから八マイル走った。人々は私が狂ったと考えたものだった。なぜそんなにも走っていたのだろう？　一日十六マイル（約二十五キロメートル）だ！　それはただ、自分自身を感じるためだった……自分自身との接触を失わないため……私が誰とも話せなかったのは、あらゆるもののつじつまが合わなくなっていたため、一つの文を表現することさえ難しかったからだ。その文の途中で、自分が何を言っていたのかを忘れた。道の途中で自分がどこへ行っていたのかを忘れた。その時、私は戻らなければならなかった……。

私は自分自身を、部屋の中に閉じ込めたままにしなければならなかった。私は決して何も話さないように、何も言わないようにした。なぜなら何かを言うことは、自分は狂っていると言うことだったからだ。一年間それは続き、私はただ単にベッドに横たわり、天井を見て一から百まで数え、そして百から一へと戻って数えた。少なくとも数える能力だけは残っていた。何度も私は忘れた。私が再び焦点を得るまでに見通しを持つまでには一年もかかった。

私を支えてくれる人は誰もいなかった。私がどこへ行っているのか、何が起こっているのかを言ってくれる人は誰もいなかった。それどころか、誰もが反対していた……私の教師、私の友人、好意を寄せてくれる人々が……」

これらの恐ろしく困難な時期の間ずっと、クランティはＯＳＨＯの世話をし、愛と献身をもって彼に必要な面倒を見た。ＯＳＨＯはしばしば激しい頭痛を訴え、それは彼女の大変な心配の種となった。彼女と友人アルヴィンドは、ＯＳＨＯの痛々しい頭痛の治療のために何かをしたいと強く望んでいた。しかしＯＳＨＯは、できることは何もないので心配することはない、と彼女たちに愛情を込めて言った。

ＯＳＨＯの父も、ＯＳＨＯの頭痛について触れている。一度その痛みがとても激しくなったので、クランティとアルヴィンドは緊急の伝言をガダルワラに送り、それでダダーはジャバルプールに駆けつけねばならなかった。ダダーは、頭痛の原因はＯＳＨＯの習慣である大量の読書だと考えた。ガダルワラにいた時、ＯＳＨＯが額に鎮痛の香油を塗りっぱなしにしてまで読書を続けたことを、彼は思い出した。

ＯＳＨＯの母も、ＯＳＨＯがある時、居ても立っても居られぬ痛みを頭にかかえて、彼の鼻から血が流れ始めた幼い頃の出来事を思い出した。その時彼女は心配したが、幸いにも、しばらくして出血は止まった。しかし今回の初期の大学時代の頭痛は、読書の習慣と関係があるようには見えなかった。むしろ、ＯＳＨＯが通過していた心理状態に起因していた。

家族は彼の身体的状況と心理的状況から、占星術師が予言したＯＳＨＯの二十一歳での死が、本当に起こるのではないかと疑い始めた。彼らは医者から医者へと彼を連れ回した。ＯＳＨＯだけが、これらの気違いじみた努力は無意味であると知っていた。彼は、自分を良くする薬はなく、医者に見せる必要はないと言い張った。ＯＳＨＯは、一人の注目すべき内科医を訪れたことを述べている……。

「私はヴァイディヤ……内科医のところへも連れて行かれた。実のところ、私は多くの医者のところへ、多くの内科医のところへ連れて行かれたが、たった一人のアーユルヴェーダ的なヴァイディヤだけが私の父に言った、『彼は病気ではない。時間を浪費してはいけない』。もちろん、彼らは私をそこから別の場所へと引きずって行った。多くの人々は私に薬を与えたが私は父に言った、『なぜ心配するの？　僕は完全に大丈夫だよ』。しかし、誰も私が言うことを信じなかった。彼らはこう言った、『お前は黙っていなさい。ただ薬を飲めばいいのだ。何が間違っているのだ?』。それで私は、ありとあらゆる薬を服用したものだった。

洞察力があったのは、一人の内科医だけだった。彼の名前はパンディット・バギラート・プラサードといった……その老人は亡くなってしまったが、彼は希有な洞察力のある人だった。彼は私を見ると『彼は病気ではない』と言った。それから彼は泣き始めて言った。『私自身がこの状態を探し求めてきた。彼は幸運だ。この生で私はこの状態を取り逃した。彼を誰のところへも連れて行ってはいけない。彼は我が家に到着している』。そして彼は喜びの涙を流した。彼は私の保護者に、医者や他の内科医に対する私の保護者になった。彼は私の父に言った、『私に任せてほしい。私が世話をしよう』。彼は決して、どんな薬も出さなかった。私の父が言い張った時、彼はただ砂糖の丸薬だけを出して私に告げた。『これは砂糖の丸薬だ。ただ彼らを慰めるために、君はそれを服用すればいい。害はない。薬は助けにはならないだろう。実のところ、どんな助けも不可能なのだ』」

その内科医のOSHOの状態への読みが正しかったのは、OSHOの病気が異例のものだったからだ。彼は普通の病人ではなかった。OSHOは自分の状態とその原因を、どんな医療開業医よりもよく知っていた。

「今やそれは私を超えていた。それはハプニングだった。私は何かをしてきて、知らずに扉を叩いた。今、扉は開かれた。私は何年も瞑想してきて、ただ静かに座って何もしないできたが、やがて私はその空間の中に、その熱い空間の中に入り始めた。そこはあなたがそのようにあって、何もしていないところだ。あなたは単純にそこにいて、ひとつの存在であり、観照者だ」

ＯＳＨＯの瞑想の強烈さは深まり続けた。彼の体験は、彼を大きな爆発へと導いていた。彼がしていた様々な瞑想の中でも特に強烈だったのは、木のてっぺんに座ることに没頭したものだった。この魅惑的な体験は、大きな出来事が起こった約一年前に、マディヤ・プラデシュのサーガルで生じた。ジャバルプールの大学で学んでいた間、ＯＳＨＯはサーガル大学の後援による討論コンテストに参加するために招かれた。ＯＳＨＯは三日間そこにいて、起こったことを述べている……。

「私は夜に木のてっぺんに座って、瞑想したものだった。何度も私は、自分が地面に座って瞑想する時、自分の身体は力強くなり、支配力を持つと感じた……おそらくそれは、身体が土でできているからだろう。山の頂上やヒマラヤの高みへ行くヨーギの話は虚栄的なものではなく、本当に科学的な原理にはっきりと基づいている。

身体と地上の間の距離が大きければ大きいほど、身体の物理的な力や圧力は少なくなる……そして内的な力は増大する。だから私は高い木に登って、毎晩何時間も瞑想に没頭した。

ある夜、私は瞑想に没頭していたため、自分の身体がいつ木から落ちたのか、わからなかった。自分の身体が地面に横たわっていたのを見た時、私は横目であたりを見回した。私はこの出来事に驚いた。私は木の上に座っていて、自分の身体は地面に横たわっていた。まったく理解不能だった。それは非常に奇妙な体験だった。私の身体の臍から輝く線が、光るシルバー・コードが上に延びて、木の上に座っている私と結合していた。次に何が起こるのかを理解、または予見することは私の能力を超えていたし、どうやって自分の身体に戻ったらいいのかと苦悩した。このトランス状態がどれだけ長く続いたのかは知らないが、その不思議な体験は私の知らないものだった。

その日初めて、私は外側から自分の身体を見た。その日から、私の身体の単なる物理的な体験は永遠に終わった。その日から、死も存在することを止めた。なぜならその日私は、身体と魂は二つの異なるものであり、お互いから完全に分離していることを体験したからだ。あらゆる人間の身体の内側にある魂についての私の認識……それは最も貴重な瞬間だった。

この体験が、どれほど長く持続したかを話すのは難しい。夜が明けた頃、近くの村からミルクの缶を運んでいる二人の女性がその道を通り過ぎ、横たわっている私の身体を見た。私は木のてっぺんから、その私の身体を見ている彼女たちを見た。彼女たちは手のひらで私の額に触れた。すると一瞬のうちに、まるで力づくで引き寄せられたかのように、私は体内に戻って目を開けた。

女性は、男性の身体に電気の負荷を作り出すことができ、男性も、女性の身体に同様のことができると感じた。それから私は、私の額への女性の接触と、私の瞬時の身体への戻りが同時に起こったことを考えた。どのように、そしてなぜそれは起こったのだろうか？　この種の体験がさらに多く私に起こり、私はなぜインドで、サマーディと死の事実を実験し続けた霊的修行者《スピリチュアリスト》たちが、女性たちを協力させたのかを理解した。

もし深くて深遠なサマーディにおいて霊的な自我、テジャス・シャリラが男性の肉体から出ると、それは女性の協力と援助なしには身体に戻れない。同様に、それが女性の身体から出ると、男性の援助なしに戻ることはできない。男性と女性の身体が接触するやいなや、流れは落ち着いて電気的循環は完結する。そしてまさにその場で、外に出ていた魂の意識は戻る。

それ以来、私は六ヶ月間で六回、この現象を体験した。それらの波乱に満ちた六ヶ月の間で、私は自分の寿命が十年短くなったと感じた。それは言うなれば、もし私が七十歳まで生きることになっていたら、今これらの体験のせいで、私は六十年の生しか生きることができない。その六ヶ月で私はそうした驚くべき体験をした！　胸毛は白くなり、私はこれら全ての起こったことの意味を理解できなかった。それから私が考え、認識したことは、この肉体とその霊的存在との間にあった連結、または繋がりは断たれ、それらの間に自然に存在していた調整が壊されたということだ」

——*The Sound of Running Water: A Photo-Biography of Bhagwan Shree Rajneesh and His Work 1974-1978. Ma Prem Asha, Rajneesh Foundation, 1980.*

瞑想の神秘にますます深く入って行くにつれてＯＳＨＯの疑問は消え去った。彼の「行為」は止んだ。探求は、行くべきところはどこにもない、という地点にまで来た。何年も前に彼の祖父の死の際に起こったように、ＯＳＨＯは自分の中心に連れ戻された……しかし今回は永久にだった。ＯＳＨＯは、心の奥底には空虚さがあり、そこに行為者はいなかったことを詳しく話す。彼は野心を失った。彼には誰かになろうという、またはどこかに到達しようという願望は何もなかった。彼は神やニルヴァーナを気にかけなかった。「ブッダ病は完全に消えた」とOSHOは言う。

適切な瞬間が訪れた。扉はまさに開かれようとしていて、夜明けはそんなに遠くなかった。

OSHOの言葉では……。


「ある日、質問の無い状態が起こった。それは私が答えを受け取ったということではない……違う！むしろ、全ての質問が落ちて、大きな空《くう》が作り出されただけだ。これは爆発しやすい状況だった。その状態で生きることは、死にかけているも同然だった。まもなく、質問をしてきた人は死んだ。その空の体験の後、私は全く質問をしなかった。質問をすることができた全ての問題は、非存在になった。以前は、そこにはただ、尋ねに尋ねることばかりがあった。その結果、質問するようなことは何も残らなかった」


OSHO自身は、約二十年間、光明の出来事を誰にも明らかにしなかった。その物語は、ムンバイのウッドランド・アパートメントにOSHOが住んでいた間、そのある夜に、かなり劇的に知らされた。クランティはしばしば友人たちから、OSHOがいつ光明を得たのか知っているかと尋ねられた。彼女は知らなかったので話せなかったが、常に新しい誰かが彼女に尋ねた。彼女は再び、OSHOから聞き出してみたい衝動を感じた。

クランティはOSHOとの会話を、詳しく話している。

「昨夜（一九七二年十一月二十七日）、私がとても長い間抱えてきた好奇心が、抑えがたくなりました。それはだいたい午後十一時三十分頃でした。ミルクを飲んだ後、OSHOはベッドに就きました。私も自分のベッドで横になりましたが、突然私はＯＳＨＯに、いつ光明を達成したのかを尋ねたくなりました。その思いが生じるやいなや、『あなたはいつ光明を達成したのですか？』と尋ねました。ＯＳＨＯは笑い、そして言いました。『あなた自身が、それを知ろうという気になっているのか？　それとも人々が尋ね続けるからなのだろうか？』

私は言いました。『どちらもそうです。どうか教えてください』。ＯＳＨＯは再び笑い始めて、そして『いつか他の日にあなたに言おう』と言いました。私は『今すぐ知りたいのです』と言いました。ＯＳＨＯは『考え始めてごらん、そうすればわかるだろう』と言いました。

私はしばらく静かにしていて、それから言いました。『あなたは二十一歳か二十二歳の頃、大学の二期生で学んでいた時に光明を達成したのだと思います』私がこう言うとすぐに、ＯＳＨＯは少し真面目に言いました。『二十一歳だ。二十二歳ではない』

それから私は、その日付と年について知りたくなり、尋ねました。

ＯＳＨＯは『一九五三年三月二十一日だ』と言いました。しばらくして、私はまた尋ねました。『それはどこで起こったのですか？　その日に、どんな尋常ではないことが起こったのですか？』

ＯＳＨＯは言いました。『思い出してごらん。あらゆることが思い出されるだろう』。私は静かに横たわったままで、二十年前の夜を思い出しました。私は『それは不意に十二時に、あなたが出かけて来ると言い、そして三時に戻って来た夜ですね』と言いました。

ＯＳＨＯは言いました。『すっかり思い出したね。まさしくその夜だ』。私は自分が見ていたことが本当に真実だったのか、信じられませんでした。するとここでＯＳＨＯは私に、それは本当に真実だったと言いました。私は過去を見ることができたのでしょうか？　それは全て彼の戯れでした。それは全て、彼のしたことでした。そのような考えが私のマインドの中で騒ぎ立てていた一方で、更にもう一つの好奇心が沸き起こりました。その夜の何時に、どこで、そしてどの場所でOSHOは光明を得たのか？　私はすぐさま尋ねました。『その夜、どこに行ったのですか？』

　OSHOは『バンヴァータル庭園だ』と言いました。私がその樹を思い出したとたんに、彼は『その庭園だ』と言いました。私は『あなたはその庭園に行って、アショカ樹の下に座ったのですね』と言いました。

　OSHOは『違う、私はモールシュリの下にいた』と言いました。それから私は尋ねました。

『あなたが十二時から三時の間にその庭園にいて、その夜の何時にその出来事は起こったのですか？』彼は言いました。『思い出してごらん。あなたはそれを覚えているだろう』。私がしばらく静かにしていると、その夕方の全ての場面が、私の目の前に現れ始めました。どのように彼は家から出て行ったのか、どのように彼は私に穏やかに、自分は出て行くが、いつ戻るかはわからない、と言ったのか……。私は彼の帰りを待って一晩中起きていたのに、彼はそれだけを私に言った後に出かけました。

　それから全ての出来事が、私に対して現れ始めました。私は彼の身体の姿勢《ムドラー》さえ思い出すことができました。なんとなく私は、その出来事は二時に起こったに違いないと感じました。私が二時という思いを抱いた時、それについてOSHOに言いました。

　彼は言いました。『それは正確に二時に起こった。今、あなたは全て正しくそれを受け取っている』。またもや私は驚きでいっぱいでしたが、喜びで非常に満たされたあまり、眠れなくなりました。何度も私は、他の人全員を起こして、私が聞いたことを伝えたくなりました」

――*Jyotishikha no.27*

ＯＳＨＯ自身は、ほとんど二十年間、自分の光明の話を明らかにしなかった理由を次のように述べる。

「多くの人々が私に尋ねた。もし私が一九五三年に光明を得たのなら、なぜ私は黙ったままでいたのか？と。ほとんど二十年間、私はそれについて決して誰にも何も言わなかった。ある人が自分自身でそうではないかと感づかない限り、ある人が自分から私にこう尋ねない限り……『私たちは、あなたに何かが起こったと感じる。それが何かは知らないが、一つの事は確かだ。それは、何かが起こったこと、あなたはもはや私たちと同じではなく、あなたがそれを隠しているということだ』

これらの二十年で、私に尋ねた人々は十人以上もいなかったが、その時でさえ私はできるだけ彼らを避けた。私が、彼らの欲求が本物であると感じない限りは……。そして私は、彼らがそれを秘密にすると約束した時にだけ話した。彼らは、みんなその約束を果たした。現在彼らはみんなサニヤシンだ……。私は言った。

『待ちなさい、あなたは正しい瞬間を待つべきだ。その時にだけ、私はそれを言明するだろう』

私は過去のブッダたちから多くを学んできた。もしイエスが神の息子という自分の存在について、より静かにしていたなら、人類に対してずっと有益であっただろう」

ＯＳＨＯは自分が国を巡る旅を止めるまで、それを明かさないことにしていた。それが彼の生にとって、大きな危険を意味するのを知っていたためだ。

「二十年間、継続的に私は移動していたが、たった一人の護衛もいなかった。私は絶えず危険に曝された。石が私に投げられ、靴が私に投げられた。私は列車での二十四時間の旅の後、ある町に到着した。すると群集は私を駅に降ろさせなかった。彼らは私に帰るように強制した。少なくとも彼らの町では、私を列車から降ろさせたい人たちと、私を降ろさせたくない人たちとの間で戦いが起こっていた。

もし私が自分は光明を得たと公表したなら、非常に簡単に殺されていただろう。それについて問題はなかった。それはとても簡単だっただろう。しかし二十年間、私は完全に黙ったままでいた。私はそれを理解する人々を、私の人々を、私を愛する人々を充分に集められたのがわかった時にだけ、それを公表した。私は自分が独自の小さな世界を作ることができて、もはや群集や一般大衆や愚かな烏合の衆と関わっていないのを知った時にだけ、それを公表した」

二十年が過ぎた後、ＯＳＨＯは信じがたいほどの力強い体験を、彼自身の言葉で表現した。彼は、おそらく誰か他の光明を得た存在以上に詳細に、その体験を明瞭に言い表した。

「私は一九五三年三月二十一日の、運命の日を思い出す。多くの生で私は働きかけてきた……自分自身に働きかけ、奮闘し、できることは何であれしてきた……だが何も起こらなかった。今私は、なぜ何も起こらなかったのかが理解できる。そのまさに努力が障壁であり、そのまさに梯子が妨げていて、求めることの、まさにその衝動が障害だった。人は求めることなしに、達成できるわけではない。求めることは必要だ。しかしその後、求めることを落とさなければならない地点に来る。舟は川を渡るために必要だが、その後あなたは舟から降りてそれについて全てを忘れ、それを後に残さなければならない瞬間に来る。努力は必要だ。努力なしでは何も可能ではない。そしてまた努力だけでも、何も可能ではない。

三月二十一日のちょうど七日前に、私は自分に働きかけることを止めた。努力の全ての無益さが見える瞬間が訪れる。人間に可能なことは全てしてきた。それなら他に何ができるだろう？　まったくの無力さの中で人は全ての探求を落とす。

そして探求が落ちたその日、私が何かを追い求めていなかったその日、何かが起こるのを期待していなかったその日、それは起こり始めた。新しいエネルギーが生じた……どこからともなく。それはどこからでもなく、それでもあらゆるところから来ていた。それは木々の中にあり、そして岩や空、太陽、空気の中にあった……それはあらゆるところにあった。そして私はとても激しく求めていて、それは非常に遠く離れていると考えていた。だがそれは、とても近くてほんのすぐそばにあった。

……七日間、私はまったく絶望的で無力な状態で生きたが、同時に何かが現れていた。私が絶望と言う時、私が言う意味はあなたが〝絶望〟という言葉で意味するものではない。それはただ単に、私の中に希望がなかったという意味だ。希望は不在だった。私は、自分は絶望的で悲しかった、と言っているのではない。私は実に幸せだった。私はとても穏やかで静かで、落ち着いていて中心が定まっていた。絶望していたが完全に新しい意味でだ。そこに希望がなかったら、どうやって絶望状態でいられるだろう。両方とも消えてしまった。

絶望状態は絶対的で完全《トータル》だった。希望は消え、それと共にその片われである絶望状態もまた消えた。それは全面的に新しい体験、希望なしで在るという体験だった。それは否定的な状態ではなかった……それは絶対的に肯定的だった。それは単なる不在ではなかった。ある現存が感じられた。何かが私の中で溢れ出ていた。私を越えて氾濫していた。

そして、私は無力だったと言う時、私は辞書的な感覚でその言葉を意味してはいない。私は単に、自分は無私だったと言っているのだ。それが私が無力と言う時に意味していることだ。自分はいないという事実を認識したので、私は自分自身に頼ることができないし、自分自身の地に立つことができない。

……私は……底無しの奈落にいた。だが恐れはなかった。なぜなら守るべきものが何もなかったからだ。恐れがなかったのは、恐れるべき者が誰もいなかったからだ。

この七日間は途方もない変容の、完全な変容の日々だった。そして最後の日、完全に新しいエネルギーの現存、新しい光と新しい歓喜、それはほとんど耐えられないほど強烈になり、まるで私は爆発しているかのような、まるで至福で発狂したかのようだった。西洋の新しい世代《ニュージェネレーション》にはそれにぴったりの言葉がある……私は至福を味わい、ぶっ翔《ストーン》んでいた。

何が起こっていたのか……それはわけがわからなかった。それは非常にナンセンスな世界だった……それを把握するのは難しく、どうにか分類するのは難しく、言葉、言語を使うこと、説明することは難しい。全ての経典が死んだように見え、この体験のために使われてきたあらゆる言葉が、まるで青ざめたかのように貧血気味に見えた。これはそれほど生き生きしていた。それは至福の津波のようだった。

一日中が奇妙で、気が遠くなり、それは体験を打ち砕いていた。過去は消えていた。まるでそれは決して私に属していなかったかのように、まるで私がどこかで読んだもののように、まるで私が夢見てきたかのように、まるで私が聞いたり、誰かが話してくれた他人の物語のように……。私は自分の過去から解き放たれていた。私は自分の歴史から根こそぎにされつつあった。私は自分の伝記を失っていた。私は非-存在に、仏陀が無我《アナッタ》と呼ぶものになっていた。境界が消え、区別が消えていた。マインドが消えていた。それは何百万マイルも離れていた。それを捕まえることは難しかった。それはますます遠くへ急いで離れていき、それを近くに保とうとする衝動はなかった。私はその全てについてまったく無頓着だった。それでかまわなかった。過去と継続的なままにさせようという衝動はなかった。

夕方までに、それはとても耐え難くなった……それは痛み、苦痛だった。それはちょうど子供が生まれる時に女性が産気づき、途方もない痛みに苦しむ時のような……陣痛のようなものだった。

その頃私はだいたい夜の十二時か一時に眠りに就いたものだったが、その日は起きたままでいるのが不可能だった。私の目は閉じていた。それを開けたままにしておくのは難しかった。何かが非常に切迫していた。何かが起ころうとしていた。それが何であるかを言うのは難しかった……おそらくそれは私の死であるかもしれない……しかし恐れはなかった。私にはそのための準備ができていた。この七日間はとても素晴らしかったので、私は死ぬ準備ができていた。それ以上の何も必要なかった。それらはとても途方もなく喜びに満ちていた。私はとても満足していたので、もし死がやって来たなら大歓迎だった。

だが何かが起ころうとしていた……死のような何か、非常に激しい何かが、死か、それとも新しい誕生である何かが、磔か、それとも復活である何かが……だが途方もなく重要な何かが、まさにすぐ間近にあった。そして、目を開けたままにしておくのは不可能だった……私はだいたい八時に眠りに就いた。それは眠りのようなものではなかった。私は今、パタンジャリが眠りとサマーディは同じようなものであると言う意味を理解できる。ただ一つの違いは……サマーディではあなたは充分目覚めていて、また眠ってもいる。眠りと目覚めが共にある。身体全体はくつろぎ、身体の全ての細胞は完全にくつろぎ、全ての機能はくつろぐ。それでも覚醒の光はあなたの内側で燃える……明るく、煙を出さずに。

あなたは油断のないままでいるが、それでもくつろいでいて、ゆったりとしているが充分目覚めている。身体は可能な限り最も深い睡眠の中にあるが、あなたの意識はその頂点にある。その意識の頂点と身体の谷間が出会う。

私は眠りに就いた。それは非常に奇妙な眠りだった。身体は眠っていて、私は目覚めていた。それはとても奇妙だった……まるで人が二つの方向に、二つの次元に別々に引き裂かれたようなものだった。

まるで両極性が完全に集められたかのように、まるで私が両方の極性が統合されたものであるかのように、正《ポジティヴ》と負《ネガティヴ》が出会っていた。睡眠と覚醒が出会っていた。死と生が出会っていた。それが『創造主と創造物が出会う』と言える瞬間だ。

それは気味が悪かった。それはまさに、初めてあなたの根底まで衝撃を与える。それはあなたの基盤を揺さぶる。その体験の後、あなたは決して同じではあり得ない。それはあなたの生に新たなビジョンを、新たな質をもたらす。

ほぼ真夜中近くに、突然目が開いた……私が開けたのではなかった。眠りは何か他のものによって破られた。私は部屋の中で、私の周りに大いなる現存を感じた。それは非常に小さな部屋だった。私はいたるところで躍動する生命を、大いなる波動を感じた……ほとんど台風のような、光の、喜びの、エクスタシーの大きな嵐のような波動を。私はその中で溺れていた。それは途方もなく現実的だったので、あらゆるものは非現実的になった。部屋の壁は非現実的になり、家は非現実的になり、私自身の身体は非現実的になった……その夜、もう一つの現実《リアリティ》がその扉を開け、もう一つの次元が手に入れられるようになった。突然それはそこにあった。他の現実《リアリティ》、分離した現実《リアリティ》、本当《リアル》の現実が、あるいは何であれあなたがそう呼びたいものが……それを神と呼んでもいい、真理と呼んでもいい、ダルマと呼んでもいい、タオと呼んでもいい、あるいは何であれ望むように呼べばいい。それに名は無い。だがそれはそこにあった……とても不明瞭で、とても透明で、しかも手で触れられるほど確固としていた。部屋の中で私は窒息しそうだった。それはあんまり《トゥーマッチ》であり、私はまだそれを吸収することができなかった。

部屋から急いで出よう、空の下に行こうという深い衝動が私の中に生じた。私は窒息しそうだった。それはあんまりだった！　私は殺されるだろう！　もしあと数瞬間でもそのままだったら、私は窒息させられただろう、そんな気がした。私は部屋から駆け出して通りに出た。ただ星と共に、木々と共に、大地と共に空の下に在りたいという……自然と共に在りたいという大きな衝動があった。そして私が外に出ると直ぐに、窒息死されつつある感覚は消えた。そのような大きな現象にとって、そこはあまりに小さな場所だった。空でさえ、その大きな現象にとっては小さな場所だ……それは空よりも大きい。空でさえ限界ではない。それでも私はより楽になった。

私は最も近い庭園に向かって歩いていた。それはまるで重力が消えてしまったような、全く新しい歩みだった。私は歩いていた。あるいは走っていた。あるいはまったく飛んでいた。それを判断するのは難しかった。そこに重力はなかった。私は無重力を感じていた……まるであるエネルギーが私を連れて行っていたかのように。私は、何か別のエネルギーの手中にあった。

生まれて初めて、私は独り《アローン》ではなかった、初めて、私はもはや個人ではなかった、初めて水滴は海に来て落ちた。今や海全体が私のものだった。私が海だった。そこには制限がなかった。まるで私には何でも、どんなことでもできるような、途方もない力が生じた。私はいなかった。ただその力だけがあった。私は毎日よく行った庭園に到着した。庭園は夜のため閉まっていた。遅すぎた。その時はだいたい夜中の一時頃だった。庭師たちは熟睡していた。私は泥棒のように庭園に入らなければならなかった。私は門をよじ登らなければならなかった。だが、何かが私を庭園の方へ引っ張っていた。私には自分をひきとめることができなかった。私はただ漂っていた。

それが私が何度も『川と共に漂いなさい、川を押し進めてはいけない』と言う言葉の意味だ。私はくつろいでいた。私は手放しの中にいた。私はそこにいなかった。それがそこにあった。それを神と呼ぶなら……神がそこにいた。私が庭園に入った瞬間、あらゆるものが輝き出した。それはあたり一面にあった……祝福が、至上の喜びが。私は生まれて初めて、樹々を見ることができた……その緑、その生命、その流れる樹液そのものを。庭園全体は眠っていた、樹々は眠っていた。だが私は、庭園全体が生きているのがわかった。小さな緑の葉でさえ、とても美しかった。

私はあたりを見まわした。一本の樹が途方もなく輝いていた……モールシュリの樹だった。それは私を惹きつけた。それは私を引き寄せた。私がそれを選んだのではない。神自身がそれを選んだ。私はその樹のところに行った。私はその樹の下に座った。私がそこに座った時、物事は落ち着き始めた。宇宙全体が祝福になった。

どれだけ長く、その状態にいたのかを言うのは難しい。私が家に帰った時は、朝の四時だった。だから少なくとも三時間はそこにいたに違いない……だがそれは無限だった。それは時間とは何の関係もなかった。それは時間を越えていた。

この三時間は全ての永遠、終わりなき永遠となった。そこに時間はなかった。時間の経過はなかった。それは純潔な現実《リアリティ》……汚染されていない、触れられていない、測り得ない現実《リアリティ》だった。そして何かが起こったその日、それは続いてきた……連続性としてではなく……だがそれは、今でも底流として続いている。永続的なものとしてではなく……それぞれの瞬間に、繰り返し起こり続けてきた。一瞬毎が奇跡であり続けてきた」

ある意味、OSHOの物語はまさしくここで終わる。「その爆発の後にはどんな物語もない」とOSHOは言う。「その後にはどんな出来事もない。全ての出来事は爆発以前にある。爆発以後、そこにはただ空だけがある」

彼の探求は終わり、ある意味、占星術師の予言は最終的に現実となった。ラジニーシ・チャンドラ・モハンと名付けられた男は二十一歳で死んだが、それにもかかわらず、復活が起こった。奇跡が起こった。彼は生まれ変わったが、肉体の中にではない。彼は何かを達成したが、この世界に関するものではない。彼はただ我が家に到着しただけだ。

「……まるで、露の滴が蓮の葉から大洋の中へすべり落ちるように……。ある意味では露の滴は消え、別の意味ではそれはまさに大洋になる。それは大洋のようなものになる。露の滴が蓮の葉からすべり落ちている時、そこには自然な、『私はこの広大な大洋の中に消えようとしているが、私が保持できるなら、時間はまだある』というためらいがある。しかし、いったん露の滴が大洋の中に溶けて、のみ込まれたなら、そこには途方もない喜びがある。それは今、物語の別の側面が開かれるからだ。今、露の滴はもうそこにはないが、無限の大洋がある」

ある意味、その出来事は奇跡だったが、それでも奇跡的なことは何もなかった。つぼみが開花した。隠されていたものが明らかになった。開花は奇跡であって奇跡ではない。種が信じがたい何かに変容したという意味では奇跡だが、それは自然な進化的過程の最高地点であって奇跡ではない。ＯＳＨＯは、自分が光明を得た状態を適切に示すために、しばしば神秘家カビールを引き合いに出した。

「万物はエネルギーの膨張であり、生はそれの結晶体だ。私たちが物質として見るもの、私たちが石として見るもの、それらもまたエネルギーだ。生として見えるもの、思考として体験されるもの、意識のように感じられるもの、それらもエネルギーの一つの変容だ。宇宙全体は、それが海の波であろうと、森の松の木であろうと、砂の粒であろうと、空の星であろうと、私たちの内側にあるものであろうと……全ては無限の形態と方向での同じエネルギーの表れだ。

私たちがどこで始まり、どこで終わるのかを言うことは難しい。私たちの身体がどこで終わるのかを言うことも同等に難しい。私たちが自分の制限とみなしている身体は、それ自体においては制限されていない。もし一億マイル離れている太陽が冷えてしまったら、私たちは死に向かってたちまち凍ってしまうだろう。これは太陽が私たち人間の中にずっと存在し、彼が私たちの身体の一部である証拠だ。彼が自らの熱を失えば直ぐに私たちは滅びるだろう。太陽の熱は私たちの身体の熱だ。

流動する空気の大洋が私たちの周り全てにあり、私たちはそこから自分の活力エネルギーを引き寄せる……生命を支える呼吸をする。もしそれが利用できなくなると、私たちは直ちに死ぬだろう。身体はどこで終わるのだろう？　もしあなたが充分に調べるなら、全宇宙が私たちの身体だ。私たちの身体は無制限で無限だ。もしあなたが正しく探求するなら、生の中心はあらゆるところにあり、あらゆるところに広がっていることに気づくだろう。しかしそれを知るためには、それを体験するためには、私たち自身が途方もなく生き生きとしたエネルギーになることが不可欠だ。

私が瞑想と呼ぶものは、私たちの内側に閉じ込められているエネルギーの流れを、あらゆる方法で解放することの別の名前だ。だからあなたが瞑想に入る時、隠されたエネルギーは大変な力で目覚めるかもしれないので、それは外側でエネルギーと関係するようになる。しかしこの関係が確立されると直ぐに、私たちは無限に果てしなく広がる風の中を漂うちっぽけな葉のようになる。その時、私たちの分離した存在は失われ、私たちは広大無辺なものと一つになる。

広大無辺なものと一つになった後に知られるものは何だろう？　現在まで、人間はそれを言うためにあらゆる方法を試みてきたが、それは困難だった。

カビールは言う、『私はそれを探し求めた、それもかなり探し求めた。そして探求それ自体の中で私は自分自身を失った。それは確かに見つけられたが、それは私がもういなかった時だけだ。今、見つけられたものが何なのかを誰が言えるだろう？　それをどうやって言えばいいだろう？』

カビールが初めてこの体験をして話したことは、それ以降彼が変容したということだ。初めて神を体験した時、彼は『それは滴が大洋に入ったようだ』と言った。彼自身の言葉は……。

休まず探し求めなさい、おお、友よ。
カビールは自分自身を失った。
滴は大洋にのみ込まれた。
どうすれば、再びそれを見つけられるだろう？

カビールは探求の中で自分自身を失った。滴は大洋にのみ込まれた。ではどうすれば、それを取り戻すことができるだろう？　しかし、彼は後でそれを変えた。その変化は非常に意義深い。彼は後で、以前に自分が言ったことは間違っていた、自分はそう言うことで間違えていた、と語った。それは滴が海に入るのではなく、海そのものが滴の中に入るという事だった。もし滴が大洋にのみ込まれたなら、それを呼び戻すチャンスはあったが、大洋が滴の中にのみ込まれた時、元に戻すことはよりはるかに難しかった。そして滴が大洋に入った場合、滴はそれについて何かを言っただろう。だが海そのものが滴の中にのみ込まれた時、何かを言うことは今やとても難しかった。だから彼は後になってこう言った……。

休まず探し求めなさい、友よ、
カビールは自分自身を失った。
大洋が滴にのみ込まれたなら、
どうすれば再びそれを見つけられるだろう？

ＯＳＨＯは繰り返し強調してきた……光明は既に存在している、それは既に私たちの存在の不可欠な部分であり、未来のどこかで達成されるべき事柄ではない、ということを。ＯＳＨＯが指摘するように、光明は既に私たちにとって入手可能だ。人は単に「それにリラックス」しなければならない。彼は説明する。

「光明を得た人は、高峰に到達した誰かではなく、梯子の最上段に到達した誰かではない。あなた方はみんな梯子を登る者たちだ……あなたは梯子を必要としている……光明は梯子の最後の段ではない。光明とは梯子から降りること、永遠に降りること、そして決して、どんな梯子も再び求めないこと、自然になることだ」

ＯＳＨＯは、光明に関する一定の説明に用心するようにと警告する。それらは容易に探求者たちを混乱させてしまうからだ。一つの例として、シュリ・オーロビンドの『超意識』という記述を使い、ＯＳＨＯは注釈する。

「光明は自然な状態だ。それは何か超意識的な状態、超精神ではない。シュリ・オーロビンドと彼の専門用語を避けなさい。それは全てマインド・ゲームだ。光明は非常に特別な何かではない。それは非常に普通だ。それはとても普通なので、それについて自慢すべきものは何もない」

OSHOの光明の後に続く物語は、それが彼の過去と連続しないという意味で、新しい物語になる。これ以降、彼は何もしていない。なぜならエゴが……行為者と行為という意味で……存在することを止めたからだ。「その夜、私は空っぽになり、そして満たされた」とOSHOは言う。

「私は非存在化し、そして存在そのものとなった。その夜、私は死に、そして再生した。しかしその再生した者は、死んだ者とは何の関係もない。それは不連続のものだ……。死んだ者、完全に死んだ者、彼のものは何も残されていない……影さえもない。それは全面的に、徹底的に死んだ……。三月二十一日のその日、非常に多くの、何千もの生を生きてきた人物は、ただ単に死んだ。別の存在が、絶対的に新しく、古いものと全く結びついていないものが存在し始めた」

その〝死〟の体験は、最も純粋で最も本来の意味において宗教的なものだった。

OSHOは続ける……。

「宗教は、まさにあなたに完全な死を与える。だからそれが起こる前に丸一日、死のような、まるで自分が死に臨んでいるかのような、何らかの切迫感があった。そして私は本当に死んだ。私は多くの他の死を知っていたが、それとは何の比較にもならなかった。それらは部分的な死だった。時には身体が死んだ。時には心《マインド》の一部が死んだ。時には自我《エゴ》の一部が死んだ。だがその人に関する限り、それは残った。何度も作り直され、何度も飾り立てられ、ここやそこを少しだけ変えたが、それは残った、連続性は残った。しかし、その夜の死は完全だった。それは、死と神が同時に一緒にいた日だった」

それでもその出来事は、OSHOが日常的にしていることや、彼の生き方を変えなかった。彼は自分がそうしたい時にはいつでも大学に通い続けたが、ほとんど読むことと書くことに忙しいままだった。それでも、彼がしていた読書は、その頃とその後では、違う目的のためだった。光明を得る前、彼の読書は彼自身の探求の一部だった。一方、その出来事《ハプニング》の後は、読書は未だ探求している人たちを助けるための、彼のワークの一部となった。読書することで、OSHOは現代的な思考や研究、専門用語を使いこなし、そして最も近代的な方法で現代生活の状況での自分の考えを伝え、自らの体験を分かち合うことができるようになった。それは信じ難いかもしれないが、彼はその生涯の間に、およそ四百もの異なる主題に関する八万冊以上の本を読んだ。本への愛について OSHO は語る。

「私は、高校時代から本を集め続けてきた。あなたは驚くだろう、高校を卒業して大学に入学する頃までに、私は数千冊の本と偉大な名作を読み、そして数百冊の私自身の本を集めたことに……。私はカリール・ジブラン、ドストエフスキー、トルストイ、チェーホフ、ゴーリキー、ツルゲーネフを完読した。彼らは文章に関する限り最高の作家だ。大学の中級クラスを修了した頃には、ソクラテス、プラトン、アリストテレス、バートランド・ラッセルを完読した。また、どんな図書館でも、どんな書店でも見つけられ、または誰からでも借りられた全ての哲学者たちを完読した。

ジャバルプールには、私が日常的な訪問者だった一つの美しい場所があった。私は少なくとも一、二時間かけてそこに行った。そこは泥棒市場と呼ばれていた。盗まれた物が売られていて、私は盗まれた本を求めていた。なぜなら、大勢の人々が本を盗んで売っていたからだ。そしてとてもすばらしい本を手に入れた。私はグルジェフの最初の本をそこから、そしてウスペンスキーの『奇蹟を求めて』を手に入れた」

ＯＳＨＯはヒンディー語で、さまざまな新聞や雑誌に執筆した。彼の言語と文体は本質的に詩的であり、その思想は奥深く壮大なものだった。彼はジャバルプールや、他の町での討論への参加や話すことを求められもした。彼の話は独創的で熱がこもっていて、信憑性があった。

ジャバルプールでＯＳＨＯが学校にいた間ずっと、母方の祖母は彼を結婚させようと非常に熱心だった。彼女は家族に、とりわけＯＳＨＯの父ダダーに、彼の結婚の準備をするように催促し続けた。ダダーの友人たちもＯＳＨＯの結婚を急き立て続けたが、ダダーは息子にその考えを提案することさえ躊躇していた。彼はとてもよく知っていた……ＯＳＨＯに結婚するようにほのめかすことは、大きな好機をつかむことを意味するが、もしＯＳＨＯがノーと言ったなら、それは全ての問題の終わりであることを。

にもかかわらず、ＯＳＨＯが大学を卒業した後で家に帰った時、間接的にＯＳＨＯの友人たちを通して、ダダーは彼が結婚に興味があるかどうかを知ろうとした。ＯＳＨＯは、ダダー自身が直接この質問を尋ねるべきだと感じた。ダダーは躊躇していた。結局、彼はＯＳＨＯの母にＯＳＨＯのところに行って話すように頼んだ。ＯＳＨＯがその話を語るように……。

「……ある夜、彼女は私のベッドに来て座り、そして私に結婚についてどう思っているのかと尋ねた。それで私は言った。『僕はまだ結婚したことがないので、その経験がない。母さんはよく知っている。母さんは結婚したことがあるので、僕に言うのだ。十五日かけて、それについてよく、じっくりと考えてください。もし母さんが結婚を通して何かを成し遂げたと感じるなら、ただ僕に指図すればいい。僕はその指図に従いましょう。僕の意見を尋ねなくてもいい。僕には何もない。なぜなら僕は経験していないからだ。母さんは経験している。もしもう一度チャンスを与えられたなら、母さんは結婚しますか？』

彼女は言った、『お前は私を混乱させようとしているのか』

私は言った、『気楽に、ゆっくり時間をかけてください。僕は二週間待ちます。それから僕に命じてください。僕はただ従うつもりです。だって僕は知らないのだから』

そこで二週間、彼女は悩んだ。彼女は眠れなかった。もし彼女が結婚しなさいと言ったなら、私は従うだろうとわかっていたからだ。その時は彼女に責任があって、私にはない。だから二週間後、彼女は言った、『私は何も言うつもりはない。なぜなら自分の経験を見るなら、私はお前にそんな人生を味わってほしくないからだ。でも今は何も言えない』。こうして私は結婚しないままでいた。心から、確かに、私は結婚する用意はなかった。私は全くそのつもりはなかった」

ＯＳＨＯは一九五五年に哲学の学士を修了して、有名なサーガル大学の修士に向けて勉強し始めた。サーガルで彼は二年間、学生寮で暮らした。ＯＳＨＯは一九五七年に哲学（第一部門）で修士学位を得て、大学の傑出した学生として認められていた。たとえ彼が金メダルを授与されたとしても、その栄誉は彼にとってあまりたいした問題ではなかった。ここにＯＳＨＯの金メダルについての話がある。

「私は、大学で最初に金メダルを勝ち取った者になった。しかし私は、もし金メダルを勝ち取ったなら、それをすぐに大学の中に投げ捨てるだろう、ということを約束していたので、私はみんなの前で金メダルを井戸の下に落とさなければならなかった。全ての大学生がそこにいて、私は金メダルを落とした。私は彼らに言った。『これと一緒に、私は自分が大学で最初の者だという考えを落とすので、誰も私より劣っていると感じることはない。私はまったく誰でもない』」

彼はこの二年間を途方もなく楽しんだ。大学の図書館の膨大なコレクションの中で、完全に自分自身を没頭させ、そして同時に、美しい丘に囲まれた快適な自然の環境を楽しむことができたからだ。授業に出席するよりも、自分の時間のほとんどを図書館で読むことや、夜に星空の下を歩き回ったり雨露を楽しんだり、丘を歩いたりして過した。図書館が閉まっていた休日でさえ図書館の芝地で読書し、または彼の唯一の同伴者である自然とともに、放浪している彼を見つけることができた。

サーガルでのこれらの二年間の彼の生は、相変わらず興味深いものであり、彼がずっと示してきた反逆性や実験という同じ本質的な性質を映し出したままでいた。彼のしたことが家族、社会、学校、または宗教の指図に従っていたかどうかは、彼にとってどうでもよかった。

ＯＳＨＯは、人は統合されていないと説明する。人は、周辺では多くの騒動があろうとも、深い内側では既に統合されている。そのため、人はただ内部へ動くことだけが必要になる。そして内側へ行けば行くほど、人は自分が既に統合されていることに気づく。どうやってそれを発見するのだろう？　このための彼の提言は、「あなたが楽しめることだけをしなさい。もし楽しめないなら、それをしてはいけない」

「私は自分の大学時代に、それをよくしたものだった。そして人々は私が狂っていると考えた。突然私は止まり、そして……私が再び歩くのを楽しみ始めない限り、三十分間か一時間その場所に留まる。私の教授たちは私をとても恐れていたので、試験がある時は、彼らは私を車に押し込んで大学の講堂まで連れて行った。彼らは私を扉のところに置いて、そこで待った。私が自分の机に着いたかどうかを見るためにね。私が入浴していて、突然自分はそれを楽しんでいないと実感したなら、私は止まる。それならその意味は何なのだろう？　私が食べていて、突然自分は楽しんでいないと実感したなら、私は止まる」

同様に、かつてガダルワラでの学生時代の間に、彼は高校で最初の数学の授業の途中で立ち上がり、「自分は授業が楽しくないので、ここに戻らない」と教師に言った。

「そしてやがて、」とＯＳＨＯは指摘する、「それは鍵になった。私は突然、何かを楽しんでいる時は、いつでも中心が定まっている、ということを認識した。楽しさは、まさに中心に在ることの響きだ。何かを楽しんでいない時はいつでも、あなたは中心から外れている」

人は三つのグナ……人間の個性を作り上げる三つの基本的な質を用いた彼の実験を理解することで、ＯＳＨＯの生の全体像を得ることができる。タマス・グナの個人は不活動、不活発、無精を示す。ラジャス・グナの人は強烈な活動性、または情熱を表す。そしてサットヴァ・グナの人物は静けさ、穏やかさ、そして知恵の質を持つ。聖クリシュナはバガヴァッド・ギーターの中で、これらのグナについて詳しく述べている。ＯＳＨＯのヒンディー語でのバガヴァッド・ギーターについての講話は、これらのグナ、または質の詳細な説明を含んでいる。

通常、全ての三つのグナは、異なる割合で全ての個人たちの中に存在している。それぞれの人のグナの混合が、それぞれの個人の個性を形成する原因となっている。ある人の中で一つの質がどんなに優勢であったとしても、他の二つも存在している。たとえ休止状態であろうともだ。

過去のブッダたち……イエス、モハメッド、老子、ラマナ・マハリシ、そしてクリシュナ……について注釈して、ＯＳＨＯはこう語る。

「ラジャスは、イエスとモハメッドにとって優勢な表現媒体だ。タマスは、老子とラマナ・マハリシの目立った質だ。しかしクリシュナは三つの質全てを、彼の表現媒体として同時に利用した。ちょうど正三角形が等しい長さの三本の線を持つように、クリシュナの個性の中には三つのグナが全て存在し、等しい分量で結合されている」

このせいでクリシュナには一貫性がなく、クリシュナの生と行動は、非常に多く誤解されてきた。対照的に仏陀や老子、モハメッド、イエスは全く一貫している。なぜなら彼らは一つの目立った質を表しているからだ。OSHOはクリシュナがしたように、三つのグナを全て表してきたが、それは一つの違いをもってそうしてきた。彼はそれらを同時にではなく、連続的に使ってきた。

「私の見解では、これが最も科学的な方法だ。だからこそ、このやり方を選んだのだ」とOSHOは言う。
クリシュナの個性と彼自身との類似点について、OSHOはさらに説明する。

「私の中にも矛盾はあるが、クリシュナほどではない。私が自分自身の実験に適用したもう一つの可能性がある。三つのグナは全てあらゆる個人の中に存在し、三つ全てが使われる時に初めて、その個性は完全で全体的なものになる。どのグナも抑圧する必要はない。クリシュナも抑圧には賛成していないし、私も抑圧には賛成しない。個人の中にあるものは何であれ、創造的に活用されなければならない」

彼の生の若い時期の全体にわたって、OSHOはしばしば怠惰で、家族にとって何の役にも立たないものとみなされた。とはいっても、これは彼がしばしば、タマス（不活動、怠惰）の質をもって実験したという事実に起因する。

「私の生の初めの年月は老子のように、タマス・グナの神秘を体験することで費やされた。私の老子への愛着は、それゆえに根本的なものだ。私は全てにおいて不活発だった。不活動は、私が求めた成就だった。可能な限り何もしなかった……避けられないものか、または強制的なものをしただけだ。理由なしに手や足を動かすこともしなかった」

ＯＳＨＯは実例を示す。

「その状況は私の家で、目の前に座っている母がこう言ってしまうほどだった。『誰かいないかしら。誰かに市場から野菜を取ってきてもらいたいのに』。私はこれを彼女の前で、何もしないで座りながら聞いていた。私は知っていた、たとえ家が火事になっても彼女はこう言うだろう、と。『他に誰もいないわ。私たちの家が火事になっているのに。誰がそれを消してくれるの？』。しかし何も言わずに私がした唯一のことは、充分な気づきをもって、目撃者のように自分の不活動を見守ったことだった」

この時期の間ずっと、ＯＳＨＯにとって不活動の質は、三つのグナを用いた実験全体において重要なものになった。

「私自身の実験で、私は一度に一つのグナを表現することを選択した。一つの時期に一つだけだ。まず私はタマスを選んだ……なぜなら、この原理はあらゆる人の根本的な基盤にあるからだ。子供が九ヶ月間母親の子宮の中で成長している時、それはこのグナの中で生きている。子供は自らは何もしない。それは全面的な不活動という条件の中にある」

ＯＳＨＯは、このグナの目立った部分に気づいただけでなく、子宮の中での不活動的な状態が、霊的な意味でいかに重要であるかをも示す。

「胎児は子宮の中で、この上ない沈黙を知った。この記憶は実は無意識の中に隠されている。母胎での九ヶ月の体験は、非常に至福に満ちていた。その時は為すべきことが何もなかったからだ……。あなたに関しては存在だけがあった。ただ存在していた。この状態は、私たちが解放と呼ぶ状態と非常に類似している」

したがってＯＳＨＯは、沈黙と至福に満ちた状態の探求は偶然ではなく、むしろそれは私たちの深い無意識と関係があり、それは子宮での至福に満ちた状態の探求だ、と教える。しかし子宮の中の生とそれを再体験する何らかの試みの間には、一つの決定的な違いがある。子宮の中の状態は成長の生物学的過程の一部であり、子供はその状態を意識していないが、霊的な体験の頂点でのその状態の想起や再生の中では個人は充分に意識している。ＯＳＨＯは、タマス・グナの機能を言葉で述べるために隠喩を使う。

「不活動は基礎であり、至福に満ちた沈黙は棟飾りだ。私たちが生と呼ぶこの家は、不活動という基礎の上に建てられている。中央の構造は活動的な部分で、その寺院の丸天井は究極の至福だ。私の見解では、これが生という建物だ。だから私は……自分の生の最初の部分で不活動を実践したのだ」

三つのグナそれぞれを用いたＯＳＨＯの実験の中で一つの変わらない要素は、それぞれの状態に対し彼の用心深く気づき、目撃者のままでいること、同一化されない観察者であることだった。彼は次の話に関連させて、この気づくことの性質を言葉にしている。

「私が大学で学んだ最後の年に、一人の哲学教授がいた。ほとんどの哲学教授のように、彼は頑固で風変わりだった。彼は、どんな女性も見ないという自分の決心に頑固だった。不幸にも、彼のクラスにはたった二人の学生しかいなかった……私と若い女の子だった。そのため、この教授は自分の目を閉じたままで私たちに教えなければならなかった。

これは私にとって非常に幸運なことだった。彼が講義をしている授業中に、私は眠っていたからだ。クラスの中に女の子がいたため、彼は自分の目を開けることができなかった。けれども教授は私を非常に気に入っていた。なぜなら彼は、私も女性を見ないという原則を信じていたと思っていたからだ。大学全体で女性を見ない人物が、少なくとも他に一人いたということだ。だから、彼が一人で私に会った時は何度も、君は私を理解できる唯一の人物だと私に言った。

しかしある日、この私のイメージは払拭された。その教授にはもう一つの習慣があり、自分の講義のための一時間の制限を気にしなかったことだ。そのため、彼には常に大学側から最後の時限を与えられていた。彼はこう言った。『講義がいつ始まるかは私の手中にあるが、それがいつ終わるかは手中にはない』。従って彼の講義は六十分、あるいは八十分、またさらには九十分で終わるかもしれなかった。それは彼にとっては何の違いもなかった……。女の子と私との間には、授業が終わりに近づいた頃、彼女が私を起こすという一つの取り決めがあった。けれどもある日、授業の中頃で、ある急用のために彼女は誰かに呼ばれて出て行った。私は眠ったままで、教授は講義を続けていた。授業が終わって彼が目を開けた時、彼は眠っている私に気づいた。彼は私を起こして、なぜ眠っていたのかと尋ねた。私は彼に言った。

『あなたが眠っている僕に気づいたからには、言いましょう。僕は毎日眠っていたんです。僕は若い女の子とは何の不和もなく、あなたが講義をしている間に眠るのは非常に快適なんですよ』」

この数年間、眠ることはOSHOにとって、ある種の瞑想になっていた。彼は自分の睡眠の実験の間に、クリシュナがアルジュナに伝えたこと、『たとえ世界の他の大勢の人々が夜眠ったままでいても、賢人は常に目覚めている』を知るようになった。OSHOは自分の眠りの中で充分に目覚めていること、目撃している状態を体験した。これは人が無意識のままでいる眠りとは異なる。OSHOが発見したことは、もし人が身体の要求以上に眠り続けたなら、「あなたの内側の誰かは気づいたままで、あなたの周りで起こっている全てのものの目撃者になる……その時あなたの内側で、ある種の目覚めている音が聞こえ始める」ということだ。

OSHOは、この不活動な時期のサーガル大学での暮らしを述べている。

「私は極力何もしないことを、自分の行動の第一原則としていた。大学の宿舎にいた二年間、自分の部屋を決して掃除しなかったし、きれいにしなかった。自分の寝台をちょうど部屋の入口に置いたのは、扉から自分がそこに直接飛び込み、そこから部屋の外へ直ぐに飛び出せるようにだ。部屋全体を、不要に横切ることはないと思ったからだ。部屋に入りたくなかったのでも、掃除することに何か問題があったのではない。それでも、これにはある種の喜びがあった。

そこに住み始める前からあった物はそのまま、何も変えなかった。必要最小限以上のことは何ひとつしなかった。物を入れ替えるためには、何かをせざるを得ないからだ。全てもとのままだった。しかしこれによって、ある独特な体験が現れ始めた。それはどのグナにも、それなりの独特な体験があるからだ。たとえどれほど大量のゴミが部屋の中にたまっても、私は全然気にしなかった。まさに自分が細部まできれいにされた場所に住んでいるかのように、その状態で暮らすことを学んだ。

私が勉強していた大学では、新しい建物はまだ建設されていなかった。それは新しく創立した大学で、軍隊の兵舎を宿舎として利用していた。兵舎は深い森の中にあったため、ヘビが現れることは頻繁によくあった。私は簡易ベッドで眠りながら、よくこれらのヘビを見守った。ヘビはやって来て、部屋の中で休み、そして出て行った。彼らはどんな時も私の邪魔をしなかったし、私も彼らの邪魔をしなかった」

彼の眠りと不活動の実験で、ＯＳＨＯはノー・マインドの状態も体験し、または思考を持たない……純粋な意識でいるという境地も体験した。

「その頃、私は簡易ベッドに横たわって、天井をぼんやり見上げ続けたものだった。私はしばらくした後、メハー・バーバがこのやり方だけで瞑想したことを知るようになった。私はどんな努力もせずにこれをした。寝台に横になっている間は、他に何をすることがあるだろう？　眠りが過ぎ去ったなら、私は瞬きすらせず、ただ天井を見続けた。なぜ瞬きさえするのだ？　それも一種の行為だ。それも活動の一部だ。私は、ただそこに横たわり続けた。何もすべきことはなかった。もしそのように横になって一時間、二時間とただ天井を見たままでいるなら、あなたは自分のマインドが雲のない空のように澄んでくることに、ただ無思考になることに気づくだろう。もし誰かが非活動を生の中で成就できたなら、彼は無思考を非常に自然に楽々と体験できる」

この非行為とノー・マインドの状態は、彼に対して神の栄光の扉を開いた。

「その頃、私は神も魂も信じてはいなかった。信じないただひとつの理由は、信じることによって何かをせざるを得ないからだ。不活動にとって、無神論は非常に助けとなる。なぜなら、もし神が存在するなら、ある仕事を神のためにしなければならなくなる。だが、私の側での神や魂へのどんな信仰もなしに、ただ静かに横になっているだけで、神と魂の両方の光り輝く壮麗さが目に見えるようになり始めた。私は不活動が私から去るまで不活動を止めなかった。その時まで、私はそのように続けようと決めていた……ただ何もしないことを」

以前に見られるように、ＯＳＨＯは学校と大学時代の間ずっと、主にタマス、不活動の状態に留まった。しかし修士学位を獲得した後、彼はラジャス・グナの状態に入り非常に活動的になった。彼はその後に来る数年間ずっと火のようなラジャスの中に留まり、それは冷静なサットヴァ・グナを表に現わし始めて、最終的に一九七四年にプネーに定住するまで続いた。

第 4 章

ネオ・サニヤス：沼地に咲く蓮

Neo-Sannyas: The Lotus in a Swamp

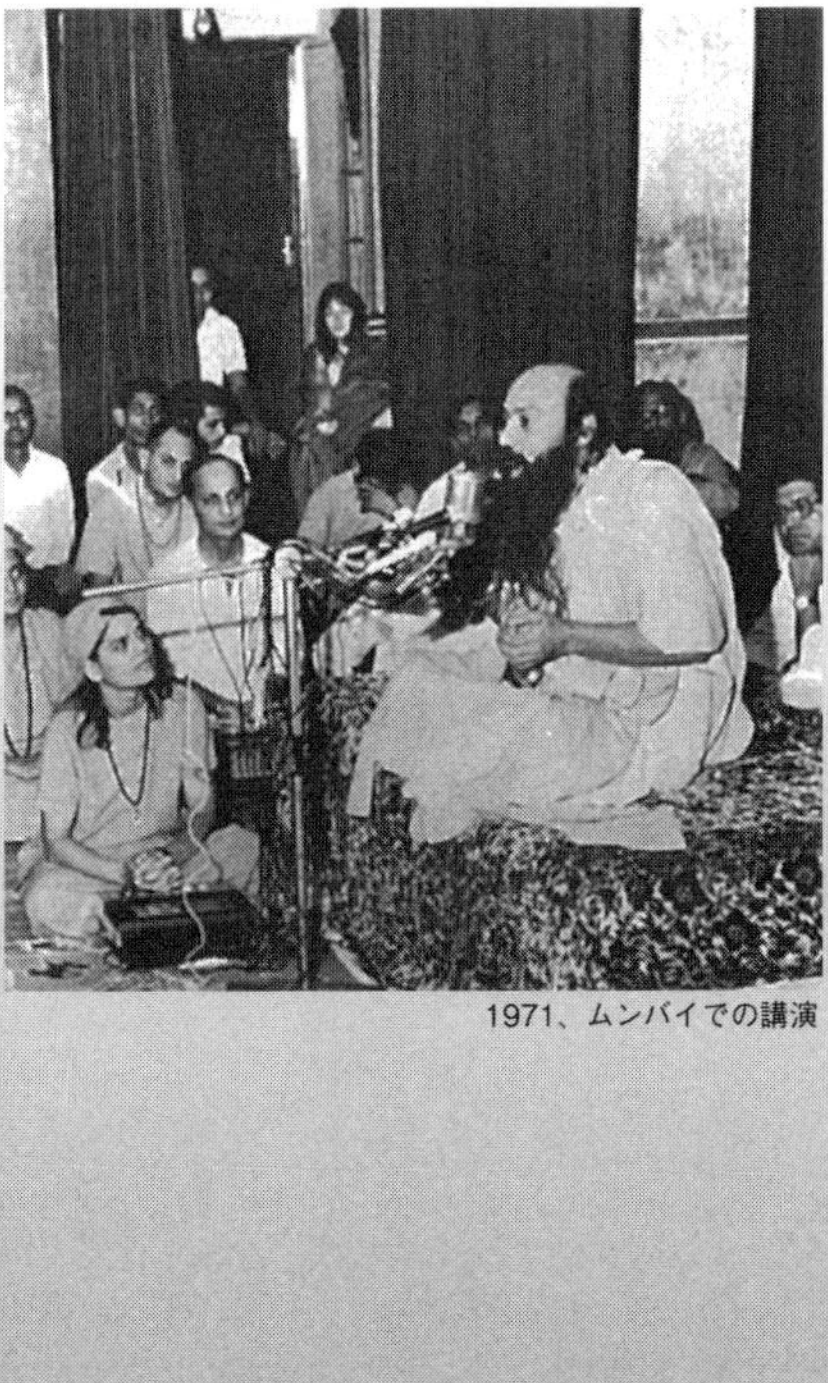

1971、ムンバイでの講演

1955

キルタン瞑想

トラタック瞑想

1963　瞑想中の OSHO

サーガル大学を卒業した後、OSHOは教職を探した。だが、またもや社会的規範への反抗的な態度のためにその前途は多難だった。彼は興味深い出来事を語っている。

「大学を出た時、私は教職を志願した。文部大臣は面接のために私を呼ぶと、何らかの人格証明書(照会状)を私に要求した。私は言った。『私はここにいます。大臣は私を見て、観察してください、私はここに座っていますから。あなたが良ければ数日間、同居してもいいですよ。でも証明書は求めないでください。誰も私に人格証明書をくれる人なんかいやしませんから』

彼は理解できずにこう言った。

『大学副総長なり、少なくとも学部長からもらってきたらいいじゃないか』

私は言った。『もし副総長に自分の人格証明書をくれと頼まれたら、私にはできません。なので副総長に人格証明書をお願いするのは無理です。それは不可能です。人格者だとわかる人にしか人格証明書は頼めません。ですが副総長にお願いするのは馬鹿げてます。それは、まず私が副総長に人格証明書を与えるということです。そうしないかぎり、副総長の人格証明書は意味がありません』

彼は、全く私の話について来れなかった。

彼は言った。『少なくとも一通の人格証明書が必要となると、これは難しいな』

そこで私は、大学副総長の名前で自分の人格証明書を書いた。後になって私は大学副総長のところに行って、こう言った。『これは私が自分に与えた証明書です。あなたはそれに署名しなければなりません』

彼は言った。『しかしこれは馬鹿げている。自分で自分に人格証明書を書くなんて！』

私は彼に言った。『もし私が自分自身に与えられないのなら、誰が私に与えられるのでしょうか？　私は他の誰よりも自分を知っています。あなたは私を全く知りません。もしあなたが私に人格証明書を与えられるのなら、私が与えたっていいでしょう？　これが私の人格証明書です。サインしてください』

彼は証明書を見ると笑いだした。その証明書に私がこう書いたからだ。

『人間は自由であり、人格は常に過去のものであり、未来は常に開かれている。私は今日まで善人でいたかもしれないが、次の瞬間のことは誰にもわからない。今日までは聖人だったかもしれないが、次の瞬間は罪人になるかもしれない。だが実際には、私は人格の寿命を一瞬一瞬伸ばし、何度も人格を保持していかねばならない』と」

その副総長の説明によると、OSHOは採用担当者達に何とか好印象をもたらし、一九五七年にサンスクリット・マハヴィディヤラヤ（ライプール・サンスクリット大学）での教職を得た。一九六〇年に、ジャバルプールの大学で哲学教授になることにした。

教職に就いていた間ずっと、OSHOは才気あるすばらしい教師として尊敬された。彼は自分の学生たちに興味や好奇心を魂に吹き込み、自発的に答えを探し求めるように勧めた。彼は大学でとても人気があり、学生たちが彼の講義に出席するために、しばしば他の授業を欠席したほどだった。OSHOが言うように、「私のクラスにはたった十人の学生しかいなかったが、私の学生ではない他の二百人の学生たちが出席したため、すぐに副学長はもっと大きな教室で授業をするための、特別許可を出さざるを得なかった。他の教師たちは腹を立てた。彼らの授業にいるはずの学生たちが、私の授業に座っていたからだ。彼らは私に『これは正しくない』と言った。私は『悩むことはありません。あなた方も来ればいいのです』と言い、実際に少数の教師たちも来始めた」

しかしＯＳＨＯの反逆が表に出ない日は、一日たりともなかった。ライプール・サンスクリット大学で自分の仕事を始めたまさに最初の日からやっかいな質問をして、古い大学の因習を暴いた。ＯＳＨＯが述べた次の出来事がこれを証言する。

「私はサンスクリット大学の教授だった。大学に到着した最初の日、私にはまだ住居が割り当てられていなかったので、数日間宿舎に滞在しなければならなかった。そこはサンスクリット大学で、この頃はサンスクリット語を学びたい人が誰もいなかったため……ほとんど九十パーセントの学生は政府の奨学金を受けていた。彼らがそこにいたのは、ただ奨学金のためだった。彼らにはサンスクリット語を学ぼうとする意欲はなかった。サンスクリットに興味はなかったが、彼らは貧しい学生で他のどこからも奨学金を得られなかったので、何も得られないよりはまし、というだけだった。そこにいたのはほとんど全員が奨学金受給者だったので、彼らは毎朝四時に祈るように強いられていた。

私が大学に到着した頃は冬の時期で、祈祷会の準備のために朝四時に冷たい水で沐浴しなければならず、彼らは震えていた。お湯は用意されていなかった。サンスクリット語の奨学生たちは、お湯のような贅沢を味わうことはない。彼らは古代《いにしえ》の賢者《リシ》たちや、その弟子たちのように生きることになっていた。彼らはブラフマ・ムフルタに、早朝四時には起きなければならなかった。ブラフマ・ムフルタは、ヒンドゥー教の神話での最も神性な時間の一つだ。

その最初の日、彼らは私が教授であるのを知らなかった。私は朝の冷たい沐浴が好きだったので、沐浴のために井戸に行った。すると学生たちはとても怒っていた。彼らはありとあらゆる下品な言葉を使っていた……副学長に対してだけでなく、神に対してもだ。

私は副総長のところに行き、言った。『これは正しくありません。あなたは祈りを教えてなんかいません。冷たい沐浴の後、彼らは一列に並び、サンスクリット語で何時間も祈らなければならないんですよ。これでどうやって祈ろうなんて気持ちになれます？　彼らは神に腹を立てています。彼らがもし神に出くわしたなら神を殺すでしょう！　そんなふうにずっと祈っていて、何の祈りになるというんです？』

しかし、副学長は老いたサンスクリット語学者だった。彼は言った。

『いや、それは正しくない。彼らは自ら進んでそうしているのだ。私たちは誰も強いていない』

私は言った。『私は彼らが、自ら進んでそうしているのを知っています。そうしなければ奨学金が無くなるからです。あなたは直接的ではなく間接的なやり方で強いています。もし私に反論したいのでしたら、私に一日だけください。私は、四時に冷たい沐浴をして祈りたい者は起きればいいし、沐浴が嫌でも奨学金について心配する必要はない。するしないは本人次第、という告知を出しますから』

さて、副学長はまんまとひっかかってしまった。彼は承諾せざるを得なかった。私は四時に副学長のところに行ったが、彼自身は眠っていた！　私は彼をベッドから引きずり出して言った。

『来てください！　あなたはどういう副学長なのですか？　あなたの学生たちは冷たい沐浴をして祈っているのに、あなたは眠っているのですか！』

彼は私に非常に腹を立てた。私は言った。『学生たちだって同じです、来てください！』

そこにはたった一人の学生もいなかった。井戸は空っぽで、祈祷ホールも空っぽだった。

私は彼に言った。『さあ、一緒に冷たい沐浴をして一緒に祈りましょう！』

彼は言った。『冷たい沐浴などできない。私は年寄りだぞ！』

私は言った。『わかりました。それなら私が冷たい沐浴をしましょう。あなたはここに座って見ていてください。それから祈りに行きましょう』

彼は言った。『しかし私は疲れていて、眠りたいのだ！』

『それなら、』と私は言った。『私が祈っている唯一の人間だということです。私はサンスクリット語を全く知りません。そして神はサンスクリット語だけを理解します！　私は文部省の間違いによって、この大学に誤って任命されました。彼らは私を見て、私がサンスクリット語を知っているに違いないと思ったのです。私はサンスクリット語を全く知りません。私は死んだものには興味がないんです』

それで彼は自分の部屋へ行き、私は自分の部屋へ行って眠った。その朝、学生たちが私のところに来た。彼らは非常に喜んでいて感謝していた。私は副学長に言った。『彼らが私のところに来ることと、私に感謝すること——この方がはるかに美しく、よりはるかに祈りに満ちています』

私は副学長に言った。『こういう馬鹿げたことは、一切やめにして下さい！』

しかしそのナンセンスを止めるどころか、彼は私を別の大学へ転勤させてこう言った。

『この男は危険だ！　彼は私の学生たちの道徳、人格、そして宗教を破壊するだろう』」

一年後、ＯＳＨＯはジャバルプール大学の教職員に任命された。この期間、彼は自分の身体に焦点を合わせ、運動をして鍛え上げることに時間を費やした。彼自身の肉体を優れて健康に保つことは、次の十年に渡ってラジャス・エネルギーを成長させるより大きな計画と合致し、彼が絶えず移動し続けるために必要だった。彼は大きな情熱と目的をもって国中を旅した。ＯＳＨＯは恐らく、その後数年で健康を損なうことに気づいていたのだろう。

一九六〇年以降に続く多忙を極めた旅の日程は、彼の生がラジャスの段階に入ったことを示している。この活動はＯＳＨＯによると、人が不活動的な段階を徹底的に生き抜いたか、またはそれを超越した時にだけ可能になる。その時それは内側から自発的に生じて自然に流れる。この類の活動は、不安にとらわれたり、例えば政治家が体験するような緊張した類のものとはわずかに異なると、ＯＳＨＯは説明する。後者のものと異なり、この活動は欲望によってではなく慈悲によって引き起こされる。ＯＳＨＯは一九七〇年にムンバイに落ち着く前に、この活動の段階を通して充分に生きた。『*Dimensions Beyond the Known*』という本で、ＯＳＨＯは彼の生のこの段階を述べている。

「この二番目の、ラジャスの段階が始まった時、私は国中の至る所に足を運んだ。これらの十年から十五年の期間内に私は、人が二回や三回の誕生をもってしてもできないほどの旅をした。これらの十年から十五年の間に、他の人にとっては普通なら十から十五の生を必要とするほどの話をした。朝から晩まで、あらゆるところを旅して動き続けた」

同じ本の中で、この段階の目的と性質についてOSHOは補足している。

「理由があってもなくても、私は物議を醸していた。なぜなら論争をすればするほど、この第二の活動の段階を通過することはより速くなるからだ。そこで私はガンジーや社会主義を批判し始めた。私はこれらの問題とは何の関わりもなかったし、政治に対して何の愛着もなかった。私はこれらには全く何の興味もなかった。しかし国中がこうした緊張に熱中していた頃は、ただの興味半分であれ、論争を引き起こす必要があるように思えた。そのため私は第二の活動の段階が移行する間、数々の論争を巧みに操って楽しんだ。

もしこれらの論争が、欲望からの動機による緊張に満ちた行動から生まれていたら、それは私に不幸をもたらしていただろう。だが、これはすべて単にラジャス・グナを発展させるため、その表現のためのものに過ぎなかったので、楽しさやおもしろさがあった。これらの論争は、まさに役者が演技をしているようなものだった」

OSHOの旅は多忙を極めたもので、一ヶ月のうち三週間は旅に出ていた。OSHOは不活動の段階を通過していた頃は、非常に口数少なかった。

だが彼は言う。「活動の段階の間じゅう、私自身はただ話すために人々のところへ赴いた。私の言葉は激しく燃える炎のようだった……その炎は私のものではなかった。それはラジャス・グナから生じていた。それがラジャス・グナの火を燃やし尽くす唯一の方法だった。その火はすぐに灰に変わるように、壮絶な勢いで燃えなければならない。火が穏やかであればあるほど、燃え尽きるのに長い時間を要するのだ」

一九六四年、ＯＳＨＯは信奉者たちに、瞑想を紹介するための最初のキャンプを開催した。それはラジャスタンの丘での十日間の瞑想キャンプで、その場所はムチャラ・マハーヴィーラと呼ばれていた。彼は早朝、昼間、そして夕方やベッドに就く前にも実践できる何種類かの瞑想テクニックを教えた。ヴィパッサナ、ナーダブラーマ、そしてワーリング瞑想のようないくつかの瞑想テクニックは、異なる伝統においてもよく知られている。

ＯＳＨＯは、瞑想には数え切れない方法があり、大きな深味があることを説明した。彼は瞑想を本質的に「ノー・マインドの状態」と呼ぶ。それは思考の休止状態、沈黙の状態のことだ。

「普段、あなたの意識はあまりにも多くのゴミで一杯になっている――ちょうど埃で覆われた鏡のようだ。マインドは絶え間ない交通のようだ。思考が動いている、欲望、記憶、野心が動いている……それは絶え間ない交通だ。開けても暮れてもだ。眠っている時でもマインドは機能している。それは夢を見ていてまだ考えている。それはまだ心配や不安の中にいる。それは次の日のために準備している。水面下での準備は続いている。これは非瞑想的な状態で、瞑想とは全く正反対だ。そこに交通が全くなくて、考えることが止み、どんな思考も動かず、どんな欲望にもかき回されない時、あなたが全く沈黙している時、その沈黙が瞑想だ。その沈黙の中で真理を知る。決してそれ以外にはない。瞑想はノー・マインドの状態だ」

「また、マインドを通して瞑想が見つからないのは、マインド自体が存続するためだ。マインドを脇に置かないかぎり、瞑想は見つからない。それは冷静で無関心で、マインドと同一化しないことによってのみ可能だ。通り過ぎていくマインドを見ながらもそれに同一化されないこと、『それが私だ』と考えないことだ。瞑想とは『私はマインドではない』と気づくことだ。その気づきが、あなたの中へ深みを増しながら入って行くと、徐々にしばし静寂の瞬間が訪れる。純粋な空間がある瞬間、透明な瞬間、あなたの中に何も揺れるものはない、あらゆるものが静止した瞬間……その静止の瞬間に、あなたは自分が誰であるかを知り、この存在があることの神秘を知る」

瞑想の一般的な考えに反対し、ＯＳＨＯはそれを非活動、非深刻さ、喜び、そして遊びに満ちている体験と見る。

「マインドは非常に深刻で、瞑想は全く深刻ではない。私がこう言う時、あなたは当惑するかもしれない。人々は瞑想を非常に深刻に語り続けているからだ。しかし瞑想は深刻なものではない。それはちょうど遊びのようなものだ。誠実でいなさい、だが深刻であってはいけない。それは仕事のような何かではない。それはより遊びのようなものだ。遊びは活動ではない。それが活動的な時でさえそれは活動ではない。遊びは単なる喜びだ。その活動はどこにも行っていない。それは動機付けされない。むしろそれは全く純粋な、開花しているエネルギーだ」

一九六四年の最初の瞑想キャンプの後、ＯＳＨＯは国中でそうしたキャンプをさらに指導した。彼は通常、群集や都会の喧騒から離れた自然な環境に場所を選んだ。彼の瞑想キャンプと講話はすぐに人気になり、彼は国民をその無気力から奮起させ始めた。OSHOは全ての地位の人々に重大な印象を与え、人々はますます彼を愛するようになった。

OSHOの頻繁な旅、彼のスタイルと独創性、その鋭い機知と反逆的な気質はしばしば大学の管理者側を困らせた。とはいえ彼の人気と評判のせいで、大学側は大したことはできなかった。彼の友人たちはしばしば、彼に自身のワークに専念して仕事を辞めるべきだと主張した。しかしOSHOの返答は、適切な時期を待つというものだった。

一九六六年八月、彼は大学の職から自分を解放する時期が来たのを感じた。しかしその解放は双方にとってのものだった。OSHOは大学を不愉快にする論争を、嫌というほど引き起こしていた。時は熟していた。OSHOが旅からちょうど戻ってきたところ、OSHOの服装のことで議論が起こった。何年にもわたって、OSHOはルンギ（腰の下でくるむ長い布切れ）とチャダー（身体の上にゆるやかに掛ける布）を着ていた。大学の職員たちは前々からこの服装に嫌悪を表していたが、学長はOSHOが遊説から戻ってきた時にその問題を突いた。OSHOは、学長が着ていたどんな服にも決して反対しなかったから、学長が自分の服装に反対するのは不公平だと感じた。学長に問い詰められた時、OSHOは直ぐに常に持ち歩いていた辞表を提出した。

ジャバルプール大学の教職から解放されて、OSHOはマハトマ・ガンジー、セックス、伝統的なヒンドゥー教、そして社会主義というデリケートな問題について遠慮なく話すことで、自らのラジャス・エネルギーを解放し始めた。一九六八年から六九年のガンジー百年祭の年の間、OSHOは公然と、そして大胆にマハトマ・ガンジーや彼の考え、彼に従った人たちを批判した。OSHOのガンジーを批判するポイントは二点あった。OSHOの見たガンジーは、宗教の人ではなく倫理の人であるというのがその一点で、ガンジーは宗教的な人だとインドでは広く見られていても、OSHOはそのようには見なかった。OSHOによれば、ガンジーの宗教的融合への考えは、本人のヒンドゥー教寄りの姿勢からは全く自由ではなかった。

OSHOはこう言っている。「ガンジーは瞑想について何も知らなかったが、ある種の見せかけの融合を作ろうと懸命に努力をした。基本的に彼はヒンドゥー教徒であり、彼の全人生は全く最後までヒンドゥー教徒のままだった」

「彼はバガヴァッド・ギーターを自分の母と呼ぶが、決してコーランを自分の父とは呼ばない……叔父とさえも。たとえその教えは同じだと言っていても、そのやり方は完全に政治的で、狡猾でずる賢く、信憑性はない……。彼が何をコーランの中に、聖書の中に、ダンマパダの中に見出そうとも、それがギーターと一致しているものを直ぐに拾い上げてこう言う。『どうだ、全ての宗教は同じことを教えているのだ!』しかし聖書やコーラン、ダンマパダの中には、ギーターと合わないところが多くある。彼はそれにどんな注目もしない。彼がそれを無視するので、彼の統合はインチキだ。実際に彼はギーターのあらゆるところを読んでいて、どこでも彼がギーターと同じ考えを持つところがあれば彼は直ぐに言う、『ほら見ろ!それらは同じ事を言っている!』。しかし、違いについてはどうなのだろう? 全く異なる観点についてはどうなのだろう？
ガンジーは宗教から断片だけを選んで、ごった煮を作り出す。それがガンジーの言う『全宗教の統合』だ。しかしこの統合は決して起こらなかった。ガンジーの言うことにイスラム教徒は納得しなかったし、ヒンドゥー教徒も納得しなかった」

ＯＳＨＯは一九七一年三月、自らの宗教の概念を説明し、その上で自身のワークについて説明をしつつ、次のように語った。

「私はガンジーのような統合者ではない。私は宗教のどんな統合も必要としていない。つまり私は、はっきりと異なる個性を持つあらゆる宗教を受け入れられるということだ。コーランとギーターは一つではないが、二つを結ぶ繋がりを作ることはできる。だから私はそうした繋がりを形作るような、サニヤシンたちのネットワークを広げたいと思っている。これらのサニヤシンたちはモスクで祈り《ナマーズ》をし、教会で祈りの言葉を言い、寺院で祈りの歌《キルタン》も朗唱するだろう。彼らはマハーヴィーラの道を歩み、仏陀のように瞑想し、シーク教徒の伝統に関する実験もするだろう。このようにして宗教を繋ぐリンク、生きた人間どうしを繋ぐ鎖は定着していく。すべての人が、あらゆる宗教は別々であっても一つであるという一個の宗教的感覚に衝撃を受けるだろう。それは、全ての宗教は一つであり切り離せないというものではなく、たとえ別々であってもそれらには内的調和があって共に目的地へ向かって進んでいる。そういう意味で全宗教は一つだ。それらはあなたを一つの超意識へ導く。そういう意味で一つなのだ。

総じて、私の目前に広がる全体像とは——私は、一人一人が自分の能力、進化の段階、文化に従って進めるよう、すでにその人の血の中に吸収されているものに従って進めるよう、その手助けをしたいと思っている。その方が真実を達成しやすくなる。故に私には独自の宗教もなければ、独自の道もない。単一的、排他的な道や宗教は、未来の役には立たない」

OSHOは、ガンジーの社会観と社会問題への解決策は原始的かつ非科学的であるとし、それが逆行しているのは、ガンジーの解決策が伝統に根ざしているからだと判断した。ガンジーは現代の先進技術的手段よりも、自身が広めた糸車（紡ぎ車）のようなものを支持しているとOSHOは指摘する。

「二十年間、私はマハトマ・ガンジーと彼の哲学を批判してきたが、ガンジー主義者は誰も言葉を返してはこなかった。それどころか、多くのガンジー主義者たちは私のところにやって来てこう言った、『何であれあなたが言うことは正しいが、それを公然とは言えない。なぜならもし我々が、あなたがマハトマ・ガンジーについて語ることは何であれ正しいと言おうものなら、我々の立つ瀬がない。公衆はマハトマ・ガンジーを信じているのだ』。つまり、全くのナンセンスが支持されねばならないのは、ガンジーが反テクノロジー派だったためだ。さて、もしこの国が反科学技術的なままでいるなら、それは貧しいままだろう。この国は決して健全な状態にはないだろう。そして科学技術が常に反エコロジー的である必要はない。その必要はない。そうした科学技術が発展し、生態学と調和する可能性はある。科学技術は自然を破壊せず、同時に人々を助けるために発展できる。しかしガンジーは科学技術に反対している。

彼は鉄道に反対し、郵便に反対し電気に反対し、全ての類の機械に反対していた。みんなこれが愚かなのを知っているが、マハトマ・ガンジーに敬意を表し続けるのは、人々から票を集めなければならないからだ。そして人々はマハトマを崇拝する。それはマハトマが、マハトマはどうあるべきかという彼らの考えに合うからだ。

マハトマ・ガンジーはインドの大衆と馬が合う。インドの大衆は彼を崇拝する。政治家は大衆に従わなければならない。常に覚えておきなさい。政治においては指導者は追随者に従う。それが務めだ。指導者は先導しているふりをしているにすぎない。だが心の底から、指導者は追随者たちに従わなければならない。ひとたび追随者たちに見限られたらそこまでだ。彼は自力で立つことはできない。彼には彼固有の地盤がない。

ガンジーは貧困を崇拝した。さて、もし貧困を崇拝するなら貧困はなくならない。貧困は憎まれなければならない。私は貧困を憎む！　私はそれを崇拝せよと言うことはできない。それは罪だ。そして私には貧しいことの中に何の宗教性も見えない。しかしガンジーは、貧困とその美しさについて多く語った。それは貧乏人のエゴを助ける。それは彼のエゴをマッサージする。彼は気分がいい。彼は宗教的で質素であり、貧しいということはひとつの慰めだ。彼が描写したのは、たとえ金持ちでなくても、その人は何らかの精神的《スピリチュアル》な豊かさを持っているということだ。貧困それ自体は、精神的《スピリチュアル》な豊かさではない。それは断じて違う。貧困は醜く、粉砕されるべきものだ。そして貧困を粉砕するには科学技術が必要だ。

マハトマ・ガンジーは産児制限に反対した。さてあなたが産児制限に反対するなら、インドはますます貧しくなるだろう。そうなったらもう望みはない」

ＯＳＨＯのガンジーについての見解はインド中に、とりわけグジャラートにあるガンジーの本拠地で大騒動を引き起こした。怒りと抗議がとても強烈だったので、ＯＳＨＯの友人であると主張した多くの人たちは、彼から去って行った。グジャラート政府によるＯＳＨＯのための六百エーカー（約二千四百平方メートル）の土地の契約も取り消された。その土地は、ＯＳＨＯが瞑想セッションを指導するための最良の地として手配されるはずのものだった。

一九六八年八月二十八日に、ＯＳＨＯはより多くの油を火に注いだ。彼は愛について一連の講話をするために、友人たちのグループに招かれた。その講話はムンバイ（当時はボンベイ）では有名な、文化教育センターの一つであるバルティヤ・ヴィデヤ・バヴァンで続けられた。その講話はヒンディー語で話され、ＯＳＨＯがこの講話の中で語ったことは誰をも仰天させた。彼の講話の主要なテーマは、セックスは神性だ、というものだった。

「セックスという原初的なエネルギー、そこには神の姿が映っている。それは明らかだ。それは新しい生命を創りだすエネルギーだ。それはあらゆるもののなかでも、最も偉大で最も神秘的な力だ。セックスに対する敵意を終わらせなさい。もしあなたが自分の生に愛が降り注ぐことを望むなら、セックスとの争いを放棄しなさい。喜びをもってセックスを受け容れなさい。その神聖さを認めなさい。感謝をもって受け取り、もっともっと深く迎え入れなさい。あなたはセックスにある、そうした神聖さを開示する可能性に驚くだろう。受け入れの度合いに応じてその神聖さは明らかにされる。そして、あなたのアプローチが罪の意識に満ちて見当違いである限り、あなたの前に現われるセックスは醜く罪深くなる。

もしあなたが愛についての基本的な真実を知りたいなら、まず第一に必要なことは、セックスの神性を受け容れることだ。セックスの神性を、あなたが神の存在を受け容れるのと同じように、ハートを開いて受け容れることだ。開かれたハートと心《マインド》でセックスを充分に受け容れれば受け容れるほど、あなたはそれから自由になる。だが抑圧すればするほど、それに縛られるようになる」

主催者たちは、セックスについてとても大っぴらに話すOSHOに衝撃を受けた。彼らが狼狽するあまり、残りの一連の講話はキャンセルとなった。OSHOはジャバルプールに戻った。しかしこの講話で、OSHOがインド人のセックスについてのありふれた信仰、タブー、そして態度に激しい動揺を与えたにもかかわらず、講話を聴いていた何人かの人々に多大な関心を呼んだ。そこで彼はその講話を続けるために、もう一度招かれた。正確には一ヶ月後、OSHOはムンバイに戻り、ゴワリア・タンク・マイダンでの公開の集会において、五万人の前で同じ主題について講話した。

これらの講話の中でOSHOはセックスと愛のさまざまな側面を扱ったが、OSHOは依然として、神性さを体験するための、セックス・エネルギーの超越や浄化について重点を置いた。彼は禁欲の考えを強く拒絶した。なぜなら彼にとって禁欲は通常、性的抑圧であり、セックスの健全で自然な変容ではないからだ。彼が教えるのは、セックスは自然な現象であること、そして人々は愛を込めて瞑想的にそれを体験すべきであり、それが超意識への道の第一歩になり得るということだ。OSHOは広く誤解されているような「フリー・セックス」や性的耽溺を教えているのではない。それどころか明白な用語で、セックスは正しく理解すべきであり、放逸にさせるべきではない、ということを宣言してきた。

これらの講話が公表されると、ＯＳＨＯへの拒絶、怒り、そして市民やインドの報道機関からの悪口以外の何ももたらさなかった。しかしＯＳＨＯが論じたセックスの問題や側面に対し、分別があり、知的で偏見のない応答ができる者は誰もいなかった。これらの講話は英語に翻訳され、『*From Sex to Superconsciousness*』という本で一九七九年に出版された。

一九六九年三月に、ＯＳＨＯはパトナで開催される第二世界ヒンドゥー教宗教会議での講演に招かれた。その会議は、ヒンドゥー教徒の最高位の宗教的聖職者であるプーリのシャンカラチャリヤによって統轄されていた。彼は同じ壇上のＯＳＨＯの存在に腹を立て、動揺しつつそれに反対した。主催者は彼に嘆願し、シャンカラチャリヤは多少なだめられて、ＯＳＨＯに四十五分の持ち時間を許した。しかしその持ち前の勇気と火のようなスタイルで、ＯＳＨＯは組織化された宗教、聖職者たち、そして宗教の偽善に対して激しく襲いかかり始めた。

シャンカラチャリヤを含めた全ての聴衆の前で、ＯＳＨＯは言った。

「生を無意味なもの、惨めさに満ちたものとみなし、生に対する憎しみを広めるどんな宗教も、真の宗教ではない。宗教とは、生をいかに楽しむかを示したアートだ。解放は生から逃げることにはなく、むしろ生と世界を存分に楽しむ中にある。しかし宗教の名を借りて営業しているこれらの商店は、人が本当に宗教的になることを望んでいない。なぜなら、その時これらの商店は閉店しなければならないからだ。そうなると、もはや聖職者や世界的指導者の必要性はなくなるだろう」

――*Jyotishikha no.13*

シャンカラチャリヤと彼の同僚たちが主催者にＯＳＨＯの話を止めることを要求した時、ＯＳＨＯはほとんど十分間くらいしか話していなかった。ＯＳＨＯは聴衆に、止めるべきか続けるべきかを尋ねた。聴衆は続けるべきだと叫び返した。彼の講話の終わりにあたって、聴衆は彼に非常に温かくて大きな拍手喝采を与え、それはシャンカラチャリヤをさらにもっと怒らせた。

ＯＳＨＯは、英国の支配からのインドの独立後、責任ある立場になったネルーを含む議会党の指導者たちの、社会主義的理想への彼の見解の相違も述べた。彼は、資本主義と社会主義を正反対の制度として見なさなかったように、最初に資本主義的経済を構築せずに社会主義について語ることは、どんな国にとっても破滅的であると考えた。一九六九年七月に、ＯＳＨＯはジャバルプールで「インドと社会主義」について語った。彼の言葉では……。

「社会主義とは資本主義の最終的な結果だ。それは非常に自然な過程だ。どんな革命も通過する必要はない。それどころか資本主義そのものが、社会主義をもたらす一つの革命だ。資本主義は世界で初めて、富を作り出す方法を示した。

私はインドでは社会主義は避けられないと信じているが、それは今から五十年、六十年、または七十年後のことだ。インドはまず、富を作り出すことにその全ての努力を注ぐべきだ。この国の貧困は非常に長期にわたっている。それはとても長い間続いてきたので、この国が次の五十年か百年で資本主義体制を発達させない限り、この国は永遠に貧しいままだろう。資本主義は富の分配を可能にさせる。現在、社会主義の名において、私たちが分配できるのは貧困しかない」

——*Dekh Kabira Roya*

OSHOの社会主義への批判と資本主義への支持は、即座に人々の反応を呼び、彼は反国家主義者という汚名をきせられ、CIAの工作員と呼ばれた。このようにOSHOは語り、討論し、議論することで、インドの問題と病弊の核心に触れた。さらに彼自身の生命の危険を冒してさえも、OSHOはある理由から大胆で率直な発言をした。インドはもはや臭い物に蓋をしている場合ではない、とOSHOは強く感じた。誰かが率先して、国を飲み込む悪事と愚行を暴露しなければならなかった。OSHOはリーダーシップを取ると同時に、洞察を持って、次の十年で明らかにされるヴィジョンの一端をも提供することができた。

一九七〇年四月十三日から十六日の間、ムンバイを訪れた際、OSHOはパーム・ビーチ高校で瞑想のセッションを行なった。これらのセッションの間OSHOは、いつもの「くつろぐ」瞑想の準備をしていた人々全員を驚かせた。彼は初めて、独自の瞑想テクニック『ダイナミック瞑想』を紹介した。多年にわたって「くつろぐ」瞑想を指導してきたことで、OSHOはそのテクニックが現代の人々にはあまり適していないことに気づいた。彼は説明する。

「私は十年間、老子的な技法に絶えず取り組んできたから、直接的なくつろぎを教えていた。それは私には単純だったから、誰にとっても単純だろうと思った。それからしばらくして、私はそれが不可能であることに気づいた……。私は人々に『くつろぎなさい』と言った。彼らはその言葉の意味を理解しているように見えたが、彼らはくつろげなかった。それで私は瞑想のために、まず緊張を、より強い緊張を作り出す新しい技法を考案しなければならなかった。そのテクニックは、気が狂ってしまうほどの緊張を作り出した。それから私は『くつろぎなさい』と言った」

だから彼がダイナミック瞑想を紹介した日、誰もがあっけに取られたが、同時に魅了された。インドの報道機関は、参加者が叫び、大声を上げて自分の服を脱ぐのを見た時の衝撃を伝えた。その一部始終は理解しがたいものに見えたが、それは非常に強烈だった。四日目、それはセッションの最後の日だった。

ＯＳＨＯは言った、「あなた方に紹介したテクニックは、非常に貴重なものだ。それを規則的に行ないなさい！」

ダイナミック瞑想のテクニックは、現代心理学が見つけたものはもちろん、ヨーガ、スーフィー、そしてチベットの伝統からの要素で成り立っている。ＯＳＨＯは私たちの現代社会における個人の必要性を満たすために、それらをまとめて一つの独特な処方箋にした。ＯＳＨＯはダイナミック瞑想の意味を次のように説明する。

「ダイナミック瞑想は矛盾だ。ダイナミックとは努力、多くの努力、絶対的な努力を意味する。そして瞑想は沈黙、無努力、無活動を意味する。弁証法的な瞑想と呼んでもいい。全てのエネルギーが一つの動きになるほど活動的になりなさい。あなたの中に静止したエネルギーはなくなる……。動的《ダイナミック》になりなさい……。むしろあなたはエネルギーに近い……。全エネルギーを活動に投じなさい……。

あらゆるものが動いていて、あなたが竜巻になったら、注意しなさい。覚えておきなさい。意識を向ければ、この竜巻の中であなたは突然、完全に静かな中心に気づくだろう。これが竜巻の中心だ。これがあなただ――神性なあなた、神としてのあなただ。

努力と無努力、動作と無動作、活動と無活動、物質と魂、これらは両岸だ。そしてこの二つの間に目に見えないものが流れている。これらの二つは目に見える。これらの二つの間に不可視のものが流れている。それこそがあなただ」

――*Rajneesh Foundation Press Office Files, 1975-1981*

ダイナミック瞑想のほかにも、OSHOが教えた他のテクニックは同様に単純でありながら力強く、強烈でありながら遊びに満ちている。音楽と動きはこれらの瞑想の二つの主要な構成要素となっており、その核心には活動を刺激し、それを静かに観照することで、エネルギーを変容させる原理がある。

旅の間じゅう、OSHOは全ての職業、カースト、宗教、階級の人々に語った。彼は政治家や実業家、作家や芸術家、芸能業界の人々、大学の学生、ライオンズ・クラブやロータリー・クラブの会員、聖職者やパンディット(専門分野での権威者)との討論を行った。五万人もの大勢の聴衆に語るときもあれば、たばこの煙の立ち込める部屋に集まった小さなグループに語ることもあった。

OSHOの活動《ラジャス》の質が旅に、物議を醸しだす講演や討論、論争に消え、浪費されたという事実とは別に、彼は実質的には何も前進していなかったことを認識するようにもなった。そのため、これらの旅はますますその意義が少なくなっていった。ＯＳＨＯの言葉では……。

「この国で何百万人もの人に話をしたが、その後は話すのを止めなくてはならなかった。私は一つの集会で数千人から五万人の人々に話をしていた。私は十五年間、この国を隅々まで旅した。私はただただ、全ての物事に疲れてしまった。なぜなら毎日、私はＡＢＣをもって始めなければならなかったからだ。それは常にＡＢＣ、ＡＢＣだった。そして、私は決してＸＹＺに達することができないだろう、ということが完全にはっきりした。私は旅を止めなければならなかった。

一度私は、集会でクリシュナについて話していたことがあり、人々は私に背を向けて座ってお互いに話していた。それは最後の日で、我慢の限界に来ていた。話の途中で、私は立ち去った。集会の会長は尋ねた、『どこへ行くのですか?』。私は言った、『もうこれっきりだ。私はこの愚かな人々と手を切る。私はクリシュナについて話しているが、話をしてもらおうと人を呼んでおきながら、誰も聞いていないようだ』」

ＯＳＨＯは旅をしている間じゅう、しばらく一人でいられる自分の場所を見つけるため、何度もジャバルプールへ戻った。だが、それもますます難しくなっていた。一九六六年に大学を退職したその約四年後に、ＯＳＨＯはジャバルプールから去った。遊説のための旅を切り上げ、瞑想キャンプの人数を減らして、自分の蔵書を荷造りし始めた。彼の友人たちは、ムンバイで彼のための場所を見つけることを強く望み、そのための準備をしていた。ＯＳＨＯが一人になれて、人々とも会うことのできる場所を……。

ジャバルプールのシャヒード・スマラク・バヴァンで、一九七〇年六月二十九日の夕方に、ＯＳＨＯのための送別会が開かれた。その会にはジャバルプール大学の副総長、著名なジャーナリストの他に、作家、教授、新聞の編集者、市民のトップが出席した。全ての演説が終わった後、ＯＳＨＯは話すことを求められ、彼はこう語った。

「人々は、私が偉大な魂《マハトマ》になったと言う。だがその代わりに、私を放浪者と呼ぶ方が適切だ。今日、私はここにいる。明日はボンベイだ。そして明後日はニューヨークに行くかもしれない。神が私をどこへ連れて行こうと、私は従うだろう。私は多くの人々の感情を傷つけてきた。こうした理由からもジャバルプールのことは忘れない。人々の学識ある話を私は自分の論理で遮り、その論理が多くの傷の原因となった。それらの傷が癒えないよう、ボンベイでも見ていよう。私は皆に静かに座っていて欲しくない。私は傷を引き起こすためにここにいる。そうすればあなた方は考え続ける。この国は決して考えない。そして覚えておきなさい。考えたり内省することを止めてしまった国では、その国の民族は死ぬ。だから目を離さず、あなた方の傷が癒え始めたら、すぐに再び戻って叩いてあげよう……。私は自分の意志ではどこにも行かない。それは神の意志次第だ。考え続けなさい――ただ、これだけは言っておきたい。いったん思考の流れが止まると、水は汚い水溜りに変わる。それが流れたままなら、それは川となる」

――*Yukrand no.5 & 6*

一九七〇年七月一日、ＯＳＨＯはムンバイに到着した。そこで始めたことは、彼にとって完全に新しい活動だった。彼は五十人の人々とともに霊的、秘教的な事柄に関する講話を、夕方定期的に行ない始めた。彼はさまざまな霊的伝統の中に隠された秘密を掘り出し、前日の講義に基づいた質問に答えることを楽しみとし、その答えの中へ深く入って行った。それは非常に強烈で生き生きとした力強い対話で、それらの大部分は編集され、『*The Mystic Experience*』としてヒンディー語から翻訳された。（※訳註：この本は後に *In Search of The Miraculous* と改題されて再版される。邦訳は『奇跡の探求』市民出版社刊）

この期間ずっと彼のそばにいた人たちは、彼の輝きと力は、ただ彼の近くにいるだけで人が多くのエネルギーを感じ、揺り動かされ始めるか、または泣き始めるほどのものだったと言っている。そうしたエネルギーを、瞑想キャンプの一つ、一九七〇年八月に行われたキャンプで人々は強烈に感じた。このキャンプでＯＳＨＯは、自分と内的に関わっていると感じている人たちに、サニヤスを授けたいと発表した。こうして一九七〇年の九月二十五日から十月五日まで、ヒマラヤの谷間にある美しい避暑地マナリで行なわれた瞑想キャンプで、ＯＳＨＯは六人の人々にサニヤスを授けた。彼はこれらの個人たちに新しい名前を与え、正式にネオ・サニヤス・インターナショナル運動を始めた。ネオ・サニヤスの革命的な概念、またはＯＳＨＯのサニヤスについての考えは、次の講話からの抜粋で手短に要約できる。

「私のサニヤシンは生を肯定する。こうしたものは、これまで何も地球上に開花してこなかった。それは全く新しい現象だ。サニヤスについての全ての古い考えは現実逃避主義に、放棄に基づいていた。私のサニヤスは逃避とは何の関係もない。それは逃避に反対する。なぜなら私にとって、神と生は同義語だからだ。これまで、神と生が同義語だと言われたことはなかった。神は常に生に対立するものとされてきた。

神に達するために、生を落さなければならなかった。そして私はあなたに言う、もし神を少しでも知りたいのなら、あなたはできるだけ全面的に、できるだけ強烈に、できるだけ情熱的に生きなければならない。

ありとあらゆる人は、神になるために存在している。それはあらゆる人の運命だ。あなたはそれを先延ばすことはできるが、壊すことはできない。あなたにサニヤスを与えることによって、私はそれを早めようとしている。あなたにサニヤスを与えることは、私があなたに、もうこれ以上それを延期しないように説得している、という意味だ。あなたにサニヤスを与えることは、それをもうこれ以上先延ばしにしないよう、あなたを助けることに他ならない。

サニヤスを与えるのは、多大な敬意からだ。なぜなら、私にはあなたの内側にブッダが見えるからだ。ブッダは既にあまりにも長く待ってきたのに、あなたはそれに目を向けてこなかった。サニヤシンになるように私が言うのは『今や時は来た。思い切ったことをしなさい』という意味だ。この新しい生き方を試してごらん。あなたは古い方法で生きてきた。そこからは何も起こらなかったか、または起こったものは何であれ、ただ表面的で取るに足らないものばかりであるのが証明された。この方法も試してごらん。

世界中の古いサニヤスの概念はあなたに厳格な規律を与え、一定の形、パターン、ライフスタイルを与えるものだった。私のサニヤスは、全くそうではない――それは根本的な変化だ。私はあなたにどんな人格も与えない。私にとって人格者は死んだ人だからだ。あなたが創造的な混沌の中にさらされるよう、私は全ての人格をあなたから取り払いたいと思っている。一定のパターンからではなく、人は毎瞬生に対応しなければならない。

どんなパターンもなく、ただ自発的にその瞬間に対応すること――瞬間に感じたものがどんなものであっても、そのように自然と行動は決まる——それが、私が「創造的な混沌」と呼ぶものだ。それは人格のない意識、過去なしの現在、どんな規律にも妨げられない自由だ。

そのように生きることが、サニヤシンの生を生きることだ。それは全く美しいし、完全に祝福されているが、大変な勇気が必要だ。なぜならあなたには案内する人も特定の型もなく、過去に頼ることができないからだ。人は未知から未知へと進まなければならない。そこにはどんな安全もない……それは純粋な冒険だ。

より古いサニヤスの概念は、生に非常に否定的だった。それは全く生に反対していた。しかし私の考え、または概念は絶対的に生に肯定的だ。落とすべきものは何もない——あらゆるものは変容されなければならない。だからこの古いサニヤスは、非神聖なサニヤスだった。それは生の一部だけを受け入れ、残りの部分を否定した。それは精神《マインド》を受け入れたが身体は否定した。それは愛を受け入れたがセックスを否定した。それは神を受け入れたが世界を否定した。しかし、それらはみんな一緒だ。

そのように、古いサニヤスが非神聖なサニヤスだったのは、それが決して誰をも生の全体性へと導かなかったからだ。それは非常に完全主義的だった。私は全く完全主義的ではない。だから私のサニヤスは絶対的に生に肯定的だ。そのため、それは完全主義的であるよりも、全体的なのだ。私は全く生に恋している。それは非完全主義的であり、罪悪感を作り出すものではない。それはあなたの何かを、または他の誰かの何かを非難することを、あなたに教えるものではない。私のサニヤスは、生のさまざまな限界をより一層意識させ、且つ、そうしたさまざまな限界を楽しむのに役立つものだ。

このサニヤスを、生そのものとの大恋愛にしなさい……生以外の神はない。もし生を見つけられたら、それは神を見つけたということだ……」

サニヤスのイニシエーションには・名前を変えること　・マラ（OSHOの写真入りのロケット：百八個の数珠玉のネックレス）を身に付けること　・オレンジ色の服を着ること（後にマルーン色に変わる）が含まれる。

OSHOはこれらの変化の重要性を詳細に説明した。新しい名前についてOSHOは言う。

「私があなたに新しい名前を与えるのは、あなたに名前は重要ではないことを、ただ感じさせるために過ぎない。あなたの古い名前が簡単に消えることができるのは、それがただのラベルに過ぎないからだ。それは変えられる。あなたは名前ではない」

名前は、たとえ他人によって私たちに与えられたとしても、意識の中に深く入ってゆき、私たちはそれに同一化するようになる、とOSHOは言う。しかしサニヤスを与えることによって、OSHOはこの同一化と他の同一化も破壊する。彼は説明する。

「あなたがサニヤシンになる時、私はその同化を壊したい。なぜならこれは、あらゆる同化が壊れていく始まりだからだ。まず私は名前との同一化を壊し、それから身体との同一化を壊し、マインドとの同一化を壊し、そしてハートとの同一化を壊す。これら全ての同一化が壊された時、あなたは自分が誰かを知ることができるだろう、同一化していない、無名の、無形の、または定義できないあなたを……」

OSHOはまた、場合によって弟子たちを「マ」または「スワミ」と呼んだりもした。彼はその背後にある理由を説明する。「男性の道は覚醒の道で、覚醒はあなたが自分自身の主人になるところへ導く。それがスワミの意味だ。女性の道は愛の道で、愛はあなたが自分の存在全体を生み出せる究極の境地へ導く。それがマの意味だ」

それぞれの色にそれ固有の心理と影響があるということを指摘して、OSHOはオレンジ色を選んだ理由を説明する。

「一つの理由は、ちょうどそれが朝の日の出のような気持ちにさせるからだ。それは昇る太陽の色だ。朝陽の光はオレンジ色をしている。その色は生活環境を、何か生き生きとした、振動しているものを作り出す。この色はあなたが神性と共に振動するように選ばれた。あなたは神性と共に、生き生きとしなければならない。内側に悲しみを保護する場所があってはならない。どんな悲しみにも避難所を与えてはならない。あなたは二十四時間、踊りたいムードでいるべきだ。オレンジ色は踊る色だ」

マラの意味と重要性を説明することで、OSHOは第一にそれを十字架と区別する。「マラは生を象徴し、」と彼は言う。「十字架は死を象徴する。マラは、生を花冠にする特定のアートを象徴する」

その意味の中へ更に深く入って行くことで、OSHOはマラと彼の写真が入ったロケットについて、詳細に説明する。

「あなたの生が永遠なるものを知らない限り、あなたの生は単なる数珠玉の山か花の山にはなっても、花冠にはならない。生はマラにはならない。マラに内的な調和は生じない。数珠玉は無関係なままだ。それは混沌にはなっても宇宙にはならない。どんな秩序も、どんな規律も生じない。しかし規律は糸のように目に見えないものであるべきだ……。マラは数珠玉で時間を、目に見えるものを象徴し、糸は永遠を、目に見えないものを象徴する」

ＯＳＨＯはさらに進めて、マラの百八個の数珠玉は、瞑想の百八の技法を象徴する、と説明する。ＯＳＨＯによれば、百八の瞑想技法は基本であり、それを基に他の無数の技法が発展すると言う。ロケットの中の彼の写真に関しては、「その写真は私のものではない。もしそれが私のものだったら、そこに写真を付けるのをためらっただろう。その写真は私のものであるように見えるだけだ。全くもって私の写真などあり得ない。人が自分自身を知る瞬間、人は描写し、記述し、形作ることのできない何かを知る。私は絵に描くことのできない、写真に撮ることのできない虚空として存在している。それが、私が写真をそこに付けることができた理由だ」

あるインタビューで、ＯＳＨＯは彼が人々にサニヤスを授けることに関して、次のような予言的な声明をした。

「この世紀の終わりは、非常に決定的なものになるだろう。この世紀の終わりは、来るべき世紀の運命を決定付けるだろう。確実にこれは決定的な時期となる。決定的とは、人間はただの機械に、生まれつき機械的な装置に過ぎない、という考えが広く行き渡るかもしれないという意味でだ。もしこういう考えが普及するようになるなら、再び生きた流れに戻ることは困難になるだろう。一日一日と、生きた流れを知る人々、内的現実を知る人々、意識を知る、神性を知る人々はだんだん少なくなっている。この世紀は、この世紀の終盤は決定的なものとなるだろう。だから、多少なりとも始める準備ができている人たちがいるなら、私は彼らをイニシエートする。もし一万人がイニシエートされて、一人でもゴールに達するなら、苦労のし甲斐はある……」

OSHOがますます多くの人を惹きつけ、彼らをサニヤスに入門《イニシエート》させるにつれて、人々は彼に反対する反応を示し始めた。まず、「進歩的」で「知性的」だと自称していた人たちは、OSHOに非常に不満を抱くようになり、彼の仲間たちから離れ始めていった。それは彼らがOSHOを導師《グル》として受け入れられなかったためだ。ある意味ではOSHOはこの状況を歓迎していた。それは彼が自分の周りに、彼を愛し、彼に対して開いている人々だけを求めていたからだ。ただ自分の知的好奇心を満足させるためや、自分の信条やイデオロギーへの更なる支持者を見つけようとして来た人たちを、彼は決して相手にしなかった。OSHOへの対立が生じたのは、周りでサニヤシンの数が増えるにしたがい、社会で既得権を持つ人々にとってOSHOが潜在的脅威と映ったからだ。OSHOは全国的な遊説で既得権者たちのことをずっと摘発してきた。彼と彼のサニヤスに対する否定的な反応にも構わず、OSHOは国の中からだけでなく、今や西洋からも彼に熱中する人たちをますます誘い寄せ続けた。

一九六八年から一九七〇年の間は、西洋から非常に少数の探求者だけが彼に接触したが、彼がムンバイに落ち着いた後は、より多くの人たちが彼に近づき始めた。英語に翻訳されたOSHOの講話のいくつかは、小冊子という形で出回り始めた。

彼に会いたがる人々の数が増したために、より大きな場所を捜すことが直ちに必要になった。一九七〇年十二月に彼はウッドランド・アパートメントに移った。また彼は、マ・ヨーガ・ラクシュミとスワミ・ヨーガ・チンマヤを秘書に任命した。ラクシュミは組織的なことを担当し、ヨーガと瞑想において非常に広くて豊かな経験を持つチンマヤはクラスを指導した。

最初はOSHOの秘書として、そして後にはプネーでのOSHOファウンデーションの理事として、ラクシュミはOSHOのワークの拡大と成長において大いに助けになった。彼女はムンバイの著名なジャイナ教の家系の出身だった。彼女の父は非常に成功した実業家で、インド国民議会の議員だった。彼は議会の中で、ガンジー、ネルー、パテルを含む多くの指導者たちと親しい関係にあり、インドの独立運動に深い関心を持っていた。しかし彼の子供たちがまだ若かったため、彼は主に裏方から運動を助けた。

ラクシュミも、とりわけ一九六二年から一九六五年まで、インドの政治に強い関心を持っていた。彼女は全インド議会の女性たちの会議で、彼女がその幹事であった時、初めてOSHOの話を聞いた。彼女がOSHOを見た時、ラクシュミは、何か普通ではないことが起こったと言った。身震いがし、何かピンとくるものを感じた次の瞬間、彼女は泣いていた、涙をこらえることができなかった。彼女はその時まで、誰かに対するそのような深い愛と崇敬の感情を体験したことは決してなかった。後には、彼女とその家族はOSHOと良い知り合いになった。

一九六九年、ナゴールと呼ばれた美しい避暑地でOSHOが催した瞑想キャンプで、ラクシュミは信じ難い体験をした。OSHOは夕方に講話をして、次の朝、瞑想を指導した。彼女が言うには、講話の中でOSHOは「あなたはなぜ私がやって来たのか知らないが、私は知っている！」と語った。この言葉は彼女の内なる心の琴線を打ち、彼女はOSHOをより深く感じた。夜、彼女がベッドに横たわっている間、不意に「私は誰か？」という沈黙の問いが彼女の身体を通して振動し始め、それはますます強烈になった。それから彼女はこらえきれずに笑い出した。隣りの部屋から彼女の母方の叔父がやって来て、尋常ではない状態のラクシュミを見て非常に心配した。彼女はヒステリックに笑っていた。その時OSHOが来て、手を彼女の頭に置くと、彼女はゆっくりと静まっていった。次の日ずっと彼女は至福の状態にあったが、夜に再び笑いが始まり、朝までそのままでいた。

三日間、彼女は食べ物や水なしのままでいたにも関わらず、彼女のエネルギーは消散されなかった。全ての出来事は彼女に鋭い覚醒をもたらし、彼女の生を完全に変えた。その時以来ラクシュミは、OSHOの指導の下で彼のビジョンを具体化するためのワークに、絶え間なく従事するようになった。OSHOは一度こう言った、「しっかり覚えておきなさい、ラクシュミは決して自分の創意で何かを行なったりしない。彼女は完璧な媒体だ。それが彼女がこのワークのために選ばれた理由だ……。言われたことは何であれ、彼女はする」

――*The Sound of Running Water: A Photo-Biography of Bhagwan Shree Rajneesh and His Work 1974-1978. Ma Prem Asha, Rajneesh Foundation, 1980.*

このキャンプの後、ラクシュミはしばしばOSHOの旅に同伴した。しかしOSHOがジャバルプールに離れていた間に、ムンバイでさらに別の意義深い事が彼女に起こった。ある日、瞑想の間にオレンジ色が彼女のビジョンに現われた。彼女がそれを母親に伝えた時、それは伝統的にサニヤスの色であると母親は言った。ラクシュミは、自分はその色がとても好きなので、これからはその色の服だけを着ると言った。彼女の母は言った——オレンジ色の服を着るのに問題はないが、いったんそれを着ることを選んだなら、永遠にそれを着なければならないと。ラクシュミはオレンジ色で新しい服を作り、さらにそれを着て女性の会議に出席した。それは会議に出席している代表者たちの間に一騒動を巻き起こした。

一九七〇年七月一日にOSHOがジャバルプールから戻った時、友人たちが彼を迎えるために駅に集まった。列車がゆっくりとプラットホームに近づいた時、OSHOは客車の扉に立ち、いつものように合掌して人々に挨拶した。彼は新しい服を着たラクシュミを群集の中に見つけた。列車が止まった時、OSHOは彼女を大声で呼んで、服を変えたことについて何げなく尋ねた。ラクシュミは、どのように、またなぜ変化が起こったのか説明できないと言った。OSHOはにっこりし、しかし非常にはっきり決然と、彼女は彼の最初の弟子に、最初のサニヤシンになるのだと言い、彼女をマ・ヨーガ・ラクシュミと名付けた。そうしたわけで、他の人たちのサニヤスへの正式なイニシエーションの始まりが数ヵ月後のマナリ・キャンプで起こったとはいえ、ラクシュミはOSHOの最初のサニヤシンになった。

OSHOはウッドランド・アパートメントに移った後、少数の西洋人たちも同様にイニシエートした。彼らはOSHOに関する言葉を西洋に広め始めた。どのようにして西洋から人々が彼のところに引き寄せられたかについては、多くの魅惑的な話がある。だがそれらの話に共通する一つの要因は、彼らがOSHOを生きているブッダ、またはキリストとして認知したことだ。サニヤスを受けた後、彼らはそれぞれの母国に戻った。当然彼らは反対に遭ったが、信念を貫き続けた。彼らは西洋人の弟子による最初の緊密なグループを形作り、それとともに共同生活が発展し始めた。

OSHOはムンバイに留まっていた。そして毎日、西洋人の流れは増していた。ゆっくりと次第にOSHOは一般との接触を減らし、公開の集会で講話することを止め、彼の住居で、ただ小さなグループの前だけで話した。彼は報道機関のインタビューを受けることと、社会的指導者たちや社会の高い地位にいる人々と会うことを止めた。彼の旅も稀になった。

その代わり彼は今や、自らの探求に誠実で勇気のある人たちに自分のエネルギーを注ぐ方を好んだ。彼は一九七一年の初めに書かれた手紙の中で、自分の望みを非常に明白に表現した。その中の一部がここにある。

一九七一年一月十六日

愛する人よ、

前生で、私は多くの友人たちに約束した。真理が見つかったら、皆に教えると。

私はそうした。だから、私のインドの旅はこれで終わりだ。

もちろん、インド人たち以外にも友人はいて、彼らと接触がある。たとえこれらの友人たちが、その約束がどんなものか少しも知らなくても――あなたもそうだが――しなければならないと私が思うことをするのは、重要だ。

今後は通常、一つの場所に滞在するだろう。そうすれば探求者たちにもっと注意を注げるし、本当に私を必要としている人たちの大きな助けとなるだろう。

一九七一年一月十六日

愛する人よ、

私の旅はもう終わりに近い。私がある前生で他の人たちにした約束を、私は守ってきた。今から私は、一つの場所に滞在するだろう。来ることを望んでいる人たちは来るだろう。そういう人は必ず来る。そしておそらくこのやり方で、私は本当に私を必要としている人たちにとって、大きな助けになるかもしれない。私のワークはより広範囲に渡って完了している。今後はより深いワークをしていくつもりだ。私は町から町へ行って呼びかけた。後は来る人たちを待つ。これは今や内的な指針だ。私は内的な指針を出す以外は何もしたことがないし、今後もそれ以外のことはできない。

一九七一年一月十六日

愛する人よ、

これまでは井戸が渇きのある者のところへ出向いて行った。しかし今後は、こうはいかなくなるかもしれない。今後、渇きのある者は井戸の場所まで来なければならないだろう。おそらくこの方が法則に適ってもいる。そうではないかね？　私はほとんど旅を止めた。メッセージは届けられた。

今、私を見つけたい人は私を見つけるだろう。

そして私を見つけたくない人に関しても、私はそうした人の扉も叩いてきた。

一九七一年二月十六日

愛する人よ、
私は外側の旅を止めつつある。しかし本当に〝呼びかける人〟たちには内なる旅の扉を開こう。

心配はいらない、誰も締め出されたりはしない。私はあなたのハートに入って、あなたに語ろう。

すると外側の言語では理解できなかったものを、内的な言葉を通して理解できるだろう。

私は繊細なものについて、非繊細なものを通して充分語ってきた。

今、繊細なものは、繊細なものだけを通して伝えられなければならない。


一九七一年の初期に注目すべき出来事が起こった——OSHOの母親が、彼からイニシエーションを受けて弟子になった。OSHOは彼女に、マ・アムリット・サラスワティーという新しい名前を与えた。そのお祝いに出席していた人たちは、息子が彼の母親の足に触れ、そして母親が頭を垂れて、彼女の息子——今は彼女のマスターの足に触れているのを見て、感動していた。


彼女がバグワンの母であることをどう感じるのか、と一度尋ねられた時、彼女は答えた。

「……彼は私の息子で、そしてバグワンです。だから私が彼に頭を垂れた時、彼はバグワンだと感じ、そして同時に私の息子だという感情があります。その温かみはそこにあります。その祈りの感覚もあります……彼は神だ、という感覚が」

—— *Sannyas no.6*

旅行が減り人目に触れることが少なくなるにつれ、OSHOは西洋から来た人々と、ますます頻繁に会うことができた。最初にドイツのフランクフルトから来た一人は、クリスティーン・ウールフ、後にマ・ヨーガ・ヴィヴェークとして知られたＯＳＨＯの世話人の一人だった。彼女はＯＳＨＯが十七歳の時に亡くなった彼のガールフレンド、サシに他ならない。ＯＳＨＯは次の言葉でその神秘を明らかにした。

「私が若かった頃、ガールフレンドがいた。それから彼女は死んだ。だがその死の床で、彼女は自分が戻って来ることを私に約束した。そして彼女は戻って来た。ガールフレンドの名前はサシだった。彼女は一九四七年に死んだ。彼女は私の村のある医者、シャルマ医師の娘だった。彼も今は亡くなっている。そして今、彼女はヴィヴェークとしてやって来た――私の世話をするために」

「ヴィヴェーク」は、「気づき（覚醒）」または「意識」という意味のサンスクリット語で、ＯＳＨＯの世話をすることはヴィヴェークにとって覚醒し続けることであり、とても大変だが、やりがいのある仕事だった。ＯＳＨＯは、なぜ彼女にこの名前を与えたのか、それが何を意味しているのかを、一九七一年四月十六日に、ヴィヴェークがサニヤスを受けたその日のインタビューで説明した。

「昨日の朝、ある人が私のところに来た。私は彼女にサニヤスを受けるようにと言った。彼女は当惑した。彼女は考えて決めるために、少なくとも二日の時間を求めた。私はあくまで『今日、それを受けなさい。この瞬間にだ』と主張した。しかし彼女には決断力がなかったので、私は彼女に二日与えた。翌朝彼女はやって来て、それを受けた……。私は彼女に尋ねた、『なぜだ？　あなたには二日が与えられている。なぜそんなにすぐに来たのかね？』」

彼女は言った、『夜の三時に、突然目が覚めました。そして深い内側の何かが私に言ったのです、「行ってサニヤスを受けなさい」と』

ここでは、それは彼女がした決定ではなく、彼女の深く根付いたマインドによってなされた決定だ。しかし彼女が部屋に入って来た瞬間、私は彼女を、そのマインドを知っていた、わずか二十時間後に決断すると。だから『サニヤスを受けなさい』と私が言ったら、そう言われた人にはそれぞれ無数の理由がある。その人は前生でサニヤシンでいたか、それとも長い旅のどこかでサニヤシンでいたかのどちらかだ。

私は昨日、彼女に別の名前を与えたが、今日それを変えなければならなかった。それは昨日、私が彼女のためらいの中で、その名前を与えたからだ。今、私は違う名前を彼女に与えている。それは彼女にとって助けになるだろう。今朝来た時は、彼女自身が決心していたので、昨日与えた名前は全く必要なくなった。そして私はマ・ヨーガ・ヴィヴェークという名前を与えた。なぜなら今、その決心は彼女のヴィヴェークを、彼女の気づきを、彼女の意識を通って来たからだ。


ヴィヴェークは私のすぐそばにいるので、彼女は絶えず十字架に架けられている。やむを得ないことだがそれは困難だ。私のすぐそばにいることは骨が折れる。私のそばにいればいるほど責任は大きくなる。私のそばにいればいるほど、あなたは自分自身を変容させなければならない。自分には価値がないと思えば思うほど、あなたはさらに、どうしたらもっと立派になれるのかと感じるようになる——が、目標の達成はほとんど不可能なように思える。そして私は多くの状況を作り続ける。私がそうしなければならないのは、摩擦を通してしか統合は起こらないからだ。より以上に厳しい状況を通してしか人は成長しない。成長は優しくない。成長は苦痛だ。あなたは私に、『ヴィヴェークに何をしているのですか？』と尋ねる。私と共にいることは受難であり、その仕事は厳しい」

ＯＳＨＯが旅、講演、そして他の外側の用事の数を削減するにつれて、彼の生とワークは全く新しい形を取り始めた。それは一九七一年五月、スワミ・ヨーガ・チンマヤを呼び戻すと、ワークはとても深く進んできたから新しい次元を加えることだ、とＯＳＨＯが彼に告げた時だった。ＯＳＨＯはその時まで、教師という意味の「アチャリヤ」として知られていた。彼はチンマヤに、彼のための新しい名前を見つけるように求めた。チンマヤは二、三の名前を提案し、そこから彼は「バグワン」を選んだ。それは文字通りには「神」と翻訳される。とはいってもそれは象徴的な名前で、ハート、愛、そして帰依に関連した質を意味する。その名前には、ハートに中心を置いたワークを象徴され、今後さらに愛に関するワークや、バクティやスーフィズム、タントラの精神にのっとったワークが起こるということが意味されていた。

ＯＳＨＯが指示したかった新しい次元は、ハートないし愛の次元だった。彼の重点は、もはや知性や多数の人々に訴えかけることにはなかった。教師《アチャリヤ》は、頭を通して充分なコミュニケーションを取ってきた。彼は今、彼を愛している人たちとの、ハートからハートに起こる交感を望んだ。その時からアチャリヤ・ラジニーシは、バグワン・シュリ・ラジニーシとして知られるようになった。

「私はその言葉が気にいって、こう言った。『それならいい。少なくとも数年間はそれでいい。適さなくなったらやめればいい……私はある明確な目的のためにそれを選び、それは良く役に立った。なぜなら知識を集めるために私のところによく来ていた人々が、来るのを止めたからだ。私が自分自身をバグワンと呼んだその日、彼らは来るのを止めた。バグワンと自称している人がいることが、彼らには耐え難かった、彼らのエゴにはとても耐えきれなかった……』

彼らは来るのを止めた。彼らは知識を集めるために私のところに来ていた。今、私は自分の役割を完全に変えた。私は異なるレベルで、異なる次元で働き始めた。今、私はあなたに知識ではなく実存を与える。私はアチャリヤであり、彼らは学生だった。彼らは学んでいた。現在、私はもはや教師ではなく、あなたは学生としてここにいるのではない。

私は実存を分け与えるためにここにいる。私はあなたを目覚めさせるためにここにいる。私はあなたに知識を与えようとしているのではない。私はあなたに真知を与えようとしている——それは全く異なる次元だ。

私自身をバグワンと称することは、単に象徴的なものだった。今、私はワークに対して異なる次元を取った。それは途方もなく役に立った。すべての間違った人々は自動的に消えて、全く異なる質の人々が到着し始めた。

それはうまくいった。チンマヤの選択は良かった。私とともに消えてなくなる準備ができている人たちだけが残り、他の人たちはみんな逃げた。彼らは私の周りに空間を作った。そうしなければ、彼らはあまりにも混雑しすぎていて、真の探求者たちが私の近くに来ることは非常に難しかった。群衆は姿を消した。バグワンという言葉は核爆発のように作用した。それはうまくいった。それを選んでよかったと思っている」

その日以来、彼はその名前を採用したが、なぜ自分自身を神と呼ぶのか、それはどういう意味なのかと何度も尋ねられてきた。ＯＳＨＯはこれらの質問に、詳細な説明をもって答えた。

「それは私が神だから――あなたが神だからだ。そしてただ、神だけが在るからだ。それは神であるべきか神でないべきか、という選択ではない。それは神を認識するかしないかの選択だ。そう呼ばないことを選べても、神でないことを選ぶことはできない。

この生を神と呼ぶ時、あなたは生に詩をもたらす。あなたはビジョンをもたらし、様々な扉を開ける。あなたは、可能性はまだまだあると、私たちで終わりではないと言う。高次の領域の可能性があなたのビジョンに生じる。あなたは夢を見始める。あなたがこの存在は神性だと言う瞬間、夢は可能になる。その時あなたは、冒険の生を生きることができる。神は最大の冒険……最大の巡礼だ。

生にラベルを付けるには、たった二つの方法しかない。一つは現実主義者によるラベル付け――彼は生を物質と呼ぶ。もう一つは詩人の、夢想家によるもの――彼は生を神と呼ぶ」

「私は誰はばからぬ詩人だ。私は現実主義者ではない。私は自分自身を神と呼ぶ、私はあなたを神と呼ぶ、私は岩を神と呼ぶ、木を神と呼ぶ、そして雲を神と呼ぶ……あなたは神と共に成長することができ、神と共に大津波に乗ることができる。あなたは他の岸に行くことができる。神はまさに、あなたの運命を垣間見たものだ。存在に個性を与えてごらん」

「そうなったら、あなたと木の間にあるのは空虚ではない。そうなったら、あなたとあなたの愛する人との間にあるのは空虚ではない——神はあらゆるものを橋渡ししている。神はあなたを取り巻き、あなたの環境となる。神は内にあり、そして外にある」

「私が自分自身を神と呼ぶ時、それはあなたへの挑発、挑戦を意味する。神を認識するための勇気があなたにも出せるように、私自身を神と呼んでいるだけだ。あなたが私の中にそれを認識できるなら、あなたは自分自身の中に、それを認識する最初の一歩を踏んだことになる」

「自分自身の中に神を認識するのが非常に困難なのは、あなたが常に、自分自身を非難するように教えられてきたからだ。あなたは常に、自分は罪人であると教えられてきた。私はそのナンセンスを、全て取り去るためにここにいる。あなたに欠けているのは、自分が誰であるかを認識する勇気だけだ。それが私が力説したいことだ」

「……私自身を神と呼ぶことで神を格下げしているのではなく、あなたを引き上げ、高次の旅に連れて行っているのだ。私は単に、ヒマラヤの峰々への扉を開いているだけだ。いったんあなたが自分もまた神性であると認識し始めたら、重荷はなくなる。そうしたら、間違いはあり得るがもはや罪はない。あなたは罪人ではない。あなたは間違いを犯すかもしれないし、道を彷徨うかもしれないが罪人ではない。あなたが何をしようと、神性を失うことはない——それはあなたの本性だ」

「神を表すインドの言葉〝バグワン〟は、神よりも優れている。その言葉は途方もなく意味深い。それは単純に『祝福された人』を意味し、それ以外の何もない。バグワンは『祝福された人』を意味する——それは〝運良く自分の実存を認識した人〟という意味だ」

「それにはキリスト教的な関連はない。あなたが『神』と言う時、それはまるで私が世界を創造したかのような印象があるが、そういうことと私は関係ない！　私はこの世界を創造したことはない。私はそれほど馬鹿ではない。キリスト教は神を世界の創造主と考えている。バグワンは全く違う。それは世界を創造することとは何の関係もない。それは単に、自分自身を神として認識した人を言う。その認識の中に祝福がある。その認識に天恵がある。その人は祝福された人になった」

「私が自分をバグワンと呼ぶのは、私が自分自身を尊重しているからだ。私は私のままで途方もなく満たされている。私は祝福された人だ。私には不満はない。不満がなく、生の瞬間瞬間が満ち足りたものである時……未来に何も望まない時、現在が満ち満ちて、溢れ出していて……切望するものがない時——それがバグワンの意味だ」

「だから仏陀をバグワンと呼ぶのだ。彼はその宇宙論の中で神を否定した。彼は、神はいない、創造者はいないと言う。キリスト教徒は、仏陀が神や創造者はいないと言うと、非常に困惑する。それならなぜ、仏教徒は仏陀をバグワンと呼ぶのだろう?」

「バグワンについて私たちが意味するものは、完全に異なっている。私たちが彼をブッダ、バグワンと呼ぶのは、彼にはもはや何の欲望もないからだ。彼は満足している。彼は幸せで、我が家にいる。彼は家に帰ってきた――それが彼の恵まれているところだ。今や彼と存在の間には何の衝突もない。彼は調和し、存在と一致するようになった。今、彼と全体は二つの別々のものではない。彼らは同じように振動する。彼は全体のオーケストラの一部になった。そして星や木や花や風や雲や海や砂の、この大きなオーケストラの一部になることによって、彼は祝福を受けるようになった――私たちは彼をバグワンと呼ぶ」

「私が自分自身をバグワンと呼ぶ時、私はただ単に、あなたにこう言っている。『私を見なさい――バラが開花した。そして私に起こったことはあなたに起こり得る。だから自暴自棄に感じることはないし、落胆することはない。私を見ればあなたの希望は戻り、絶望することはなくなる』

「私自身をバグワンと呼ぶのは単なる方便だ。そんなことはいつでも止められる。その連鎖反応は、その方便が機能し始めたと思った時に始まっている。私がもうそれは必要ないと……少数の人々は炎になったと思ったら、その時彼らが充分な証拠になる。自分をバグワンと呼ぶ必要はなくなる。彼らが充分な証拠となる。もし私のサニヤシンが何人か開花し始めたら、私は自分自身をバグワンと呼ぶのを止める。それは方便の成果が出たということだ」

ＯＳＨＯは旅を通しての数年間で、彼のファミリーの一員となる人たちを静かに探し出していった。ＯＳＨＯは自らの瞑想テクニックを通して、勇気ある追随者を集めることができた。彼らはＯＳＨＯのビジョンを共有し、垣間見ただけの新しい世界を熱心に探索しようとする人たちだった。メッセージは届けられ、道は示された。人々を目覚めさせようと、遠くから呼びかける声は響き渡った。今度はその流れが川へと成長するのを座って見守る時期だった。

西洋からますます多くの人々を引き寄せたことで、彼が配慮と慈悲を、非常に広い規模で広げ始めたのは明らかだった。それはまるで、ＯＳＨＯが巨大な門を開いていたかのようだった。それは世界中の人々が通れるくらい巨大だった。あるいはＯＳＨＯ自身が、多くの人々がそれぞれの道で探求を続けられるほどの広い門になったのだと言ってもいい。ＯＳＨＯは彼を訪れる探求者たちの本性、深さ、質を知り尽くしていた。彼はこうした探求者たちの生に変容をもたらす、来るべき数々の実験に関しても細かく準備していた。

一九七〇年七月一日から、一九七四年三月二十日までの彼のムンバイでの年月は、選ばれた個々の探求者たちとの個人的で強烈な出会いの年だった。彼はそれぞれの個人と直接、親密に、面と向かって出会った。この頃、希望者はその日のほとんどどんな時でも、彼に会うことができた。彼はこれらの初期の弟子たちと共に、ワークを始めたと見ていい——それはまるで彼が自分の根を広げるかのような、彼の根が、スピリチュアルな目覚めを目的とする世界的な運動を始めるための地盤を、探していたかのようだった。

ＯＳＨＯと接触した最初の数百人ほどの西洋の探求者たちは、そのほとんど九十パーセントが彼の生涯の道連れとなった。彼らのほとんどは、もっぱら短期間の訪問者としてインドに来た。彼らは短い期間の間やって来てＯＳＨＯに会い、個人的な問題を解決して、ＯＳＨＯのワークへの参加の準備をすべく国へ帰った。彼らはＯＳＨＯが世界中を旅する媒体としての役割を果たした。彼らはＯＳＨＯのスピリチュアルなメッセージを、世界中に伝達する神聖なパイプ役だった。ＯＳＨＯと共に在るためにやって来たこれらの初期の入門者たちと接触した何百人もの人々は、遅かれ早かれ、彼に深くのめり込むようになり、拡大する彼の「ファミリー」の一員になった。

これらの初期の弟子たちは、ＯＳＨＯがずっと示してきた質と同じものを見せた。彼らは非常に勇気があり、反逆的、創造的で、新しい宗教的意識を生み出す大きな可能性があった。最初、ＯＳＨＯがムンバイにいた頃にやって来た多数の西洋の探求者は、後にＯＳＨＯがプネーに移ってからは、数千人に膨れ上がった。異なる文化に家庭環境、宗派も違えば霊的信仰も異なっていたが、彼らには一つの共通点があった。彼らの精神は熟していて、ＯＳＨＯのエネルギーと指導を受け入れるだけの準備ができていた。ＯＳＨＯはその頃もう既に、彼らの生を変容させる手段になるいろいろな技法、アプローチ、そして実験を考案することで、自分の創造的エネルギーを広げ始めていた。

ＯＳＨＯの初期の実験の一つでは、西洋の弟子たちをムンバイから離れた農作業コミューンに送り、そこで生活させた。一九七三年に、ＯＳＨＯと共に在るために南アフリカから来たスワミ・アナンド・ヴィートラグは、三十五人の男女のサニヤシンたちで始まったこのグループのリーダーにされた。サマーパンと名付けられた別のコミューンは、グジャラート州のムンバイから二百九十キロメートル北東にあるバロダの郊外に設立され、何人かのサニヤシンたちはこのコミューンへ送られた。農場と宿泊施設がスワミ・スワルパナンド・バルティとマ・スワルパナンド・バルティによって提供された。その場所は西インドのマハラシュトラの中央に位置していた。それは非常に原始的な田舎風の環境だった。最も近い村は農場から一キロメートル離れていて、最も近い町サルリは約十キロメートル、そして最も近い都市チャンドラプールは、約七十キロメートル離れていた。ヴァンガンガ川に位置していたもう一つの農場、カイラシュは、持ち主であるマ・アナンド・マイがこの実験のために提供した。

コミューンとその周辺の状況は、独立した裕福な生活に慣れていたこれらの人々のための、真の試金石だった。彼らは小さな小屋に住み込んで野原へ働きに出て、そしてお互い一緒に暮らさなければならなかった。たとえ彼らが異なる国、異なる環境からやって来たとしても、それ以前にはお互いを知らなかったとしてもだ。コミューンはある状況を作るための手段であり、そこで弟子たちは、自分のエゴを明け渡す方法を学ばなければならなかった。このエゴを明け渡すこと、または落とすことは、一般の明け渡しの理解とは異なる。それは弱さのために圧制者や敵に服従するとか、指導者的な人が気まぐれで、その人の自由や身体、精神《マインド》や持ち物を手放す、という意味ではない。スピリチュアルな意味で弟子が試されているのは、コミットの度合いやエゴを沈める力だったり、エゴや所有物、人、条件づけに対する執着を、完全な覚醒を持って自由と喜びの体験に向けて明け渡せるか、といったことだ。

この意味での明け渡しは責任の放棄ではない。むしろそれは古い信念や価値観を捨て、エゴを超越して宇宙と一つになり光明を得たマスターの説く生のビジョンに明け渡すことで、新たな冒険に出ることだ。この種の明け渡しがあってこそ、コミューンには「仕事」というものがなくなる。それはただ、あなたを通じてもたらされているものに過ぎない。その仕事は審美的な質をおび、誰もが互いに調和し合うような雰囲気が作られる。

最初は全てが混沌としていた——そこには適切な設備や利用できる材料は全くなく、コミューンの中の誰も現地の言葉を知らず、そして何よりもＯＳＨＯによって与えられる指針や指図は、何もはっきりしていなかった。彼はスワミ・ヴィートラグに、何をする必要があるのかを自分自身で理解させたかった。仕事は厳しかった。それは野原で働くこと、レンガを積むこと、庭を作ること、町で必需品を買うことなどが含まれた。一日は朝四時のダイナミック瞑想で始まり、その後、家の掃除をして、それから朝食だった。朝の雑用は十時まで続いた。その頃までに気温は、時には四十九度に達したので、昼間にサニヤシンたちは川で涼んだ。四時に彼らは仕事を再び始めて、夜七時に終えた。夕食後、スーフィー・ダンスか、またはワーリング瞑想があった。彼らは九時にベッドに就いた。

スワミ・ヴィートラグ曰く「それはグルジェフ・スタイルだった。仕事《ワーク》を除いて他にすることは何もなく、考える必要もなく、メインは仕事だった。全ての焦点は、明け渡しの精神で働くことにあった。コミューンを導き、また影響を与えた主要な要素は、グルジェフの『ワーク』だった」

当時の状況についてヴィートラグはこう続ける、「それは困難で、人々は様々な条件に強い反応を示したが、彼らは愛と受容性をもって、コミューンで生きる方法を学んでもいた。それを受け入れられなかった人たちは立ち去った」

全ての実験は、後にプネーで展開することになったものの一種の原型だった。コミューンは一九七四年八月まで十ヶ月間続いた。ＯＳＨＯがプネーに移った時、コミューンのメンバーたちはカイラシュを去り始め、プネーにいるマスターの周りに集まった。

西洋人のサニヤシンたちが、カイラシュやサマーパンのようなコミューンに送られた頃、インド人のサニヤシンたちは、異なる町や村に小さなグループで送られた。それぞれの小さなグループは、キルタン・マンダリと呼ばれた。サニヤシンたちは祈りの聖歌や歌を歌い、瞑想を行ない、ＯＳＨＯのヒンディー語での講話テープを再生した。これらのサニヤシンたちにとっても、実験は同じだった——悪条件の下で、不慣れな、または心地よくない環境の中で、どのようにエゴを明け渡すか、そしてどのように愛と受容性の中で生きるか。これらのグループもＯＳＨＯがプネーに移るまで続いた。

過去の強烈な旅が、その期間の貧しくて不規則な食事条件と相まって、ＯＳＨＯの健康に負担をかけ始めた。彼の糖尿病と喘息は悪化した。また、さらに広い恒久的な場所が必要であることも明らかになった。ラクシュミは、広いアシュラムのための適切な用地を探すために送り出された。彼女はプネーを選んだ。そこはムンバイから南東百三十キロメートルの高い丘にあり、その快適な気候、歴史的な重要性、伝統的な町として、またごく最近ではメハー・バーバのような光明を得た存在たちとの関連もあって、非常によく知られていた。OSHOの友人たちは、公益信託ラジニーシ・ファウンデーションを設立した。それはプネーの町の郊外にある美しく華やかな環境に包まれた、約六エーカーに広がる場所を購入した。

彼の光明から正確に二十一年後、一九七四年三月二十一日に、OSHOは七人の弟子たちとともにプネーに到着し、彼のワークは新たな段階に入った。OSHOの光明を得た記念日と、彼の到着を祝う祝典がプネーの十七コレガオン・パークで行われた。その場所はシュリ・ラジニーシ・アシュラムと名付けられた。

第5章
シュリ・ラジニーシ・アシュラム：合流の場
Shree Rajneesh Ashram:A Place of Confluence

1975

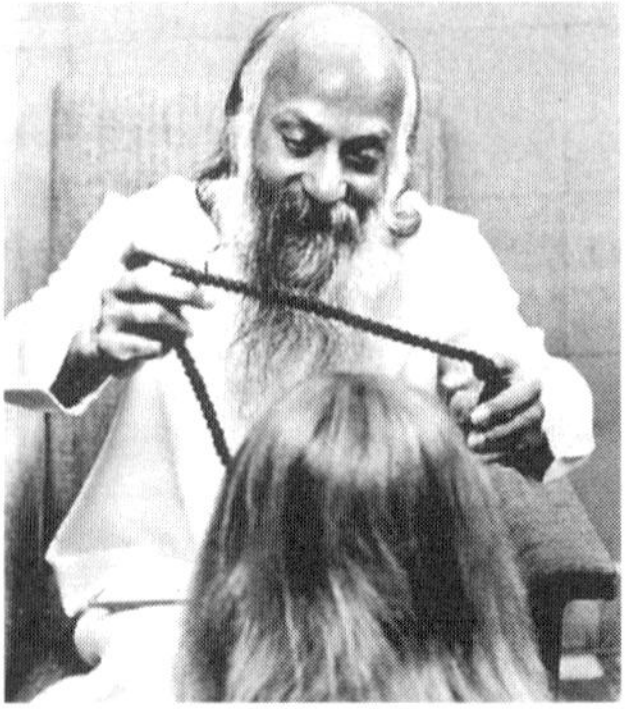

1974、新しい弟子にサニヤスを授ける

イブニング・ダルシャン

マ・ヨーガ・ヴィヴェークとマ・ヨーガ・ラクシュミ

父親に最後の祝福を与える

初期プネーでの講話

一九七四年三月、プネーへ移動する前、OSHOは自分が新しい「局面」に入っている徴《しるし》を示した。ラジャス・グナの火とその爆発的な力がどのようにして終わったか、そしてサットヴァの質がどのように始まったのかについて説明した。

「もうあの炎は消えている。夕方、太陽の光が引いていくように、漁師が漁網を引き上げるように、私もゆっくり引きこもりつつある。私が引きこもるというのは適切な言い方ではない。その引きこもりは自動的に起こる。なぜなら三番目の、サットヴァ・グナの段階が始まったからだ。よって私が徐々に活動から引きこもっていく様を、皆は見ていくことになるだろう」

気候の変化に伴ってさらなる健康の悪化も見られ、OSHOは急性喘息に苦しみ、アレルギーにひどく過敏になった。だが病弱であるにもかかわらず、彼はダルシャンを行ない続け、OSHOの前で行なわれるミーティングを朝の芝生の上で続けていた。彼は到着した弟子か、どこかに旅立つ弟子たちにだけ語った。面談はくだけたもので、OSHOは時々、弟子たちにこう言って注意を促した。

「……芝生の上で私の近くにいる時は、正直かつ真実で在りなさい。知的な質問をしてはいけない。それらは役に立たない。どんな形而上学の質問もしてはいけない。それらは真実ではないし、あなたに属したものではない。どんなナンセンスでも、それをあらわにしなさい。それを操ろうとしたり、合理化しようとしてはいけない。またはそれを練り直そうとしてはいけない。可能な限りナンセンスに手を付けずにいなさい。なぜならマスターの前では、あなたは裸でいるべきだからだ。あなたは服を着るべきではないし、あなた自身を隠すべきではない」

——*The Sound of Running Water: A Photo-Biography of Bhagwan Shree Rajneesh and His Work 1974-1978. Ma Prem Asha, Rajneesh Foundation, 1980.*

一九七四年四月、ＯＳＨＯは病気にもかかわらず、バガヴァッド・ギーター（第十六章）についての講話を八日に渡りヒンディー語で行なった。そのシリーズが終わった後、ＯＳＨＯはほとんど完全な沈黙に入った。彼はこの先講話をすることに関心があるようには見えなかった。彼はプネーでも居心地が悪いように見え、ムンバイの近くに別な場所を見つけるように要求して、あらゆる人を驚かせた。彼の計画はプネーのアシュラムを居住施設のある瞑想センターとして残し、ＯＳＨＯ自身は別な場所に住む、というものだった。

その間、瞑想はアシュラムの近くのエンプレス植物園と呼ばれた場所で始まった。その場所は二つの主なグループ瞑想——朝六時のダイナミック瞑想と、夕方のワーリング（スーフィー）瞑想にふさわしいところだった。

喜ばしいことにＯＳＨＯはゆっくりと回復し始めた。彼はしばしば庭園を散歩し、その環境を楽しんでいるように見えた。結局ＯＳＨＯはプネーに滞在することが四月三十日に発表され、アシュラム周辺の資産を獲得するための交渉も進行していた。アシュラムには新しいエネルギー、喜び、そして方向感覚が漂っていた。彼の最初の英語の講話シリーズが一九七四年五月にプネーで始まり、出版された時は『*My Way: The Way of White Clouds*』という題名が付けられた。

それでもＯＳＨＯの引きこもった状態は続き、一九七四年六月以後、彼は瞑想の個人指導を止めた。その代わりに、空っぽの椅子が持ち込まれて中央の壇に置かれた。それは彼のワークの、新しい局面の始まりを明示した。マスターは存在していたが、今や彼の弟子たちはより微妙なレベルで彼を感じなければならなかった。彼はこう説明した。

「私は常にあなたと共にこの肉体の中にいることはできない。いつの日か、物質的な乗り物は手放されなくてはならない。私のワークは自分に関する限り完結している。私がこの物質的な乗り物を持ち運んでいるとしたら、それはひとえにあなたのためだ。いつか、それは手放されなくてはならない。それが起こる前に、あなたは私がいなくても、私が非物理的な存在であっても――それらは同じ意味だが、ワークをする準備ができていなくてはならない。一度私がいなくても私を感じられたら、あなたは私から解放される。その時は、たとえ私の身体がここに不在でも、接触は失われないだろう」

アシュラムでのサニヤシンたちの典型的な一日は、朝六時に一時間のダイナミック瞑想で始まった。この後サニヤシンたちは支度をして、その日のＯＳＨＯの講話を聞くために集まった。ＯＳＨＯは八時に、老子ハウスとして知られたＯＳＨＯの住まいの一部であるチャン・ツー・オーディトリアム（荘子堂）に到着した。講話は一ケ月ごとに英語とヒンディー語が入れ替わり、約二時間に渡った。講話の後サニヤシンたちは朝食を食べ、その後、彼らは仕事を割り当てられ、（アシュラムの施設のメンテナンス、ＯＳＨＯの本や講話に関する仕事、広報活動等）毎日少なくとも六時間忙しく働いた。毎月十一日から十日間の瞑想キャンプが行なわれ、毎日五つのグループ瞑想が行なわれた。世界中からやって来たサニヤシンや非サニヤシンの訪問者たちが瞑想キャンプに参加した。一九七五年以降、セラピー・グループも瞑想キャンプの間やその後に実施された。

アシュラムにやって来る人々の流れは着実に、とりわけ西洋から増加していた。七十年代前半にＯＳＨＯと接触した数人の西洋人たちは、著名なグループ・セラピーのリーダーたちだった。彼らはすぐにプネーに定住した。これらのセラピストたちは、ヨーロッパやアメリカで手に入る全ての富や名声といった報酬を手放していた。なぜなら彼らは自分の中に欠けていた何か——瞑想的な質——をＯＳＨＯの中に見出したからだ。彼らはＯＳＨＯから〝瞑想的であること〟を学ぶために来た。そして彼らは知った——全体論的心理学《ホリスティックサイコロジー》を熟知し、それを手段として、個人をさらに瞑想的にさせる霊的な力を持つ唯一のマスターがＯＳＨＯなのだと。

これらの著名なセラピストたちの何人かには、本名をポール・ロウといい、ヨーロッパ初、最大の成長センター『クェジター *Quaesitor*』の創設者であるスワミ・アナンド・ティルタや、本名がマイケル・バーネット、非常に好評を博した本『*People Not Psychiatry*（精神医学ではなく人々を）』の著者であるスワミ・アナンド・ソメンドラ、そして、本名がレナード・ズーニンで、カリフォルニアの心理学者であり、アメリカ精神医学神経学会の会員であるスワミ・プレム・シッダなどがいた。エンカウンターと原初療法は一九七五年四月に始まった。ＯＳＨＯはセラピーの必要性をこう説明している。

「それが必要とされるのは、現代の人々が宗教的であることを忘れてしまったからだ」

この必要性に留意して、ＯＳＨＯはサニヤシンたちに、これらのセラピー・セッションを受けることを必須にした。「私のコミューンではそれを必須にした」と彼は言う、「誰もがセラピーを通過しなければならない。セラピーは、内側に抑圧してきたガラクタの重荷から、あなたを解放する助けとなるだろう。それらはあなたを浄化する。そして澄んだ、汚れのないハートの中で初めて祈りが可能となる。そして祈りが生じる時、奇跡が起こる」

アシュラムでのテクニックのいくつかは、怒り、恐れ、嫉妬、貪欲といった抑圧された感覚や感情を勇気を持って探れるように、特別に考えられたものだ。これはこのプロセスの第一段階を構成し、感情的な障害物《ブロック》を取り除き、エネルギーが障害なく流れるようにする。この段階の後は、上級グループに進むことができる。上級グループはエネルギーが実存のあらゆる側面を流れるよう、エネルギーが肉体的、感情的、精神的、超越的側面を通って流れるよう、その手助けをする。本質的にＯＳＨＯのサニヤシンたちにとってセラピーのプロセスとは、変容に向けた第一歩であって終着点ではない。それは究極の自由の探求の始まりだ。

セラピーを紹介しながらも、OSHOは常に探求者になることに、セラピーから瞑想へ進むことを重要視してきた。彼は次のように説明する。

「マインドがあなたの唯一の問題だ。他の全ての問題はマインドの派生物に過ぎない。瞑想はマインドを根そのものから断ち切る。これら全てのセラピー――ゲシュタルトやヴォイス・ダイアログ、フリッツ・パールズ（ドイツ系ユダヤ人の精神科医）の考案したもの――は、まだ瞑想に入ったことのない人たちのために利用可能だ。そうした人たちがマインドについての理解を少しでも深められるように、そこから外へ出るための扉を見つけられるように、セラピーは利用できる。私たちは役立つ全ての種類のセラピーを使っているが、それは瞑想者のためではない。それらはただ、あなたがまだ瞑想に慣れていないその始まりにおいて役立つだけだ。いったんあなたが瞑想的でいればどんなセラピーも必要ないし、その時はどんなセラピーも役に立たない。しかし始まりにおいてはそれは役に立てる。それもとりわけ、西洋人のサニヤシンたちにとってだ」

全体論的心理学の主要部門のほとんどすべてがアシュラム・グループの中に含まれていた。エンカウンター、原初療法、ライヒ派セラピー、ゲシュタルト、バイオエナジー療法、ロルフィング、アシュラム特有のテクニックを多く含むマッサージなど……これらは人間のエネルギーに効果をもたらすべく作られていた。毎年訪れた何千人もの群集には、医者や法律家、芸術家やジャーナリスト、商業者や心理学者、聖職者の他、アシュラムのグループ・プロセスを通して個人的な変容を探求していた人たちが含まれていた。

西洋で行なわれているグループと、ラジニーシ・アシュラムでのグループとの基本的な違いは、人間性に洞察を与えたOSHOの現存だった。本名をアラン・ロウエンと言い、オックスフォード大学の心理学で、大学院の研究活動を打ち切って来たスワミ・アナンド・ラジェンは、アシュラムでのこの独特なグループの特色についてこう述べている。

「良いセラピストたちは、自分よりも人間の精神をよく理解している人を常に捜しています。この意味で、OSHOのような光明を得たマスターは、究極のセラピストです。サニヤシンになり、彼の指導の下でセラピーを実践することで、これまでの理解の限界を超えた所へOSHOに導いてもらっています」

セラピストは、マインドがどのように働くのかを知っている。しかしマスターはマインドを超えて行き、人の実存の最も深い核に触れる。だからマスターは単なる〝究極のセラピスト〟ではない。彼ははるかにそれ以上のものだ。西洋のセラピストたちは自分自身をマスターとして投影し始めたが、質的にマスターとセラピストは二つの完全に異なるものだ。マスターとセラピストの区別について、OSHOはこう説明する。

「あなたの表面があなたではない。あなたとはあなたの深みだ。医者もセラピストも、その深みに触れることはできない。その深みは、マスターによってしか触れることはできない。なぜなら彼がその深みだからだ。マスターはノー・マインドだ。それがあり得る最大の違いだ。マスターはノー・マインドだ。彼は方法について何も知らない。彼は弟子に自分の無を手に入れさせるが、その無は治癒する力になる。精神療法家《サイコセラピスト》は治そうとするが決して成功しない。マスターは決して治そうとしないが、常に成功する。彼の愛が彼の療法《セラピー》だ……。ただマスターと共にいることが、治癒状態にいることになる。マスターはセラピストではないが、彼の存在はセラピーだ。彼の存在は治癒する、それもとても多くの生の傷を治癒する。しかし彼の治癒過程は心理学的ではない。それは実存的だ」

アシュラムのグループが独特でもあったのは、それらが社会や人格によって設けられた通常の限界を、越えていたからだ。それらは自由な中でより強烈に機能した。しかしながらこれらのグループの自由と激しさは、インドと西洋の両方で耽溺や乱交と誤解され、これらのグループに関する大きな論争が起こった。論争はあるグループにより多く集中した。それは私たちの性的な抑圧を明らかにするのを助け、セックス・エネルギーを愛に、そして更に高く、祈りへ変容させようとしたグループだった。ＯＳＨＯはこれらのグループの実験についてこう語っている。

「これらは新しい実験ではない。これらは何世紀にも渡って、タントラの探求者たちによって試みられてきた。長い間、サラハやティロパやカルパがそれを試みた。私は初めて、これらの実験に科学的な基盤を与えようとしている。これらの実験は非常に長期間、秘密のうちに行なわれた。これらの実験は経典の中に記述されているが、一般の人には決して知らされなかった。一般人はタントラの敬意の対象とはみなされていなかったからだ。私は一般人に敬意を払っている。なぜ、一般の人がそれほど無視されなければならないのだろう。更に、彼にはこれらの実験を利用するための機会が与えられるべきだ。エネルギーを上昇させる方法を一般人が知ってはいけない理由などないし、騙されなくてはならない謂れなどない。性器を通して消散されるエネルギーが上昇して、最上位のチャクラ、サハスラーラに、蓮の花に達する――そうした機会を、エネルギーに与えてはいけない理由などない」

「私は今日まで隠されてきたものを、明らかにしている。それが私の唯一の違反行為だ。これのために、私は何千もの困難に直面している。しかし私はどうしてもこれらの実験を止めるつもりはないし、実験を強化していくつもりだ。それはますます多くの人々に広まるだろう。聞く意思を持った人たち、生命エネルギーを、低いものからより高次のものへと変容する方法を理解したいと望む全ての人たちにとって、これらの実験は利用可能なものとなる」

――*Rajneesh Foundation Press Office Files*

人が自然に愛する時――すなわち低次のものを含めて自分の感覚や感情を受け入れる時、人は変容に向かう、というのがＯＳＨＯの観察だ。しかし彼は、この自然な状態が達成され得る前に、人はまず自分の中にある不自然なものを、勇気を持って正直に見なければならない、ということを付け加える。そしてこれがグループの役立つところだ。ＯＳＨＯは「セラピー・グループの目的は、参加者を彼の自然な自己へ連れ戻すことなのでしょうか？」という質問に答えて、こう説明する。

「セラピー・グループの目的は、参加者たちを彼らの自然な自己へ連れ戻すことではない。まったく違う！セラピー・グループの目的は、自分の不自然さが見える場所へ、あなたを連れて行くことだ。誰もあなたを、あなたの自然な自己へ連れて行くことはできない。あなたをあなたの自然な自己へ連れて行くことができる技法、テクニック、方策などはまったくあり得ない。なぜならあなたがすることは全て、あなたをますます不自然にさせるからだ」

「それならセラピー・グループの目的は何だろう？　それは、あなたが自分の存在の中に発展させてきた不自然なパターンに、ただ気づかせることだ。それは単に、あなたが自分の生の不自然さを見るのを助けるだけだ。それが全てだ。あなたがそれを見始める時、それは消え始める……。不自然だと分かったら、もうそれを支持することはできない。自然なものはあなたの協力なしに存在できても、不自然なものは存在できない。いったんそれが不自然だと分かったら、それを掴んでいる力は緩くなる。拳は自然に開く」

「グループは、あなたの拳を開くための手段ではない。それはただ、あなたがしていることは不自然である、ということに気付くのを助けるためのものだ。まさにそのことに気付くとき、変容が起こる」

インド人たちにはなぜ、セラピー・グループへの参加を勧めなかったのかと ＯＳＨＯ は何度か尋ねられた。それに答えて ＯＳＨＯ は、西洋の人々の必要性は、東洋人のそれとは違うと指摘している。東洋の心理学は、西洋とは著しく異なるということもだ。彼はこう述べている。

「西洋で古くから発展してきた心理学は、外向的で外側へ向かう。東洋で発展してきた心理学は内向的で、それは内側へ向かう。真の東洋人には成長グループは必要ない。彼にはヴィパッサナや坐禅のような、外側の世界をすっかり忘れて、ただ彼自身の存在に没頭できる瞑想が必要だ。彼にはどんな関係性も必要ない。関係を持つ必要はない。世界から自分を切り離すことだけが必要だ……。成長グループが必要なのは、関わりを持ったり、愛したり気持ちを伝えたり、こうした大きな必要が皆にあるからだ。西洋の根本的な問題は、どのように気持ちを伝えるか、どう関わるかだ……。これは異なる心理学だ。どちらも究極に至る手段には違いない。一つは瞑想、もう一つは愛だ。東洋は瞑想のための知性を養い、西洋は愛のための知性を養ってきた。愛は関係性を意味し、瞑想は非関係性を意味する」

ＯＳＨＯは、東洋と西洋の違いを超える真の可能性を見た。そのためグループや瞑想による実験はその違いを解消することと、新しい人間を創造することに向けられた。そうした人は、あらゆる行動パターンや行動に対する条件づけや、東洋的なものや西洋的なものから自由になる。これを成し遂げる唯一の方法は、ＯＳＨＯが瞑想的な空間と呼ぶものを作ることで成り立つ。これがセラピー・グループと瞑想の最終的な目的、またはゴールだ。

ＯＳＨＯがプネーに落ち着いた後、ときおり彼の両親がアシュラムを訪れた。そしてＯＳＨＯの母は一九七一年に彼からイニシエーションを受けたが、ダダーはいくつかの深い瞑想の体験をするまでは、自分にはスピリチュアルな準備ができているとは感じていなかった。その感覚は、ある時期の訪問中に強いものとなった。一九七五年十月十九日、ダダーはＯＳＨＯの弟子になり、スワミ・デーヴァティルタ・バルティという新しい名前が授けられた。

父親が彼自身の息子の弟子になること——それは本当に希有な現象だった。彼の父のイニシエーションについてＯＳＨＯはこう語っている。

「イエスの父は、イニシエートされるためにイエスのところへは決して来なかった。洗礼者ヨハネは多くの人たちをイニシエートしたが、彼自身の父がイニシエートされるために来ることは決してなかった。クリシュナの父は彼の弟子ではなかった。私の父は希有だ。それは彼が私の父だからではない。私の父はとにかく希有なのだ」

ＯＳＨＯが探求者の内的な世界に平和をもたらして、静かな革命を導いていた一方、インドはいつしか混乱状態になっていた。インドは一九四七年に英国の統治から独立して以来、最大の政治的激変に直面しようとしていた。インディラ・ガンジー首相の政治と彼女の政府に反対した政党は、老練な指導者ジャヤ・プラカシュ・ナラヤンの下に団結し、ガンジー女史の政府への全国的な反対運動を展開した。

状況が余りに危機に瀕したため、ガンジー女史は一九七五年の終わりに非常事態を宣言した。その下で多くの市民権は一時失効し、報道管制が敷かれ、反対運動の指導者たちは投獄された。また、あえて政府にトラブルを引き起こそうとした人たちには、強硬策が取られた。

しかしこの民主的プロセスの破壊は、彼女への更なる反対運動と敵意をもたらした。彼女は国外の報道機関から厳しい批判を受けた。圧力が強まり、最終的に彼女は総選挙の実施に追い込まれた。ガンジー女史への国民の不信任は圧倒的なものとなり、彼女の政党は選挙に負け、ジャナタ党の名の下に反対派の連合が圧倒的勝利を収めた。新しいジャナタ党は一九七七年の中頃に政権についた。

この政党の最高幹部の一人が、首相にもなったモラルジ・デサイだった。デサイは保守派で宗教に偏狭な考えを持つ典型だった。権力の座にあった間中、デサイはOSHOと彼の門下たちを悩ませた。一九七八年、OSHOはデサイの彼への敵意の原因を明らかにし、こう述べた。

「モラルジ・デサイはずっと私に反対してきた。私との対立は少なくとも十五年間続いた……。こうした末に政権の座につき、今、デサイの中のファシストが表に出てきている……。かつて私がマハトマ・ガンジーを批判し始めた時、デサイは、私がグジャラートの彼の管轄区に入るのを阻止したいと思っていた……。しかしデサイはどうすることもできずに十五年間、私のことで負った傷を胸の中に抱え続けていたのだ」

デサイはOSHOとアシュラムに対し、一種の反対運動を行なった。ガンジー主義への強い支持と、彼の厳格で伝統的な態度とOSHOの考えへの猛烈な反対から、彼はアシュラムとサニヤシンたちに対し、問題を可能なかぎり頻発させるべく自身の影響力を利用した。OSHOはデサイの攻撃に率直に応えて、「彼はここで何が起こっているのかを少しも理解していないようだ……。彼は政治ゲームをすることしか知らない」と、はっきりと述べた。

状況はインドの報道機関によってさらに誇張され、ＯＳＨＯとアシュラムについて掲載された記事は、扇情的で不正確なものだった。さらに複数の宗派の指導者たちも、ＯＳＨＯと彼の教えを批判し始めた。ＯＳＨＯは世間がこうした否定的な反応をする理由を説き、また自身のビジョンと自身のワークの本質を説明することで、こうした様々な歪曲した情報に対応した。

「私について彼らがみんな腹を立てているのは、私が偽善者ではないからだ。私は生きたいように生き、自分の生に当てはまることを話す。例えば、私は生とその喜びに反対していないからそのように言うし、そのように生きる。もし私が表面上、乞食のように生き、路上で裸で飢えていたら、もっと気にいられただろう……。私は苦行者ではない。私は今ここで楽園に生きているし、あなたにも、今ここで楽園に生きるよう教える。まさにこの地球が楽園だ。まさにこの身体がブッダだ」

「私は私の人々に、唯一無二の生を生きることを教えている……。自然でありなさい。私は仏陀とゴータマ・ザ・ブッダとギリシャ人ゾルバが、よりいっそう近づいて一つになって欲しいと思っている。私のサニヤシンは『ゾルバ・ザ・ブッダ』でなければならない」

「私は物質・精神主義者だ。人々が困惑するのはこの点だ。彼らはこれを想像さえできない。物質主義者は精神主義とは正反対のものである、と彼らは常に考えてきた。この二つを私はもっと近づけようとしている。実際、それはそういうものだ。あなたの身体は魂に対立するものではない。でなければ、それらが一つである理由はない。そして神は世界と対立していない。でなければ、世界を創造する必要はない」

「それが、私がここでしているワークのすべてだ。そして私は、なぜデサイがそれをひどく嫌うのかが理解できる。彼は伝統主義者であり、正統派ヒンドゥー教徒で、何のビジョンもなく、生への洞察も何もない。彼はただのファシスト・ヒンドゥー教徒だ。そして私の生へのアプローチは、個人の自由、個人の完全な自由に根差したものだ」

「その人が他を脅かす存在にならない限り、個人への干渉はすべきではない……個人一人一人がありのままでなければならないし、ありのままの自分でいるために、充分なスペースを与えるべきだ。それを、ファシスト・マインドは許せないのだ」

OSHOのビジョンの実現に向けて、新しいコミューンの建設用地購入にアシュラムは尽力していたが、デサイと彼の政府が政権の座にあった間、官僚の妨害によって阻止された。またインド政府も、誰であれプネーのラジニーシ・アシュラムを訪問したい人に対してはヴィザを拒否するよう、在外インド大使館に指示した。民主的権利を弾圧したと言ってガンジー女史を批判し反対した人々や、民主主義や世俗主義、報道の自由を支持することを公約に掲げて政権を握ったまぎれもなく同じ人々が、OSHOとラジニーシ・アシュラムに、民主主義的原則に反した行為をしていたことが明らかになった。

外側の世界によるOSHOとアシュラムへの扱いをよそに、アシュラムの中での活動は順調に前進し、成長は続き、そしてますます多くの人々が彼に会うためにやって来た。彼の日課には、アシュラムのサニヤシンの小グループ、インドの他の地域や外国から訪れたサニヤシン、そしてたまに非サニヤシンの訪問者との面会が含まれていた。こうしたダルシャンは、マスターとの親密な交感が可能な場となり、マスターは探求者にサニヤスを授け、新しい名前の意味を説明した。彼は到着したばかりの、または彼らの母国へ帰ろうとしているサニヤシンと談話をし、深い愛情と慈悲をもって一人一人と話をし、何か彼らに問題や質問があれば力になった。

一九七九年二月以後、こうしたダルシャンに新しい形と次元が与えられた。それは「エナジー・ダルシャン」と呼ばれ、構成が変えられた。ダルシャンでサニヤシンの問題や質問に直接答える代わりに、OSHOが彼らからの手紙を読み、それからマ・ヨーガ・ラクシュミを通して返事を彼らに送った。サニヤスの授与は、OSHOが新しい名前の意味を説明する際、より念入りに詳しく述べるようになったこと以外は従来通りだった。到着と出発のダルシャンは「祝福ダルシャン」に変わり、ダルシャン中はOSHOとの会話はなかった。OSHOは親指か人差し指で（彼の前で眼を閉じて座っているサニヤシンの「第三の目」としても知られている）額の中心を押しながら、マスターから弟子へのエネルギーの伝達を行なった。

「祝福ダルシャン」の後、サニヤシン——とりわけ常時アシュラムで働いている人たちは、より強烈なエネルギーやエクスタシーを経験した。この間にはずっと、喜びと祝祭に満ちた雰囲気があった。OSHOが特定のサニヤシンの「第三の目」を押している間、他のサニヤシンたちは半円形になって、その周りで恍惚となって踊り、一団は音楽に乗って身体を揺らした。それは終始、そのエネルギーの流れに心を開く、またはその流れに完全に受容的でいる体験だった。

一九七九年六月、ムンバイから到着して以来、かなり良くなってきていたOSHOの健康は崩れ、彼は講話とダルシャンを止めなければならなかった。一九七九年六月十一日から二十日まで、サニヤシンたちはブッダ・ホールで彼と共に静かな音楽の瞑想に参加した。OSHOは、体調が良くない時は話さなかった。彼は数日間休んだ。講話も夕方のダルシャンもなかった。そして三日目で全ては良くなった。それでも彼は話に来ることはなかった。OSHOがいない間、ホールでは瞑想の一部として音楽が演奏され、それを楽しみながら、OSHOが来るのを待ちわびる弟子たちでいっぱいだった。講話を行なうホールの正面には大変残念ながら空っぽの椅子があった。四日目にOSHOはやって来て、壊れやすく穏やかな愛の息づかいが講話ホールの中へ、壇上へ、椅子の中へと流れ込み、その空間はOSHOの虚空によってさらに引き立った。

たとえ助けられなくても、マスターの身体の心配はできる——これは弟子たちにとって非常に素晴らしい体験だった。以前にも増して弟子たちはより強烈に愛情深く、祈りに満ちて彼を感じた。OSHOは病気から回復して、六月二十一日に朝の講話を再開した。彼はその朝、かなり親密に弟子たちに話をし、自分自身についてより具体的な話をした。彼は沈黙について、OSHOと静かに霊的に交わりながら座ることの価値について入念に語り、彼が近い将来に話すことを止めるかもしれないという事実をほのめかした。（彼は約二年後に話すことを止めた。） 次の引用は一九七九年六月二十一日の講話からのものだ。

「私の愛する菩薩《ボーディサットヴァ》たちよ……。時は熟した。そのための時が来た。私のここでの全てのワークは、ブッダフィールド、エネルギー場を作り出すことにある。ブッダフィールドとは、これらの永遠の真理が再び言葉にできる場所だ。それは稀な機会だ。ほんの時たま、何世紀かに一度、そのような機会が存在する……それを取り逃がしてはいけない。非常に油断せずに心を配っていなさい。これらの言葉に耳を傾けなさい。あなたの頭でだけでなくハートを用いて、全身全霊で――。これらの言葉に耳を傾け、自分の全体性を目覚めさせなさい」

「この沈黙の十日間の後は、仏陀を思い出すための、あなた方の間で彼を再び蘇らせるための、仏陀の風があなたを通過するようにさせるための、まさに最適な瞬間だ。そう、彼は再び呼び戻すことができる。なぜなら、誰一人消えたりする人はいないからだ。仏陀はもう身体のある人ではない。確かに彼は個人としてはどこにも存在していないが、彼の本質、彼の魂は今や普遍的な魂の一部だ」

「私はとても嬉しい。なぜなら私はこの十日間の沈黙の後、『皆の多くは、すでに沈黙の中で私と交感するための準備ができている』と言えるからだ。それは究極のコミュニケーションだ。言葉というのは不充分だ。言葉は物事を伝えても、部分的でしかない。沈黙のコミュニケーションは完全だ」

「そして言葉を使うことは、危険なゲームでもある。なぜなら私の真意は届かないまま、言葉だけがあなたに届き、それにあなたは独自の意味を、独自の色を与えるからだ。そこには、私が込めようとした真実と同じものはなくなってしまう。それは別の何かを、はるかに貧しい何かを含んでいるだろう。それはあなたの意味を含んでいるのであり、私の意味を含んではいない。あなたは言語を歪めることができる。それどころか、歪曲を避けることはほとんど不可能だ。しかしあなたは、沈黙を歪めることはできない。あなたはそれを理解するか、しないかのどちらかだ」

「そしてこの十日間、ここには二種類の人々だけがいた。理解した人と理解しなかった人だ。しかし誤解した人は一人もいなかった。あなたは沈黙を誤解することはできない。それが沈黙の美しさだ。その区分は絶対だ。あなたは理解するか、それともまったく理解しないかのどちらかだ。誤解するものは何もない」

「この十日間には奇妙な美しさがあり、神秘的な荘厳さをも持っていた。私はもはや、この岸には属していない。私の舟は長い間私を待っていた。私は去らなければならない。私がまだ身体の中にいるというのは奇跡だ。それは全てあなたの功績だ――あなたの愛の、祈りの、切望の功績だ。あなたは私に、この岸にもう少し居てほしいと思っている。そのため不可能なことが可能になった」

「この十日間、私は自分の身体と共に在るとは感じていなかった。私はひどく根こそぎにされたような、正しい場所にいないような感じを抱いていた。だから身体の中にいると感じていない時に、身体の中にいるというのは奇妙だった。また、もはや自分に属していない場所で生き続けるというのも奇妙だった。私の家は向こう岸にある。その向こう岸から私をしつこく呼ぶ声がする。だが皆が私を必要としているから、宇宙の慈悲で、もう少しのあいだ、身体にいることを許されているのだ。それは神の慈悲と言ってもいい」

「言葉は私にとって、ますます難しくなっている。言葉はますます努力の要るものになっている。私は何かを伝える必要があって皆に何かを言い続ける。しかし私はあなたに、できる限り早く準備を整えてほしい。鳥や鳥のさえずりに耳を傾けながら、ただ自分の鼓動に耳を傾けながら……何もせずただここにいて、ただ私たちが黙って座れるように……」

「できる限り早く準備を整えなさい。なぜなら私は、いつでも話すのを止めるかもしれないからだ。そしてそのニュースを世界のあらゆる隅々へ広がらせなさい。ただ言葉だけを通して私を理解したい人は、早く来なさい。なぜなら私は、いつでも話すのを止めるかもしれないからだ。それは前触れもなく、いつでも起こり得る――それは文章の途中でも起こるかもしれない。その時私は、その文章を完了させることはない！　そうしたら、それは永遠に不完全なままとなる。しかし今回は、皆が私を引き戻してくれた」

サニヤシンたちがエナジー・ダルシャンを楽しみ、祝祭の中で生き、創造的に働いている間、ある非常に強烈で意味ある体験が、まもなく起こることに誰も気づかなかった。それはＯＳＨＯの父、ダダーの死だった。ダダーとＯＳＨＯの母、兄弟、そして彼らの妻と子供たちを含む家族のほとんどは、一九七八年以降ガダルワラを離れてアシュラムで暮らしていた。ダダーが人目を引かずにいることは、まずなかった。ダダーは白髪で肉体的には老いていたが、顔には活力と喜びが表れていた。彼の輝く、笑いを湛えた眼は、内面の平和と満足を示していた。ダダーの家で毎週行なわれていたキルタン・セレブレーションでは、愉快な主人役を務めていた。

ダダーはしばらく前から体調が芳しくなかった。彼は一九七五年以降、六回の心臓麻痺を起こし、彼が肉体から離れる前の約一ヵ月半、心不全で入院した。以下は、その出来事を経験した私個人の感想を記したものだ。

それは九月のモンスーン時期の、じめじめしたある夕方だった。夕食後、私は自分の事務所で働いていた。三十分ほど働いた時、私は女性の声を聞いた。「スワミ、ダダーが死にました。ブッダ・ホールでお祝いがあります」。その知らせは青天の霹靂《へきれき》のごとくやって来た。私は直ぐに書類を脇に置いて立ち上がり、ブッダ・ホールで他のサニヤシンたちに加わった。そのニュースは私を他の一切のものから切り離した。ダダーの死は、ただただ私をその瞬間に押し込んだ。そして私はブッダ・ホールで静かに座っていた。

ちょうど一週間前、私は病室でダダーに会った。私は彼と約束をしていた。二人でＯＳＨＯについて語り合い、ダダーにOSHOの子供時代の話や出来事を話してもらうことになっていた。彼は相変わらず元気そうに見え、麻痺の発症からかなり回復しているようにも見えた。彼が入院してから五週間あまり経っていた。医者は次の数日以内に退院を保証した。しかし私が座って彼の足に触れた時、彼は私を見てこう言った。

「以前にOSHOについて既に話した以上のことを、話したいとは思っていない。私はもう人々に会うことが好きではない。私はもう食べる気さえしない。話を聞くために、わざわざ大変遠くからやって来たあなたにこんなことを言うのはすまないと思うが……」

私は彼に謝ることはないと言い、彼が充分に回復してアシュラムに戻った後で、会う機会を設ければいいと話した。私はアンマジ（OSHOの母）やシャイレンドラやアミット（OSHOの兄弟）と、少しのあいだ雑談した。彼の息子たちの助けを借りて、ダダーはゆっくり歩いて部屋の外へ出た。彼はひどい熱と、はなはだしい疲労感を訴えた。私たちは彼を部屋に連れ戻して床に就かせた。彼は眼を閉じて眠った。私はアシュラムに戻った。

一九七九年九月八日午後八時四十五分、ダダーは肉体から離れた。しかしこれは彼の肉体の死だった。彼はその日の早朝三時にはサマーディの状態に、マインドが身体から分離している状態に達していた。その永遠なるものの初めての一瞥が、ダダーに死の訪れを自覚させた。彼はOSHOに別れを告げたいから来てほしいと伝言を送ったが、その後すぐに「構わなくていい、来なくていい」という別な伝言を送った。それでもOSHOは父に会いに行った。

この死は並外れたものだったが、それは父と息子の出会い、マスターと弟子との出会いでもあった。二つの存在――すでに全体と一つになった存在と、全体に足を踏み入れようとしている存在の最後の対面だった。父は自分の息子を大変に愛した。OSHOは子供の頃から愛情を込めて彼に尽くした。ある時ダダーは私に、十五歳だったOSHOが、ダダーが病気を患っていた時、マッサージをしたり、医者に止められているにもかかわらず、密かに甘いものを食べさせてくれたことを懐かしげに語った。しかし今、この病気は最期のものであり、二人はもう同じ父と息子ではなかった。それは親密でいて執着のない関係を持った二つの存在の、驚くべき対面だった。

そしてその夜のおよそ九時頃に、素晴らしい祝祭《セレブレーション》がブッダ・ホールで始まった。弟子たちは泣き、踊り、「ハレルヤ」を歌っていた。まさにそれはOSHOが望んだ通りのセレブレーションだった。なぜならOSHOは次のように述べているからだ。

「ダダーは全く静かに、喜んで安らかにこの世を去っていった。彼は蓮の花のように世界から去った。それは祝う価値のある死だった。これらは皆にとって、どのように生き、どのように死ぬかを学ぶための好機だ。どの死も祝祭でなくてはならない――死があなたを存在のより高いレベルに導いてこそ、死は祝祭となる」

午後十時三十分頃、ダダーの身体はホールの中に運び込まれて、OSHOが講話をする大理石の演壇上に置かれた。涙にくれるOSHOの母や家族は亡骸の側にいた。ダダーの顔にははっきりした輝きがあり、彼は死んでいるよりもむしろ、まるで瞑想の中に深くいるように私には見えた。

しばらくしてからOSHOが来た。彼は手を合わせてナマステをしながら、いつものように全ての人たちに笑顔で挨拶をした。それから彼は、葉の花輪をダダーの首にかけてひざまづいた。それは注目すべき場面だった。ホールの中のエネルギーは強烈だった。OSHOは父の頭の二つの個所を触れた。後にその日の彼の講話で、彼は自分がしていたことを説明した。

「私は彼の身体の二か所に触れた。その一つはアジナ・チャクラ（第三の目と知られている眉間にある六番目のチャクラ）だ。なぜなら可能性は二つしかなかったからだ。一つはアジナ・チャクラを通して肉体を去った可能性で、その場合はもう一度生まれなければならないが、それでもあと一度だけだ。もし七番目のチャクラ、サハスラーラを通って去って行ったなら、再び誕生する必要はない。最初に私は彼のアジナ・チャクラを調べた。多少不安に思いながらアジナ・チャクラに手を置いたのは、生命が離脱する場所のチャクラは、花になる蕾のように開くからだ。チャクラを体験したことのある人は、どこから生命が離脱するのかが触るだけですぐにわかる。私は彼の生命がアジナ・チャクラを通過しなかったことがわかって非常に嬉しかった。それから私は『千枚の花弁の蓮』として知られるサハスラーラに触れ、それが開いていることがわかった。彼は七番目の扉を通って飛び立った」

ＯＳＨＯは数分後、微笑みながらホールを後にした。その後少し経って、亡骸は最も近い火葬場に運ばれ、歓びの言葉を唱えながら黄土色のローブを着た数百人のサニヤシンが後に続いた。午前一時頃に、亡骸は火葬用の薪の上に置かれて火が点火された。その詠唱と踊りがその頂点に達するとともに、オレンジ色の炎が亡骸を包み込んで、火葬場全体がその栄光で輝いた。

生と死を同じ精神で祝いながら、アシュラムは成長し続けた。ますます多くの創造的な活動が、アシュラムの日常作業に加えられた。弟子たちにとって創造性と芸術的表現は、毎日の瞑想の不可欠な要素となった。ＯＳＨＯの弟子たちにとってサニヤスは、世間に執着せずに世間で生きること、美しい美術や工芸を作ることを通して、瞑想の至福を他の人たちと分かち合うことを意味していた。そのため、多くの異なる種類の美術や工芸が、シュリ・ラジニーシ・アシュラムで発展した。アシュラムの陶芸はかなりの評判を得た。織物工房も同様に有名になり、ポンチョ、ジャケット、肩掛け、毛布、そして子供の玩具など広範囲にわたって生産した。アシュラムでデザインされて制作されたドレスやローブは、非常に人気があった。

ラジニーシ演劇グループは、ムンバイで一九七九年七月に、シェークスピアの素晴らしい喜劇『真夏の夜の夢』を生き生きと演じ、インドの報道機関から称賛を受けた。グループはインドの他の都市にも巡業した。それが成功を続けたことに勇気づけられ、グループは一九八〇年三月にニューデリーで『真夏の夜の夢』と『十二夜』を上演した。

アシュラムの医療センターは近代的な実験室、外科設備を備えていて、資格を持つ医師がいた。医療センターの職員は、とりわけ西洋から来ている人々を襲う、肝炎のような風土病を抑制する研究を幅広く行っていた。

テープ部門はハイエンド機器を使ってＯＳＨＯの毎日の講話を録音し、その作業はサニヤシンの電気技師たちによって行われた。またサニヤシンたちは新しいエネルギー利用に関する実験も行ない、その実験にはソーラー・パネル付き住居の建設も含まれていた。

またアシュラムは、環境の中に再循環されても植物に害が及ばない洗剤や石鹸を生産し、非動物性油脂や天然オイル由来の、様々な石鹸やシャンプー、クリームなどを製造した。食堂では、玉子を使わないケーキやパン菓子、自家製ヨーグルト、チーズ、ピーナッツ・バターなどを含んだ、様々なおいしい菜食料理が常に用意されていた。サニヤシンたちは水耕法栽培の分野でも優れた成果を示した。

一九七九年までに百以上のセラピー・グループが、新しく設立されたラジニーシ国際瞑想大学(*Rajneesh International Meditation University* ＝ＲＩＭＵ)の心理学科内で行なわれていた。これらのグループは後に二十の主要なグループに統合された。グループには宿泊条件が付くものと付かないものがあった。加えて、太極拳、空手、インド舞踊、英語とヒンディー語の語学、室内楽など、様々な特殊学級が開設された。

RIMUはこれらの革新的プログラムの認可申請を行なったが、政府の支持は得られなかった。一九八一年四月に、大学の名前はラジニーシ国際非大学（*Rajneesh International No-University*＝RIN-U）と変わり、「RIN-Uは自由に機能し、いかなる州や国、政府、国家、また教育委員会に承認を求めない」と、ラジニーシ・ファウンデーションは発表した。「RIN-Uは教育への革新的アプローチを妥協してまで公認を得るつもりはない……。RIN-U自体はいかなる承認も求めないが、世界中の特定の学校、専門学校、研究所や大学を承認していく」

――*Rajneesh Foundation Press Office Files*

プネーにあるシュリ・ラジニーシ・アシュラムでの共同生活におけるこうした実験は、急速に拡大しながらも六エーカーという土地の制約を受け、じきに困難になった。プネーから三十二キロメートル離れたサスワードと呼ばれる町の、ジャダヴワディという谷に、四百エーカーの土地を手に入れるための試みが強化された。その土地の大部分は荒地だった。

一万人のサニヤシンたちが愛と瞑想の中で、自給自足コミュニティとして、一緒に住み労働ができる『ラジニーシ・ネオ・サニヤス・インターナショナル・コミューン』の建設計画が立てられた。まずは手工業と宿泊制セラピー・グループの施設用地の確保のため、所有地に隣接する古い城を借りることから用地取得のプロセスが始まり、アシュラムのサニヤシンたちは土地の一部を耕作し始めた。マハラシュトラ州政府から、土地の一部を非農業目的で使うための許可を得ようとしていた。

ジャダヴワディの新しいコミューンは、一九七九年十二月十一日、OSHOの四十八歳の誕生日に落成された。六千人を超えるサニヤシンたちと訪問者たちが、バスや車、バイクを連ねて現地を訪れた。敷地内の高台には、特別にデザインされた「ラジニーシダム」の旗が掲げられた。この場所は美しい瞑想寺院の建設予定地だった。新しいコミューンを構成する四十九の様々な部門が発表された。計画には、複数の瞑想ホール及びセラピー・ルーム、大学、五つ星ホテル、映画館と映画研究所、演劇、工芸、音楽、ダンス、絵画や彫刻の専門学校や、その他たくさんの施設が含まれていた。

しかしながら、官僚制度によって作られた障害物が、コミューンの拡大と発展を認めなかった。その結果、ラジニーシ・ファウンデーションはさらにクッチ（グジャラートの西部の州）の周辺、ならびに北部でも土地を手に入れるための努力をしたが、その努力は成功しなかった。

OSHOのビジョンでは、コミューンを一つの枠組みとして見ており、その中でコミューンのメンバーは精神的な目覚めを体験することが可能だと言う。OSHOが「ブッダフィールド」と呼ぶコミューン及びコミューンを取り巻く環境は、物事をくつろいで、創造的に、心から行なえるようにする。そこにはもう文字通りの意味での「仕事」はない。そのように物事を行なうことで仕事は大げさな問題ではなくなり、仕事となる代わりにそれは継続的な遊び《リーラ》となる。要するに、個人を変化に対して開かせることで、スピリチュアルな成長を助けるというものだ。このようにして、コミューンの生活には美的な資質が加わっていく。このコミューンには、画一的にしか機能しない人、定着した役割やポジションに就いて機能する人は誰もいなくなる。その代わり一人一人には未知の可能性があると見なされ、自身の神性を発見する機会が与えられる。コミューンは組織というよりむしろ実験場的なものとなり、どのメソッド、道、テクニックや洞察が、地球に悟りの境地をもたらすのに最適かを調べる様々な実験が行なわれるだろう。OSHOはこのビジョンを『セックスから超意識へ』という本の中でとても詳しく述べている。

OSHOは、伝統的な宗教と既得権を持つ社会の偽善的指導者等を鋭く批判し続けた。すでに見てきたように、OSHOの唯一の関心事は常に、あるがままに物事を見ることと、人にどう思われようと真実を示すことにあった。このためあらゆる方面から面倒を招き、反感を買った。OSHOの講話とワークに対する最も暴力的で劇的な反応は、一九八〇年五月二十二日に起こった。その日、朝の講話の最中に、ある狂信的な信者が暗殺を企てた。

当日、アシュラムでの活動はいつもどおり始まった。OSHOはその時、ヒンディー語で講話を行なっていた。気持ちの良い夏の朝、何千人もの人々がブッダ・ホールに集まって彼の講話を聴いていた。午前八時三十分頃に、突然聴衆の中にいた一人の若い男が立ち上がり、ヒンディー語で「バグワン・ラジニーシ、お前は我々の宗教を冒涜している。断じて許さんぞ」という意味の言葉を叫びながら、OSHOに向かって走りだした。アシュラムの守衛がすぐに行く手を阻んだが、男は捕らえられる前に大型のナイフを巧みに投げつけた。ナイフはOSHOの前を横切って、ホールのコンクリートの床に落ちた。

この事件の数分前、アシュラムの警備班はプネー警察から、襲撃が差し迫っているという内部情報を得ていた。その襲撃の最中、警察隊がアシュラムの入口に到着した。後に、襲撃者はプネーに拠点を置く、ある過激派ヒンドゥー教組織の一員、ヴィラス・ヴィッタル・テュープと特定されたが、ヴィラスは守衛等によっておとなしく逮捕され、静かにホールから連れ出されて警察に引き渡された。ホールに座っているサニヤシンたちの間を衝撃の波が駆け抜けていったが、パニックはなかった。

ＯＳＨＯは襲撃の間、冷静で動じず、座ったままだった。事実、彼は聴衆を落ち着かせ、全員に席に着いたままでいるように言い、そして講話を続けた。

アシュラムのサニヤシンたちは、この出来事に動揺を隠せなかった。ラジニーシ・ファウンデーションの運営理事であるマ・ヨーガ・ラクシュミは、報道発表の場でこう述べた。

「本日、ブッダ・ホールで、暗殺、虐待、敵対の歴史が繰り返されました。これまでもインドはあらゆる偉大な神秘家や見者に、このような反応を示してきました。かつて仏陀に石を投げた人々、マハーヴィーラをひどく苦しめた人々は、今度はＯＳＨＯを黙らせようとしています。これらの狂信者たちは、ガンジーを葬った同じやり方でＯＳＨＯを葬れると考えましたが、それは天恵の定めた運命ではありませんでした。どんなに多くの妨害が試みられようとも、ＯＳＨＯは真実を語り続けるでしょう」

暗殺未遂犯は告訴され、裁判にかけられたが、予想通り政府のＯＳＨＯに対する姿勢が考慮されて無罪となった。ＯＳＨＯの生命を脅かす事や、報道機関や聖職者、パンディットや政治家等の否定的な反応にもかかわらず、アシュラムの活動は正常に機能していた。アシュラム内外の警備の強化があったとはいえ、エネルギー・フィールドは成長し続けた。ＯＳＨＯの健康も極めて良好に維持されていた。残る一九八〇年の月日は、比較的穏やかに過ぎていった。

第6章
沈黙の賢人
The Silent Sage

1979

1981、ヴィマルキルティに最後の祝福を与える

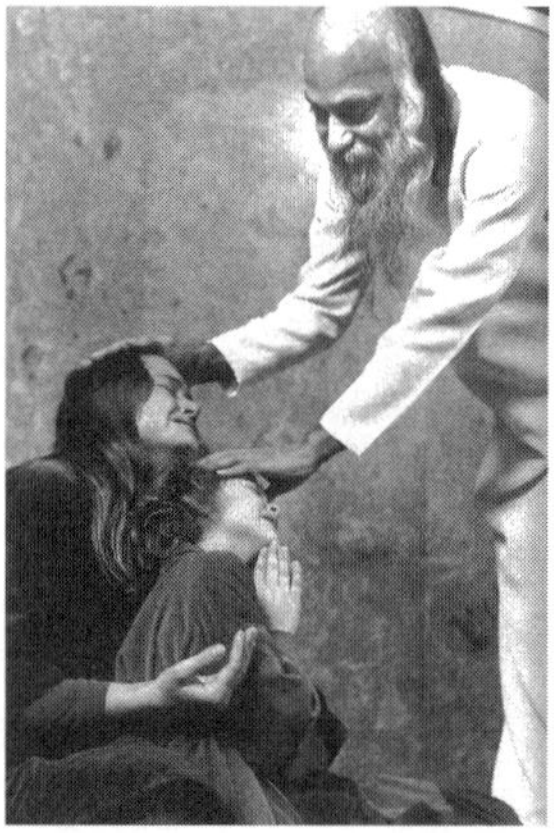

沈黙のサットサング

一九八一年は、おそらくアシュラムにとって最も波乱に富んだ年として思い出されるだろう。この年は、ＯＳＨＯの一人の弟子が光明を得た事で始まった。三十三歳のスワミ・アナンド・ヴィマルキルティ――ハノーヴァーの元王子ウェルフは、一九八一年一月九日の夕方に光明に達した。彼は翌日一〇日にこの世を去り、誕生と死からの解放《マハパリニルヴァーナ》に至った。この出来事の概略は次のようなものだ。

一月五日、ヴィマルキルティは日課の準備体操をしていた矢先に脳溢血で倒れ、五日間プネー病院で人工呼吸器を装着させられた。彼の母、ソフィア王女と弟のゲオルク王子が、彼に付き添うためにドイツから訪れた。ＯＳＨＯは朝の講話の中で、ヴィマルキルティに対し次のように敬意を表した。

「ヴィルマルキルティは祝福されている。彼は数少ない選ばれしサニヤシンの一人だ。ここにいた間、彼の信頼は一瞬たりとも揺るぐことのないトータルなものだった。彼は、一度たりとも私に質問してこなかったし、手紙も寄越さなかった。彼は決してどんな問題も持ち込む事はなかった。彼の信頼はそれほどのものだったので、やがて彼と私は完全に溶け合った。彼は類稀なハートの持ち主だ。そのハートの質がこの世界から消えてしまった。彼は本物の王子だ。真の王者、真の貴族だ。貴族の階級は、出生とは何も関係がない。そこに関係するのはハートの質だ。私は彼をこの地球上でも希有な、最も美しい魂のひとつとして感じている」

ＯＳＨＯはヴィマルキルティが、少なくとも七日間は機械で呼吸が維持されるように望んだ。その理由についてのＯＳＨＯの説明はこうだ。

「彼はまさに瀬戸際にいた。少し後押しすれば、彼は向こう側の一部になっただろう……。だから私は、彼にもう少しうろついているように求めた。昨夜、彼はうまくやりとげた。彼は〝行為〟から〝非行為〟へ、その境界線を渡った……」

ＯＳＨＯはまた、ヴィマルキルティはその瞑想的な質ゆえに自分の身体と同一化しておらず、そのために肉体を超えた意識を達成できたのだとも説明した。

ヴィマルキルティの妻、マ・プレム・トゥリヤ（サニヤシンでもあるハノーヴァーの元王女ウィブケ）、妹のマ・プレム・タニア（ハノーヴァーの元王女タニア）、父であるハノーヴァーの王、ゲオルグ・ウィルヘルム、母、そして弟を含む家族全員は、彼を火葬場に運ぶ何千人ものサニヤシンたちに同行した。ヴィマルキルティの肉体が薪の上で焼かれている間、誰もが祝祭の中で踊り、歌った。英国の女王エリザベス二世、Ｈ・Ｒ・Ｈチャールズ皇太子（ヴィマルキルティは女王の甥で、チャールズ皇太子の従兄弟だった）をはじめ、ギリシャのフレデリカ女王、インディラ・ガンディー女史ほか、多くの著名人から哀悼のメッセージが寄せられた。

九月八日はマハパリニルヴァーナの日とし、ＯＳＨＯの父とヴィマルキルティ、そしてすでに肉体を離れたサニヤシンと、将来肉体から去るであろう全ての者を記念し、毎年祝祭を行なうことが宣言された。

祝祭の精神はアシュラムで変わらず続いただけでなく、世界各地にも同様に広がり始めた。一九八一年三月一四日、一五日には、プネー以外でのＯＳＨＯの弟子たちによる史上最大の祝祭が、ロンドンでも名高いカフェ・ロイヤルで行われた。「ザ・マーチ・イベント」と銘打たれたそれは、ＯＳＨＯとプネーのシュリ・ラジニーシ・アシュラムの活動に対する、英国人の関心の高まりに応えたものだった。ジャーナリストをはじめ多くの著名人を含む千人以上の人々が、二日間の瞑想とグループ・セラピーのプログラムに参加した。指導は七人の熟達したサニヤシンのグループ・リーダーが行なった。

「ザ・マーチ・イベント」の圧倒的な成功に続き、サンフランシスコ、シドニー、ベルリン、ミュンヘンでも同様の祝祭を行なう計画が立てられた。OSHOが心に描いてきたように、まさに彼のメッセージと仕事が、サニヤシンたちを通して世界に広がり始めたのである。彼は以前、彼の「ブッダフィールド」——光明を得たマスターによって作られたエネルギーの場——を世界中に広げるときが来た、と語っていた。彼自身が光明を得て以来、彼は可能な限り多くの人々が光明を達成できるよう、あらゆる手段を尽くしてきた。彼の仕事と人生はまさしくその証明である。

彼はこう宣言してきた。「私はあなた方を世界の至る所へ送るだろう。あなたは私の動く大使となる。あなたは私のために機能する。私はあなたの目を通して見、あなたの舌を通して話し、あなたの手を通して人々に触れ、あなたの愛を通して愛するだろう」

——*Journey Into Silence, Rajneesh Foundation Press Office*

OSHOの愛のメッセージは、一九八一年三月二十一日、彼の二十八回目のエンライトメントデイ（光明の記念日）にもう一度伝えられた。

「神聖さに渇いている人たちへの私からのメッセージは——ここは居酒屋であって寺院ではないということだ」。そうOSHOは言った。朝の講話で彼は、自分の宗教に名前がないのは、愛には名前がないからだと説明した。愛とはキリスト教徒でも、ヒンドゥー教徒でも、イスラム教徒でも、ジャイナ教徒でも、仏教徒でもない。そしてもし愛に名前がないなら、どうして愛の究極の形である宗教が名前を持てるだろう？　名前を求めてはいけない。酔っ払いには宗教はない。彼らにはただ酔うことだけが、至福だけがある。アシュラムとその組織に関して、彼はこう付け加えた。

「居酒屋でさえ少しの組織が必要だ。渇いている者が渇いたままでいないことを、それでいて渇いていない者が入り込むことのないよう、誰かが見ていなければならない」

マスターが、自分の仕事が新しい次元に達したことを公にする準備ができており、今後、彼の言葉の助けなく、沈黙の中に酔える者だけを手に入れようとしていたとは、誰も思いもしなかった。長年にわたりOSHOは弟子たちに、真理は決して言葉を通して表現できないことを話してきた。深遠なる沈黙を通してのみ、弟子はマスターとの交感に入れるのだと彼は繰り返し述べてきた。

「言葉はあまりにも神聖さを汚すものだ。あまりにも不適当で、あまりにも限界がある。空っぽの空間だけが、完全な沈黙だけが、ブッダの存在を描写できる。あなたが沈黙を理解できないがために、それは言語に翻訳されなければならない——さもなければその必要はない」

一九八一年三月二十三日の夕方のダルシャンは、至って重要なものとなった。それが弟子や訪問者たちに対するOSHOの最後のダルシャンだったのである。翌朝の講話もまた、最後の講話となることがわかった。三月二十四日には、奇しくもアシュラムで数人の水疱患者が発見され、臨時の措置として感染者は直ぐに隔離された。夕方のダルシャンは中止となり、二日後には朝の講話の代わりにブッダ・ホールで静粛なる音楽瞑想が開始された。最後のダルシャンとなった三月二十三日、ＯＳＨＯは言葉と言語の起源について語った。彼は聖書にある古典的な一節「初めに言葉があった。言葉は神とともにあり、言葉は神だった」について、特に言及した。このくだりにＯＳＨＯは次のように答えた。

「私は断固としてノーと言う！　初めには沈黙があった。そして終わりにも沈黙がある。沈黙は万物の原料だ。私がそう確信を持って言えるのは、もし人が自分自身の内側に入るなら、全てのものの始まりに至るからだ。あなたは、始まりと終わりの両方を内包しているのだから」

水痘の広がり、ダルシャンの中止、そしてマスターによる早朝の講話もない状況にあってなお、アシュラムの活動はいつものように続いた。誰もが四月十一日にＯＳＨＯが現れることを期待した。それは次の瞑想キャンプが始まり、ＯＳＨＯが英語の講話シリーズを始める日だったからだ。しかし、前日の四月十日、ラジニーシ・ファウンデーションの理事の一人、マ・アナンド・シーラによる呼びかけで、アシュラムの全部門の責任者が召集し、ＯＳＨＯが彼の仕事の新しくも最終的なステージ――沈黙に入ったことが発表された。彼女は最初にＯＳＨＯの決断を聞いた人物のうちの一人で、そのニュースにショックを受けた。彼女は言う。

「けれどもＯＳＨＯは、驚くことはない、私たちはみんな喜びを持って祝うべきだ、と言いました。そして彼は自分が感じたのと同じ喜びの感覚をもって、他の人たちにそれを伝えることを求めたのです」

そのニュースはアシュラムに野火のように広がり、多くの人たちに大変な衝撃をもたらした。しかし数時間後には、アシュラムの誰もが歌い、踊っていた。弟子たちはすぐに、彼らがより深いレベルへ行くための、そしてマスターとの本当の交感を持つ時が来たことを認識した。

歴史的な宣言において、ラジニーシ・ファウンデーションは、ＯＳＨＯがその仕事《ワーク》の最終局面に入ったことを発表した。一九八一年五月一日からは、ＯＳＨＯはただ沈黙――彼の言う「存在の言語」を通して語りかける。言葉による伝達の代わりに、ハートからハートへの沈黙の交感、サットサングがある、と発表された。一定数の弟子たちが、沈黙の中でＯＳＨＯを受け入れる準備ができており、ＯＳＨＯは自分自身が役に立つのは、その弟子たちだけだとも明言した。弟子たちは今、より深遠なレベルでマスターとの静なる霊《スピリチュアル》的な交感に入ることが、可能になったのである。サットサングはブッダ・ホールで毎月行われることになった。

その発表はまた、アシュラムの夕方のダルシャンで、新しい局面が始まることの知らせでもあった。ＯＳＨＯ自身はもはや肉体の存在としては姿を現さないだろう。マ・ヨーガ・ラクシュミ、スワミ・アナンド・ティルタ、そしてラクシュミが不在のときは、スワミ・サティヤ・ヴェーダント（この本の著者）が、この仕事のための媒体となることが公表された。その時、ラクシュミはファウンデーションの仕事のため町の外に出ていたため、夕方のダルシャン、サニヤスの授与、祝福とエネルギーのダルシャンについては、インドの友人に対してはヴェーダント、西洋の友人に対してはティルタによって行なわれた。

この世のありとあらゆるテーマに関して、革命的で独創的な見解で社会に衝撃を与えた後、沈黙に入るというＯＳＨＯの決定は、全世界に不信感や冷笑を引き起こした。それでも、ＯＳＨＯがこの瞬間を待っていたという事実は揺るぎなく残った。彼は弟子たちに、彼の仕事におけるこの最終的な局面の準備を、そして弟子たちの自立のための準備をさせてきた。彼の決定は、弟子たちがこの新しい次元を充分受け入れていることを明らかにした。そのため、彼らには喜びと静寂の神秘の感覚があった。たとえこれまで彼らの日々に流れていた言葉や洞察が失われるだろう、という深い感触があったとしても、そこに不安はなかった。それどころか彼らの間には感謝の思いがあった。なぜならOSHOは最後の沈黙の局面を共有するのに、彼らが充分値することを認めたからだ。

新しい局面は、夕方のダルシャンでの肉体的存在、また講話での言葉を通したコミュニケーションに頼らずとも、OSHOのエネルギーを体験する機会をあらゆる人々に用意した。彼は物質的な面ではさらに弟子たちから離れることになったものの、彼らとのより深い親密さの中に入っていた。彼はずっと以前にこのことを指摘していた。

「あなたがこの椅子は空であるのを、この身体は空であるのを、この存在は空であるのを観ることができる日、あなたは私を見、私に接触する。それが弟子がマスターと出会う本当の瞬間だ。それは溶解であり、消滅だ……。滴が大洋に滑り込む。または大洋が滴に滑り込む。それは同じことだ! マスターは弟子の中に消え、弟子はマスターの中に消える。それから深遠な沈黙が広く行き渡る。それは対話ではない」

一九八一年五月一日、OSHOは「沈黙の賢人」として彼の最初のサットサングを、ブッダ・ホールで弟子たちと訪問者たちから成る一万人の聴衆に対して行なった。これは一九八一年三月二十四日に彼が毎日の講話を止めて以来、彼が始めて姿を現した日となった。サットサングは一時間続いた。それはマスターと彼の帰依者たちの間での、ハートからハートへの言葉なき交感だった。サットサングはマントラを唱えることで始まった。それは二五〇〇年前、ゴータマ・ブッダの周りに集まった比丘たちのコミューンで使われたものだった。

ブッダム・シャラナム・ガッチャーミ
サンガム・シャラナム・ガッチャーミ
ダンマム・シャラナム・ガッチャーミ

私は目覚めた人の足元に参ります。
私は目覚めた人のコミューンの足元に参ります。
私は目覚めた人の究極の真理の足元に参ります。

マントラを優しく唱えた後、瞑想的な音楽が演奏され、沈黙の時間に変化がもたらされた。その間、イーシャ・ウパニシャッドとカリール・ジブランの預言書から一節が朗読された。終わりにはマントラが繰り返され、ＯＳＨＯはホールを後にした。サットサングは毎朝続けられた。ＯＳＨＯは一時間、彼のサニヤシンたちとともに沈黙して座った。ヴィヴェークは壇上で彼に付き添い、彼の足元に座した。ＯＳＨＯはサットサングの意味と目的を、真理に非常に近接したものと説明した。それはつまり真理に近いという意味であり、真理と一つになったマスターに近いということだ。ただ彼の近くに在り、オープンに、受容的でいて、待つだけで――。

活動からさらに退くことで、ＯＳＨＯの沈黙はある意味で彼の存在を三番目のグナ――サットヴァの状態にもたらした。彼は既に最初の二つのグナ――タマスとラジャスを通過してきた。それでもＯＳＨＯの沈黙には付加された次元――音楽の次元があった。音楽と沈黙の関連を説明するなかで、ＯＳＨＯはこう言う。

「ある意味では音楽は全く沈黙している。音はそこにあるが、それらの音は沈黙をより深くさせるだけだ。それらは沈黙の役に立つ……。騒音は、あなたを沈黙に導かないただの音だ。音楽は沈黙への扉になる音だ……。マスターの存在は音楽や詩、歌の在り方だ。しかしそれらは全てを沈黙へ導く。そして真理は沈黙の中でしか伝えることはできない」

弟子たちがこの深遠なる新しい次元の中で、マスターとの愛情深く至福に満ちた交わりを体験していたのに対し、外界ではＯＳＨＯやその弟子たち、またアシュラムへの敵意や暴力がさらに膨れ上がっていた。アシュラムに届く脅迫的な手紙や電話は異常なほどに増加した。それはＯＳＨＯの命を脅かすものだけでなく、ある特定の弟子へ矛先を向けたものも含まれていた。スリランカではＯＳＨＯを暗殺するために、二十五万ポンドの依頼金を渡すものまで現れた。この情報は五月三日、アシュラムのあるサニヤシンに届いた手紙により伝えられた。

五月十日、ラジニーシ・ファウンデーションの報道事務局がこのニュースを発表したことで、この緊急事態が報道機関の注目を浴びることになった。新聞発表はとりわけ、この脅迫が「ボンベイとプネーのローマ・カトリック派」と呼ばれるグループからのものであることに言及した。彼らはＯＳＨＯを傷めつけ、アシュラムを爆破すると警告した。またある秘密組織からは、反アシュラムのために、暴力的な作戦を開始することをほのめかしたメッセージが届けられた。

脅迫への懸念は現実的なものへと変わり始めた。五月二十七日の早朝にはサスワードのジャダヴワディ砦、ラジニーシダムで火事が起こり、その二十四時間後、二十八日にはプネー近くのラジニーシ・ファウンデーションの書庫が放火により倒壊した。数度の爆発が立て続けに聞こえ、本の山に瞬く間に火が広がった。火災が起きたのは朝三時ごろで、ほぼ同じころに、ファウンデーションの医療センターで爆破装置が作動した。幸いにも怪我人は出なかった。

これらの襲撃にもかかわらず、OSHOとの朝のサットサングは、ブッダ・ホールでいつも通りに行われた。サットサングが始まる前、集まった何千人もの弟子と訪問者たちは、この卑劣な行為に対し手を挙げて抗議と非難の意を表した。

ファウンデーションは、次のように明確な声明を発表した――『我々の唯一の懸念はOSHOに対するものだ。しかしどんな危険があろうとも、彼が人類にもたらしているものは提供され続けるだろう。彼の世界に向けたメッセージは、狂信者たちの手で止められないほど大きなものだ』

弟子たちはこの放火事件と敵意を静かに受け止め、マスターへの信頼と帰依をますます強めていった。そして沈黙と祈り、深い愛と明け渡しの中で彼の近くに留まった。アシュラムのワークと活動は妨害されることなく続けられた。しかしOSHOの健康状態は再び悪化し始め、西洋で治療する必要があることは明確だった。その結果、一九八一年六月一日の朝、OSHOの最後のサットサングが行なわれた。彼は同じ日の午後、愛する弟子たちに別れを告げ、七年前に到着した時と同様、静かにプネーを去った。

ＯＳＨＯは折に触れ、インドを去るつもりかどうか尋ねられていたが、常に彼の答えはノーだった。彼は一九七八年八月三十日の講話で（*The Secret of Secrets Vol.2, # 4*）、その理由を語っている。


「私にとって、インドを去ることは難しい。インドには途方もなく貴重なものがある。そこには真理に対する最も長く、最も深い探求の歴史がある。多くのブッダたちがこの地を、これらの木々の下を歩いた。その大地そのものが、まさに神聖なものとなった。この地にいるのと他のどこかにいるのとでは、全く異なる。そして私があなたにもたらそうとしていることは、他のどんなところよりもここではたやすい。

インドは、もはや頂点から転落してしまった。そこにはもう過去の栄光はない。今や、地球上でも醜い場所の一つと成り下がってしまった。それにもかかわらず、ゴータマ・ブッダが歩き、マハーヴィーラが、クリシュナが、そして他の無数の者たちが歩いたために……。

このような資質の国は他にない。イエスはエルサレムでは全く孤独だ。モハメッドは、アラブの国々では全くもって孤独だ。老子にはごく少数の仲間が――荘子と他に数人いた。彼らは何かを創造するために必死になった。しかしインドには、最も長い霊的《スピリチュアル》な波動がある。少なくとも五千年間、探求は深まっていった。そして未だにその水脈は続いている。

あなたが新聞で見るこのインドは、私が既に後にしたインドだ。あなたが知っているインドを私は既に後にした。あなたは、門の外に出ている私を見たことがあるだろうか？　私は自分の部屋に住む。部屋がここにあろうと他のどこかにあろうと、私はこの部屋に住むだろう。同じことだ。あなたがラジオやテレビ、新聞を通して知る――政治家や偽善者、自虐的なマハトマたちのインドとは、私は関係ない。私は既にそれを後にした。
しかし私は立ち去ることができない。そこには隠されたインドも、秘教的なインドもある。そこにはまだブッダたちの息吹があり、他のどこよりも簡単にマハーヴィーラに接触できる。目覚めた者たちの伝統が全て底流にある土地だ。そこを去ることはできない。私にとって問題はない。私は去ることもできるし、どこにいようとも同じだが、あなた方にとっては同じではない」


しかしOSHOはインドを去った。なぜか？　その答えの一端は、彼が公の場での発言を止めたちょうど一ヶ月前に明らかにされていた。彼が肉体を去った後に何が起こるのかは、彼によく向けられた質問の一つだが、この問いに対して、彼は詳細かつ明確に答えている。

「私は私の瞬間を生きている。その後に起こることについては、これっぽっちも気にしていない。非常に無責任に思えるかもしれないが、私の責任の基準は、人々が俗にいう責任についての考えとは正反対だ。私は瞬間に対して、存在に対して責任がある――それに対する義務を果たすという意味ではなく、私は全面的に、自発的に応答するという意味で責任がある。どんな状況であろうと私は全くそれと調和している。私が生きている間、私は生きている。私が死んでいれば、私は死んでいる。私は全くどんな問題も見ない。私が死ぬ瞬間、私にとっては全世界が死ぬ。そして起こることは何であれ起こる。私は存在に対して全ての責任を負わない。誰がそれを負えるだろう？　それを試みたものは皆ことごとく失敗している。

私は誰も支配していない――私は政治家ではないし、今日でも明日でも、誰かを支配することには興味がない。そのうえ私がそこにいなかったとしたら、私に何ができる？　愚か者は愚か者だ。彼らが私を崇拝しようが他の者を崇拝しようが、さほど変わりはない。彼らは崇拝したいものを崇拝するだけだ。

あらゆる制度は死ぬ運命にある。ただ人間だけが生きる。絶えず生き続ける制度などない。どうやって制度は生きながら得るというのか？　本質的にそれらは死ぬことになっているというのに。

私について言えば、次の瞬間のことには全く関心がない。それがたとえ不完全な文章であろうと、完全な文章にする努力などしない。終止符すら置かないだろう。私には支配欲はないが、人々に『私を崇拝するな』とも言い続けない。なぜなら、それが崇拝を生み出す道だからだ。

人々は常に誤解する。マスターが生きている間、人々は彼に近づかない。マスターが生きている間は、誤解することが許されないからだ。人々は彼がいなくなって、ようやく彼のところに来る。死んだマスターであれば支配し、操ることができるからだ。

まず、私は首尾一貫して一貫しない人間だ。私の言葉から教典を作ることは不可能だろう。私の言葉から信条や教典を作ろうとすれば、誰でも気がおかしくなってしまう！　あなたはマハーヴィーラからは教典を作ることができる――彼は非常に一貫して、非常に論理的だからだ。あなたは仏陀からは哲学を作ることができる――彼は非常に数学的だ。あなたは、クリシュナムルティからは哲学を作れる――彼は五十年間、同じことを何度も何度も繰り返してきた。

私の場合、それは不可能だ。私は瞬間に生きている。彼の中にはたった一つの矛盾も見つけられない。そして、今私が話していることは、何であれこの瞬間にとってのみ真実だ。私は過去には言及しないし、未来のことなど全く考えない。だから私の主張は原子的だ。それは体系の一部を成さない。あなたが死んだ制度を作れるのは、哲学が非常に体系的である時だ。不備がなく欠点一つなく、全ての疑い、全ての疑問が解消された時――そして人生における全ての問いに対し、できあいの答えが与えられた時だけだ。

私は非常に一貫性を欠いている。私の周りに、死んだ制度を作り上げることは不可能だ。死んだ制度には死んだ哲学の基盤が必要だからだ。私はあなたに、どんな教義も、どんな原理も教えていない。それどころか、あなたがずっと持ち運んできた哲学を全て取り除こうとしている。私はあなたの観念論《イデオロギー》や信条、宗派《カルト》、教理《ドグマ》を破壊しているし、その代わりに何かを置き換えてもいない。私のプロセスは、純粋な〝脱条件付け〟だ。私はあなたを新たに条件付けなどしない。ただあなたをオープンにさせているだけだ。

私はただ私のビジョンを、喜びを分かち合っているだけに過ぎない。私はそれを楽しんでいるし、ともに楽しみたいものは誰でも歓迎する。私がいなくなれば、当然何かを解釈し、一つの体系を作ろうとする愚か者が現れるだろう。そんなことはほぼ不可能なようにしてはいるが――。

将来のことを気にしている人々は、死んだ制度を作る人々と似たようなものだ。私の人々は死んだ制度など作れない――それは不可能だ。私と交感してきた人たちは、一つの事を絶対的に、完全に学んでいるはずだ。生は制度に閉じ込められることなどできないということを――。あなたがそうしようとした瞬間、あなたは生を破壊している。だから、私が生きている間は彼らは祝い、私がいなくなっても祝うだろう。彼らは私の生を祝い、私の死を祝う。そして、彼らはなお生き生きとしたままだ。

私は喜びに満ちて、恍惚として生きるよう、人々に準備させている。だから私がここにいなくとも、彼らには何の変わりもない。彼らは同じように生きるだろうし、私の死はさらなる強烈さすらもたらすだろう。私は誰にも何ひとつ残していない。私は自分自身をバグワンと宣言してきた。それを誰かに残す必要があるだろうか？　私は自分が〝祝福されし者〟であることを知っている。私だけが知るところのものを、どうやって他の者が知ることができるだろう？　私は、私の人々を、彼らもまた〝祝福されし者〟という、広大さへの理解へ引っ張り込もうとしている。私を神聖視することは不可能だ。それは私が既に成し遂げた！　他の何があなたに残されている？　私は誰にも依存しないというのに」

オレゴン州アンテロープの近くに、ラジニーシ・ファウンデーション・インターナショナルによって六万四千エーカーの新しい土地が購入されたことが、アメリカのメディアで広く報道された。これはOSHOの講話にたびたび見られる、彼のビジョンを実現する場所になるものだった。

「新しいコミューンはどんな宗教のものにもならない。宗教的にはなる。しかしその宗教は超自然的なものではなく、非常に現実的なものだ。ゆえにそれは創造的で、創造的であるための全ての可能性を見つけ出すだろう。ありとあらゆる可能性が支えられ、育まれるものになる。

真に宗教的な人は世界に寄与しなければならない。彼はこの世界に来た時に発見したものよりも、少しだけ美しく創造しなければならない。少しだけ楽しく創造しなければならない。少しだけ香り高く創造しなければならない。少しだけ調和的に創造しなければならない。それがまさに彼の寄与となる。

新しいコミューンは大規模で、一万人のサニヤシンたちが、まるで一つの身体、一つの存在のように共に生きるものとなるだろう。誰もが何も持たず、あらゆる物を使い、楽しむだろう。誰もが可能な限り快適に、豊かに暮らすことだろう。だが、所有する者は誰一人としていない。新しいコミューンでは物だけでなく、人すらも所有されることはないだろう。もしあなたがある女性を愛するなら、彼女と共に生きる

——完全な愛から、完全な喜びから——しかし、あなたは彼女の夫にはならない。あなたにはできない。妻にもならない。妻や夫になることは醜い。なぜならそこに所有権が持ち込まれ、相手は〝財産〟に格下げられてしまうからだ。新しいコミューンは、非所有的で愛に満ちたものになる——愛の中に生きなさい。だが少しも所有することのないように。ありとあらゆる喜びを分かち合い、全ての喜びのプールを作りなさい……。一万人の人々が寄与する時、それは爆発的なものとなる。その歓喜は強烈なものだ。

イエスは『喜びなさい！　喜びなさい！　喜びなさい！』と繰り返す。しかし彼はまだそれを耳にしたことがない。キリスト教徒たちはとても深刻に、あたかもイエスが、自分自身を喜ばせたことがないかのように彼の姿を描写してきた。キリスト教徒たちは、イエスは決して笑わなかったと言う！　これは馬鹿げている。『喜びなさい！』と言い続けた男が、旨い食べ物や極上のワインを愛し、祭典の恩恵にあずかり、ご馳走を振舞われ、常に祝宴を受けていた——そんな男が決して笑わなかったと？　キリスト教徒たちは、間違ったキリスト像を世界に与え続けている。

私のコミューンでは、ブッダが笑い踊り、キリストが笑い踊る。気の毒なことだ、誰も彼らにそれを許さなかったとは！　彼らを憐れみなさい——彼らを踊らせ、歌わせ、遊ばせなさい。私の新しいコミューンは仕事を遊びに満ちたものに変える。生は、愛と笑いに変容することだろう。

もう一度、あのモットーを思い出してごらん——地球を清めるためには、あらゆるものを神聖にするためには、平凡で世俗的な物事を並外れたスピリチュアルなことに変容させるためには、生全体はあなたの寺院でなければならない。仕事はあなたの礼拝でなければならない、愛はあなたの祈りでなければならない。まさにこの身体がブッダであり、まさにこの地球が蓮華の楽園《ロータス・パラダイス》だ」

第7章
アメリカ、ラジニーシプーラム
Rajneeshpuram in America

1983

1984

1983

1982、ラジニーシ・プーラムでのセレブレーションに到着した人々

八十年代の始め、ＯＳＨＯの健康はさらに悪化していた。彼が背中の古い痛みの再発に苦しんだのは、実際には一九八〇年の終わりだった。その痛みは激しく、適切な看護と治療が必要とされ、手術が必要なことが明らかになった。背骨の神経組織の上に突き出ていた椎間板の神経外科を必要とする、という診断がでた。そのため、もしＯＳＨＯが手術を、特に緊急の手術を必要とするなら、ニューヨークで最高かつ最も安全な施設の近くにいるべきだ、ということになった。そこには当時の世界で最高の神経外科の医師団がいくつかあった。

このようにして一九八一年六月一日に、ＯＳＨＯはサニヤシンたちの小さなグループと一緒に、ニューヨークへ出発した。彼らはＯＳＨＯの治療に必要な時間の間ずっと、少数の弟子たちが購入した家に滞在した。比較的清潔な環境は明らかに彼を満足させ、彼の体調の悪化は止まった。弟子たちは待って見守った。入院が通知され、集中治療が前もってニュー・ジャージーのモントクレアの家で始められた。弟子たちは、起こり得る非常事態に関わっていて、そのための準備をした。

サニヤシンたちが家を改装することに忙しかった一方で、ＯＳＨＯは次第に回復の兆しを示し始めた。始めのうちは、彼は色々なアメリカの食べ物を試したが、すぐに彼の好物の米やダール、野菜、果実、そしてヨーグルトに戻った。体調が改善するにつれて、彼は家の周りや庭をゆっくりと歩き始めた。ときたま彼は、今では有名な顎鬚と帽子という格好をして、高速道路でオープンカーのロールス・ロイスにも乗って他の人たちを驚かせた。

安全上の理由から、モントクレアの静寂の中で彼の存在を警護することに決まった。しかしＯＳＨＯを隠すことは容易ではなく、すぐにその噂は外に伝わった。サニヤシンたちは愛するマスターに会うために、仕事の支援を申し出るために、そして彼と共に座るために、少しずつ集まり始めた。音楽の一団が常にＯＳＨＯに同伴した。彼が彼の人々と座る時には、いつでも音楽のサットサングが始まったものだった。

ＯＳＨＯの秘書であるマ・アナンド・シーラは、米国で彼の健康が全体にわたって明確に改善したことに注目し、より長い滞在を彼に勧めた。彼の主要な思いは彼の人々と共にいることであり、場所は二義的なものだった。もし彼が米国に滞在するようなことがあれば、彼の最初の選択は、ニューヨーク近郊のウッドストックにある使われなくなった空軍基地だった。そこには利用できる充分な建物や他の施設があり、彼の人々は直ぐに動くことができただろう。けれども彼の秘書には別の考えがあった。ＯＳＨＯは自分の考えや好みを、決して誰にも押し付けなかった。もし尋ねられたなら、彼は単に自分の見解を述べただけだった。もし他の人たちが違う意見を持っていたなら、彼らにはその自由があった。その時、それは彼らの責任だった。彼は彼らのお客《ゲスト》だった。

すぐに六万四千エーカー（約二百六十平方キロメートル）の広さの領地が、オレゴンの中央に見つかった。そこは以前「大きな泥濘《ビッグ・ムディ》」として知られた牛の牧場《ランチ》だったが、今はもう使用されていなかった。その領地は牧草を食い荒らされていて、隣接地域の牧場主たちは、何の役にも立たない土地を購入することの愚かさに気づいていた。その用地のビデオ・フィルムがＯＳＨＯに見せられ、彼は話を進めることに同意した。彼は新しい場所を何と呼びたいかと聞かれた時に「ランチョ・ラジニーシ」（ランチョ＝牧場労働者の仮小屋、部落）を提案した。しかし、彼の周りの人々はその名前を好まなかったので、彼はその代わりに「ラジニーシプーラム」（プーラム＝サンスクリット語で都市のための一般的な接尾語）と呼んだ。後になってその土地のより広い地域そのものが「ランチョ・ラジニーシ」になった一方で、その田園の一部は「ラジニーシプーラム」という都市になった。そこで米国に到着して約四ヵ月後、ＯＳＨＯは充分旅をすることができるようになり、個人用飛行機でオレゴンの牧場《ランチ》へ飛んだ。

その間ラジニーシプーラムでは、ＯＳＨＯの家を完成させるための気違いじみた土壇場の慌ただしさがあった。それは基本的に移動式住宅《トレーラー》の豪華版、居間と小さな寝室を持つ二重の移動式住宅だった。そこには、サニヤシンたちのための隣り合った移動式住宅もあった。彼らは彼に必要なものの面倒を見るために彼と共に旅をした人たちであり、彼の世話人、料理人、医師、女性裁縫士などを含んでいた。

ＯＳＨＯは一九八一年九月に牧場に到着した。新しい林間の空き地への最終的な接触がなされて、それは愛と踊りに満ちたハートを持って、ＯＳＨＯを歓迎するために静かに座っていたサニヤシンたちの気分を高揚させた。ＯＳＨＯは車から降りて、彼の音楽家たちがサットサング音楽を演奏していた間、日除けの下に静かに座った。

多くの人々にとって、ＯＳＨＯがインドを出発して以来、彼を一目でも見たのはそれが初めてだった。人里離れたところでマスターと共に在ることは、彼らにとって新しい冒険だった。ＯＳＨＯの健康が回復し、彼の愛と慈悲のシャワーは彼らの目に喜びと感謝の涙をもたらした。それ以上に彼らは、ＯＳＨＯのまさに現存と愛のエネルギーが、この不毛の土地をオアシスに変えるだろうことを深く感じ、それは最後にそうなった。

ＯＳＨＯの自然、動物、植物、木々、川、山への愛は深いものだった。ここの牧場《ランチ》はまったく生命のない世界で、ほとんど砂漠だった。唯一の木は吹きさらしのネズ（ビャクシン属の常緑樹）の類のもので、かつては青々とした緑の牧草地であったものの、最後の残りだった。それを聞かされてＯＳＨＯは「それではどこに木があるのだ？」と尋ねた。彼が滞在したいような場所ではない、という違和感を与えたことは問題だった。しかしそこには、ＯＳＨＯの明敏さと慈悲があった。一方で彼は自分の望みを非常にはっきりさせ、他方では、彼は自分の溢れるほどの全てのエネルギーを、何であれ存在がもたらしたものに与えた。だから木が全くないことが明らかになった時、彼は直ぐに、人々の創造性を用いてこの荒れた土地を楽園に変えるための潜在力、別の可能性、そのための機会としてそこを見た。

ＯＳＨＯは隔離した生活をし始めた。彼の外側の世界との接触は、秘書を通したものだった。彼はただ彼女だけを通して自分の意思を伝えた。彼は自分の住居である老子ハウスから出て来て、彼の友人たちと熱愛者たちが購入したロールス・ロイスで、一日一回のドライブをした。それは運転している間が、彼の最も大きな気分転換となるものだったからだ。ＯＳＨＯはドライブを愛した。そして彼は自転車に乗るかのような、またはインドでアンバサダーを運転するかのような同等の優雅さと喜び、同じ執着心のなさでロールス・ロイスを運転した。

これらの毎日の「ドライブ・バイ」は、踊りと祝祭に満ちていた。それはラジニーシプーラムでの日常生活の最高の時間だった。ちょうど昼食後、ＯＳＨＯの弟子たち、熱愛者たち、そして友人たちは道の端に一列に並び、歌い、踊り、そして楽器を演奏した。だいたい二時頃、ＯＳＨＯの車が老子ハウスから出て来た。彼は自分の愛と喜びを至る所に広げて、手をさらにより速く動かすことで、音楽家たちを激励し、全ての人たちを全面的に頂点へ押し上げるために、しばしば車を止めた。それから穏やかに笑って運転を続けた。彼らの顔は愛と感謝で輝いていて、サニヤシンたちは彼らのマスターに、ナマステで合掌した。ある人はバラの花を、ゆっくり動いている彼の車のボンネットに優しく置いた。

祝祭の間ずっと、その行列は数マイル長く遠くへ延びていた。ヘリコプターが上空から彼の車へバラの花びらを降り注いだ。ちょっと行列の終わりに達して戻るためだけに、しばしば三時間を要した。時には彼は車を止め、子供たちや久しぶりに会ったサニヤシンにプレゼントを与えた。時にはある人と手短かに少し話すこともあった。常に予想できず、常に気楽さがあり、常に優美さと笑いがあり、そして常にそれらの深さの中に愛があり、きらめいていてかつ強烈な目があった。

それまで彼に出会ったことがない訪問者たちは、彼の現存と、ＯＳＨＯが弟子たちの元を通り過ぎた時、彼らがしばしば、喜びのあまり最後には泣くか笑ってしまうような、マスターと弟子たちとの相思相愛ぶりにいたく感動させられた。彼自身の完全な受容性の中には明らかに何か伝染性の、他の人たちにただ自分自身であることを認めさせるようなものがあった。それは言うなれば、ほとんどの人々のそれまでの競争的で批判的な世界では、体験したことがないものだった。

ＯＳＨＯの普遍的なビジョンに具体的な形を与えるために、新しい法人、『ザ・ラジニーシ・ファウンデーション・インターナショナル』、『ザ・ラジニーシ・ネオ - サニヤス・インターナショナル』、『ザ・ラジニーシ・インヴェストメント・コーポレーション』（投資法人）が作られた。サニヤシンたちが、この実験的な未知のものへの飛躍に携わっていた一方で、アンテロープという五十人の人々が住む地方の村の定住者たちによって、彼らの努力は妨害されつつあった。ＯＳＨＯが牧場《ランチ》に到着する前も、彼らは実験を阻むために政府やメディアへ手紙を書いた。その地方の市長が、保守的な牧場主のグループや政治家、メディア、そして政府の要人たちへの演説週間をより早く開始したのは、偏見や恐れを煽るためだった。

弟子たちはすぐに、オレゴンの経済的成長に反対して外部者たちを歓迎しない「保護管理者たち」と、成長を見たいと望む人々との間にある、昔からのオレゴン州の闘争の狭間に自分たちがいることに気づいた。大局的に見ると、海岸から成るオレゴンの西半分にある豊かな土壌の平地が、都市化の広がりによって瞬く間に使い尽くされつつあった。大きな都市のあるところは全て、権力の所在地でもある。州はこの都市の広がりを妨げるために、厳格な自然保護法を採用した。オレゴンの残りの部分は貧しい土壌とわずかな産業を持つ砂漠の平地だった。実際には、州の最高の土壌がコンクリートの下に埋められないようにするために、豊かな土壌に対して都市化するように脅かす者は、誰でも東部の過疎地域に移動するように強いられる、というのがオレゴンの方針だった。

それでも一つの州であるために、オレゴンはいくつかの調整をもってこれらの自然保護の規則を、その管轄区域の両方ともに適用した。これは保護管理者たちの間に、かなりの憤慨を引き起こす結果になった。それは〝オレゴンの千人の友〟と呼ばれた〝番犬〟グループと、東部の田舎風の牧場主たちによって進められた。だがＯＳＨＯの弟子たちの到着は、その争いの形勢を変えた。既得利権に動機付けられて、両方のグループは弟子たちに反対するために手を組んだ。いわゆるオレゴンの千人の友は「都市化から州を守る」という口実で、ラジニーシプーラムの発展、活動の邪魔になる非常に多くの法的な障害を用意した。それは他の何らかの状況下では、東部の牧場主たちが彼らの常備していたライフル銃へ手を伸ばしかねないようなものだった。

〝オレゴンの千人の友〟は弟子たちに、ラジニーシプーラムを発展させることはできない、なぜなら彼らが望んでいる全ての設備、例えば電話線や住宅供給、商業的販売網のようなものはアンテロープでしか手に入れられないからだ、と告げた。とはいえアンテロープの住人たちも、どんなサニヤシンとも会うことを望まなかったし、サニヤシンたちもアンテロープには何の関心もなかった。この窮地に絡まって、サニヤシンたちはラジニーシプーラムの地を市に併合する方が良いと考えた。それは一つの共同体として一緒に暮らしたいと望んでいる、百八十人かそれ以上のアメリカ人グループにとって、オレゴン州の法律に公然と一致している完全に合法的な選択だった。

牧場主たちにそそのかされていた〝オレゴンの千人の友〟は、一方では州の保守的な分子に支持を受け、ラジニーシプーラムの発展を抑えつけるために、法廷で大々的に演説した。同時に政治家たちへの売名行為も人気のある方に乗っかり、火に油を注ぎ始めた。正常な状況の下では、どんな州も放牧し過ぎて放置された土地の一画が開発されることを喜んだものだったが、ここはそうではなかった。それは誰にとっても何の経済的価値もなく、数十年間売りに出されたままだった。

唯一、ＯＳＨＯの人々のような珍しくて熱狂的なグループだけが、そのような何らかの経済的な意味を持たせるために、全面的に独創的な概念が必要とされる無用で不便な資産を開発できた。ラジニーシプーラムはまさにそのような概念だった。信じられないことだが、おおよそ三年と数百時間続いた法的論争の時間との競争の最中、ラジニーシプーラムの都市はある程度建設されていた。（しかし最高裁が紛糾する問題の合法性を決するまで、最終的な滞在指示はそれ以上の開発を全て止めることで下された。）

　都市を造るために、その居住者たちはこれらの三年間、一日約十四時間休みなく働き、都市全体を彼ら自身で建設した。おそらくその都市の最も有名な建物は、二・二エーカー（約八千九百平方メートル）の世界最大の温室だ。それはこれらの数年間で、最も歓喜に満ちた出来事だった一年ごとの祝祭《セレブレーション》の会場に改装された。世界中からサニヤシンたちが、スピリチュアルなオアシスでの貴重な数日、または数週間を過ごすために、ラジニーシプーラムに到着した。彼らは、この人類の未来のための巨大な努力を援助するために、自分たちのそれぞれの国で懸命に働き、時々費用を送った。

　一九八五年までにラジニーシプーラムの都市には、おおかた五千人の住人がいた。そこには固有の飛行機を持つ固有の飛行場があった。バスの全車両はオレゴンで三番目に大きかった。快適なセントラル・ヒーティングとエアコンのある別荘が、その居住者たちのために建てられた。将来のどんな水不足も補うために、巨大なダムもその砂漠地帯に建造された。用水管理の功績によって、低下している地下水位が効果的に復元され得るように、小川に沿って一連の小さなダムが建造された。その都市には独自の送水管路、送電網、汚水処理装置があり、まさに新しい水再利用計画が完成しつつあった。それは全ての汚水を自然に浄化させ、灌漑のために再利用できるようにさせるものだった。

塗装工場は彼らの油性塗料を全て再利用し、ガソリンスタンドは土の中に油をこぼしたり漏れたりしないようにした。川を下ったところにある市場向け野菜農場は、全コミュニティのために、有機的に充分成長した新鮮な野菜を提供した。全ての廃物は再生され、非常に少数のディーゼル車だけが使用された。ほとんど誰もがコミュニティ・バスで移動した。何マイルもの道路がサニヤシンたちによって造られた。芽キャベツや他の季節外れの野菜を、年間を通して住民に供給するために、温室作りが力強く促進された。複雑な土地再建計画と共に、苗床を作ることを含んだ綿密な森林再生プログラムが、砂漠をオアシスに変え始めた。生態学への関心が流行するはるか以前に、それは遠いオレゴンの地域で具体化していた。生態学的なビジョンはOSHOによって与えられ、この意欲的なコミュニティによるその実際的応用は、事実上、持続可能な発展への献身と関与について注目に値する実例となった。

さらにサニヤシンたちは、都市を造るために必要なあらゆるものを建設した。基本的施設は農舎、事務所建物、総合大学、医療設備、倉庫、映画館、エアターミナル、レストラン、ショッピングモール、酪農場、馬小屋、火葬場、そしてさらに湖畔レジャー・センターなどを含んでいた。そのような度肝を抜く創造性の真価を認めることができる人たちにとって、ここは理想的なコミュニティだった。生態学的な価値と土地への配慮が、おそらく合衆国の他のどこにも類を見ないレベルにあっだ。

物理的な建物よりもさらにもっと並外れたものは、ここを発展させた社会的構成だった。警察力は全くなくて、ただ平和力だけがあった。刑務所もなく犯罪もなく、ホームレス状態もなく失業もなかった。医療は誰にでも利用できた。あらゆる人が基本的に必要な世話を受けた。普通の社会に存在する社会福祉士《ソーシャルワーカー》を必要としなかった。一般的に、誰でも他の人に何が起こっていたのかを、ちょうど家族の中にいるように知った。おそらく、あらゆる異なる肌の色、信条、そして異なる状況の人々が一緒に平和に暮らしていて、たった一人の女性や子供が、夜恐れずにどんなところでも歩ける場所は、合衆国の中では唯一だったに違いない。だからラジニーシプーラムの都市は注目すべき、そして完璧なものだった。

しかしこれが可能だったのは、完全に異なる前提でここでの仕事がなされ、通常、世界中で見られるその他の社会的基盤とは異なっていたからだ。だからOSHOの人々は、他の誰もあえて取り組むことさえできなかった問題を解決できたのだ。それが非常に多くの憤慨を招いたのも不思議ではない。その前提は瞑想に、OSHOのビジョンとワークの中に、常に存在する底流に基づいていた。

OSHOが六十年代は個人たちに、そして七十年代はグループに働きかけてきたのに比べて、オレゴンのここでは、彼は私たちの文化の集団的無意識、集団的習慣やパターンに働きかけていた。これらはまさしく、人類を麻痺させ、この地球を生きた楽園に変えることを妨げてきた障害だ。OSHOのワークは、まさに私たちがこれを可能にさせる助けとなるものだ。

とはいえ、ラジニーシプーラムにおいて目に見えるこの奇跡は、財政的には莫大な事業であった。数百万ドルがOSHOの弟子たちによって愛情を込めて、二十世紀の人類の最大の実験に注ぎ込まれてきた。一方、その財力はオレゴンのポートランドで、経済的な基盤を発展させるためにも適用された。弟子たちはそこでホテルを手に入れて、それを繁栄する営利事業に新しく作り変えた。それでも、サニヤシンたちはそのために莫大な額を支払わなければならなかった。それは生き残るための、終わりなき奮闘だった。

ポートランドでの努力は同様の障害物と敵意と衝突し、それは宗教的原理主義者によるホテルの爆破で頂点に達した。

喩えるなら、ポートランド・ホテルの爆破は、最後のもう一方の頬を向けることだった。ラジニーシプーラムの管理は今や厳しくされ、統合された都市として、武装した力を作るために彼らは正当な権利を行使した。それは普通は警察力と呼ばれたが、ここでは平和力という呼称が選ばれた。数人のサニヤシンはオレゴン警察アカデミーで、彼らの功績に対して特別な表彰を得た。「宗教的」探求者たちが武装するという考えは、ついでに言えば、世俗的な生を送るＯＳＨＯのネオ・サニヤシンを見て、心を乱された伝統主義者と少しも異ならない因習的なアメリカ人の心《マインド》に、断絶を引き起こした。

しかしその結果は劇的だった。武装した平和力は抑止力として著しく作用し、ホテルの爆破の後は、ただ一つの過激な事件も起こらなかった。

第8章
シーラとラジニーシプーラムの上空に漂う暗雲
Sheela & the Hovering Clouds Rajneeshpuram

1983

1985

1981

ＯＳＨＯの秘書であるマ・アナンド・シーラは、一九九五年にヴィハ・コネクション――カリフォルニア、ミル・ヴァレイにあるＯＳＨＯヴィハ瞑想センター出版の月刊雑誌のインタビューで、こう語った。

「私はかつて瞑想とは全く関係がなかったし、今も瞑想とは全く関係ない」

このあからさまな声明は、まさにラジニーシプーラムに襲いかかろうとしていた災難の始まりを示唆していた。ラジニーシプーラム計画のリーダーとして、彼女は最も力強く、恐れ知らずで敏腕な個人であるに違いなかった。ところが哀れにも彼女は、ＯＳＨＯの秘書という重い責任を背負わざるを得なかった。しかし、これは彼女に自惚れと虚栄心という不埒な感覚を――ただ瞑想者のみが気づく醜さを与えた。

素晴らしい創造性の展開に気づくことやそれを見守ること、それに消耗されずに身を委ねるままでいる代わりに、彼女はあらゆる落し穴の中でも、最悪のものに堕ちてしまった。その落し穴とは、自分の仕事《ワーク》を思い通りになるものと勘違いしたために、ＯＳＨＯのワークや彼のビジョンと対立したことだ。瞑想の力による強烈な意識のために無防備になり、彼女の感受性は弱まり、彼女の知性は歪むようになった。異様な、カフカの作品を思わせるような官僚制度に直面し、愚かな法律の目をかいくぐるために攻撃的になったり巧みに扱うことに関しては、彼女をどうにか許すことはできる。だが、人々の人生や感情を完全に無視するようになると、彼女は少しやり過ぎるようになっていた。

アシュラムの真実の姿《リアリティ》――自らのエゴから遠く離れていることと、マスターに明け渡すという現実《リアリティ》から、彼女がどれほど遠くかけ離れていたかは、コミュニティの会合から明らかだった。

例えば、ＯＳＨＯから弟子たちへメッセージが伝えられる間、彼女はしばしば「あなた方のマスターは言った……」と言ったり、「彼はあなた方のマスターだ……」と言ったりした。要するに彼女は自分自身を、ほとんどＯＳＨＯの弟子として見ていなかった。彼女は常に、自分自身を彼と同等の関係にあると見ていた。彼女は、ラジニーシプーラムは「彼女のもの」であり、ＯＳＨＯに「与える」ものだと考え始めた。彼女は自分が彼よりもよく知っているということを、かろうじて合理的に説明した。つまり、彼は賢人であるかもしれないが、彼女は世間を知る実務的な者だということだ。それは馬鹿げた厚かましさだった。

ＯＳＨＯには、砂漠の中に生態学的な理想郷を築くというような「目標《ゴール》」はない、ということが彼女には理解できなかった。彼は過去でもなく未来でもなく、その瞬間に生きていた。

ＯＳＨＯの焦点は、彼の人々がどんな状況でも、自分自身について学ぶための方策としてそれを利用することにあった。だがどんな状況においても、瞑想が私たちの施錠された無意識の扉を開くための鍵だった。彼にとって瞑想とは、あらゆる機会を、あらゆる挑戦を成長の過程に変えるための唯一の手段だった。彼はしばしば、神秘家ゲオルギィ・グルジェフという人物について語った。彼は二十世紀初期に全面性と忍耐を用いて、人々が異なるエネルギーのレベルを体験するように働きかけた人物だ。ＯＳＨＯはこのプロセスを、完全に疲れきって家に帰ると、家が火事であることに気づいた人に例えた。突然その疲れは消え失せ、全く新しいレベルのエネルギーが働き始める。

一日十四時間の労働は、最後の数年間では、確かに彼の弟子たちをこれらのレベルのエネルギーへ連れて行った。そうしたものは、スピリチュアルな探求のために完全に必要だ。しかし当然それは、都市を造ることとは確かに何の関係もなかった。ＯＳＨＯにとって結果はどうあれ、重要なことはその人の関与のレベルだった。彼にはそうしたゴールはなく、間に合わせる最終期限などもなかった。彼はただ単に毎日を、他の人たちがほとんど思い描けなかった全体性をもって、それが生じたままに生き、そして他の人たちも同じ事を体験するように手助けした。

シーラは、もしＯＳＨＯが都市を望むのなら、そのために何をしても最後には正当化されるという思い違いの下で働いていた。一九八四年の夏に、都市のために戦う無謀な試みとして、彼女はアメリカ中から無宿《ホームレス》の人々を呼び込むという計画に乗り出した。都市の存続のために非常に重大だったワスコ州の選挙で、彼らが投票できるようにだ。突然、弟子たちのその平穏な土地は、何千人もの人々で混み合うようになった。それは食べ物、衣服、宿所など自由に与えられたものが良過ぎただけでなく、その地域を彼らが横断することになったからだ。これら路上生活者のかなり多くは前科者であり、何人かは常習犯でもあった。サニヤシンたちは彼らの毒を吐き出させるために最善を尽くし、優しく親切に世話をして、何人かには瞑想を指導したりもした。しかし全ての計画は、ＯＳＨＯのワークとビジョンからかけ離れていた。

一九八四年十月三十日、千三百十五日間の沈黙の後、ＯＳＨＯはもう一度弟子たちの前で話し始め、彼のハートを開き始めた。ＯＳＨＯが話し始めた時、必要なことがゆっくりと明白になり始めた。

「選ばれた小数の者たち」に話しかけられたこれらの会合は、ダイナマイトだった。彼のワークの全く新しい局面が始まった。一九八一年に沈黙に入った時、彼は単なる知的な理由で彼と共にいた人たちを、全て追い払いたいと言っていた。今、彼は、沈黙の中で彼と共に在ることのできる人たちだけを望んでいた。

「まず、私が沈黙していたのは、すでにあらゆることを話してきたからではない。沈黙していたのは、私の言葉にまとわりついていた人々を落としたかったからだ。たとえ黙っていても、私と共に在ることのできる人々を私は望んでいた。私は難なくこれらの人々全員を選り分けた。彼らは簡単に離れ去った。

三年は充分な時間だった。私がこれらの人々全員を見た時——彼らは多くはなかったが、私の言葉にまとわりついていた。私は、ただ私の言葉を信じるだけの人々を望んではいない。私は私の沈黙を生きる人々を望んでいる。この三年間で、それは私の人々と共に沈黙するための、そしておそらくは決して二度と話さないかもしれない男と一緒に留まる中で、彼らの勇気と愛を見るための重要な時間になった。

そのワークが為され、これらの人々が立ち去った時、黙ったままでいる必要はなかった。私は再び戻る。私はまだまだ話さなければならない——さらにいっそう、もっと話すことになるだろう」

選ばれたグループへの数ヶ月の夜の講話で、彼は人類の歴史を入念にばらばらに引き裂いた。神、天国、地獄、イエス、彼が過去において大いに語ってきた人物たちは、今や全ての宗教や社会と一緒に酷評された。彼は当然賞賛するべきところは賞賛したが、批判が必要なところは批判もした。彼はそうするためにほとんど十年間待っていた。

講話において、ＯＳＨＯは宗教としてのキリスト教には特に容赦がなく、それを一つずつ、神話の一つ一つ、矛盾の一つ一つをずたずたにする。これはオレゴンでは、強力なキリスト教原理主義者たちの憎悪の炎を煽ることになった。彼らは既にこの都市《ラジニーシプーラム》を、自分たちが支持すること全てへの侵害であるかのようにみなしていた。最終的に、それは次のような事に行き着いた。それは、ここには第三世界の国からの外国人で、白人ではない非キリスト教神秘家がいて、彼は変わった服装と奇妙な帽子を身に付け、彼の名前にちなんで、サンスクリット語で名付けられた都市の周りで装飾された外車を運転し、コミューンに啓示を与えていた――そのコミューンは私的な財産がなく、犯罪も強姦も福祉もなく、人々はお金のためでなく愛のために働き、誰もが菜食主義者で誰もが赤色を着て、人々は本当の喜びから毎日通りで踊っていて、最も輝いている人々の何人かは、米国からだけでなく世界中からも来ていた、というところで――この全てはまさに、原理主義的キリスト教徒カウボーイの国の中央での出来事《ハプニング》だ、というものだ。

宗教的原理主義者の他に、OSHOの水晶のように明晰な洞察によって、極めて不快にさせた社会のもう一つの区分には、特にアメリカの政治家たちがいた。過去において、彼がインド人の政治家たちにしたことを、今はアメリカ人に対して行なった。彼がアメリカ憲法を賞賛するのは、ただ政治家たちを摘発し、踏み潰す力を増すためだった。信念、希望、自由、慈善――アメリカン・ドリームの全ての偶像は、ずたずたに捨てられる。彼は聴衆が彼らの宗教や社会によって、彼らの上で演じられてきた策略に気づき、首を横に振ることしかできなくなるまで、それぞれの偽善をはっきり簡潔に、詳細に暴露する。彼は記者会見を開き、世界のメディアからの質問に答え、宗教、政治、そして社会制度とそれらの欠陥に対して、力強い攻撃を続けた。

彼は偉大なアメリカン・ドリームの偽善を、その盛んに宣伝された個人の自由や、憲法によって保障された個人の自由、集会の自由、宗教の自由を尊重する理念と共に暴露した。これはOSHOのアメリカ人の弟子たちや友人たちに、大きな衝撃をもたらした。彼らは、アメリカの人々がどのように政府に騙されつつあったのかを、OSHOの超人的な洞察と暴露を通して明白に見い出した。

彼の存在そのものが、その組織に向けた究極の挑戦だった。なぜなら彼は単に古いものに対して真の代案を提供しただけではなく、ラジニーシプーラムで明らかなように、実際にはどうしたら「人生、自由、幸福の追求」の夢が本当に実現され得るのか、をまさに示したからだ。米国の他の都市が暴力と疎外感に直面していた一方、ここの若いアメリカ人たちはお互いの世話をしていて、まさに夢を生きていた。社会の旗手たちへの脅威であるその成功は許されなかった。

これは嵐を呼んだ。連邦政府は、この実験をできるだけすぐに打ち切らせるべきだ、という決定をした。ある十七人の政府機関の関係者は、OSHOと彼のサニヤシンたちについての情報を入手し、彼らを有罪であると宣告できて、米国から彼らを追い出せるものなら何でも得るようにと指示されていた。世論は既に「宗教的カルト」というありふれた常套句で操作されていた。従って政府機関の関係者は、自分たちが選んだ策略は、何であれ支持されるとわかっていた。

その当時はレーガンが政権を握っていた。その政権には、その都市を破壊してOSHOを米国から追い出せるなら何でもする、という強固な意志があった。エドウィン・メーセ法務長官は後ほど、自分はOSHOの名前を決して二度と聞きたくない、とはっきり表明した。皮肉にもその同じ内閣は、後にいろいろな犯罪の元で有罪判決を下される多くの同士たちに気づくことになった。後になってエドウィン・メーセ自身が、嫌疑を受けて事務所を去った。政府がラジニーシプーラムの破壊を計画していた当時、彼ら自身が憲法の権利の悪用に巻き込まれていた。どんなアメリカ人も、彼らの政府がどれほど歪んで腐敗しきっていたかを、想像すらできなかった。

ラジニーシプーラムへの敵意と攻撃は、その地方特有の権力の根深い悪用が元になっていた。政府からの圧力は増大し、オレゴンの既得権者たちと共に、報道機関からの敵意は苛烈になった。シーラと彼女の腹心たちは自暴自棄になり、権力にしがみつくためにますます多くの極端な手段を取り始めた。最終的に、彼女と彼女の混乱したグループは、自分たちの権力、権威、そして全てのプロセスが行き過ぎたため、政府に逮捕されようとしていると自覚するようになった。突然、何の予告もなく、一九八五年九月にシーラは彼女を援助する小さなグループと共に立ち去った。彼らの活動の流れは、数時間以内にそのグループの近くにいた数人から明らかにされた。これらの暴露は、ラジニーシプーラムの住人たちの精神的外傷《トラウマ》になることが判明した。誰もが個人的なレベルで、強力な勢いを持つ集団が都市を壊そうとしていることに気づいていた。しかし、ＯＳＨＯの秘書と彼女のグループは彼を全く誤解していた。驚くべきことにグループ内部を自分達で判断するという動きに向かっていたに違いない。

ＯＳＨＯのワークは初めから常に手段に関するものであり、決して結果に関するものではなかった。それでも、ある歪んだ方法で、このちっぽけな連中は、彼のワークは「砂漠の中の都市」についてのものだと想像し、ゆえにそれを作るためのどんな手段も正当化されると考えた。

熱意と瞑想的な気づきの不足のため、彼らは、都市の建設はＯＳＨＯのサニヤシンたちがスピリチュアルな努力の中で、一つの集合体として精力的に機能するための単なる機会に過ぎず、それが本質的に集団的無意識を理解するための実験だった、と理解できなかった。これらの基本的なことが、明らかに彼らには理解できていなかった。都市の創造は全くの副産物であり、主要な出来事ではなかった。ＯＳＨＯは常にミステリー・スクールのように、彼の周りの表面的な現象は決して真のワークではないと述べた。真のワークは常に目に見えないものであり、基本的に全て変容に関するものだ。

これらの並外れた出来事は、サニヤシンたちを驚くべきプロセスに導いた。サニヤシンたちは深刻な犯罪について何も知らなかった。それでも彼らは、自分たちへの無神経で傲慢で侮蔑的な扱いに寛容であり、シーラと彼女のグループに、彼らの迷惑を顧みず勝手にふるまう権限を許してきた。学んだことを全く忘れてしまい、それに感謝すらしない少数の人々が存在することは一つの教訓になる。

OSHOはその状況を穏やかに処理し、彼らを取り巻く世界は権威主義的な力の悪用に満ちていること、月並みな論争は常に反応に過ぎず、当然それはより以上の行動と反応を生むことを彼らに教えるのだった。世界の状態は、このプロセスの失敗を充分に証明している。ここラジニーシプーラムと同じくらい小さな場所で、彼らは冷酷なあらゆる成功や、全体主義的な組織がどれほど常に恐れに基づいているかを、非常にまじかに見ることができた。そして決着をつける方法は、反応ではなく、理解を通してこの恐れを処理するように自由と責任を認識する個人の能力の中にある。OSHOのワークは、周りにいるこれらの人々に、鏡を保持させることにある。この場合、鏡は集団的無意識の中の恐れを映した。

増大する全ての対立の間ずっと、OSHOは自分自身を最高の状態に保ち、一瞬たりとも決して動揺しなかった。彼はいつも通り隔離された生活を送った——質素な食べ物を食べ、音楽を聴き、屋内プールで泳ぎ、午後にドライブをして、彼の秘書と会い講話をした。その頃はもう、OSHOの健康も非常に良い状態を保っていて、清潔な砂漠の気候に感謝していた。彼の背中の問題は安定して、彼の喘息と糖尿病もより良い管理下にあった。

物理的なエネルギーの支えと共に、より活動的で規則正しく嵐の中心にいるOSHOと話すために、世界中から訪れた報道機関と、彼は触れ合い始めた。ラジニーシ・マンディールという巨大な瞑想ホールで記者会見を催す時はいつでも、踊るサニヤシンたちは言うまでもなく、ライトの閃光、カメラマンたち、そして技術者たちがいた。水を打ったような沈黙に対して、OSHOは彼が知っている全てを曝け出したものだった。全てのもめごとを取り調べて、罪を犯したと思われる人々を有罪にするためにOSHOは警察を招いた。全てのサニヤシンたちに充分な協力をするように促したOSHOが、いったん警察を招くと警察が必要とするものを全て彼らは用意していた。

とはいっても、権力者たちは到着したが、非常に奇妙な行動をとった。彼らは申し立てられた犯罪を取り調べることには関心がなく、OSHOのサニヤシンと、友人のコミュニティである都市をいかにして解体するかに関心があったのは全く明らかだった。間違いなく、彼らはOSHOがそこから出て行くことを望んだ。たとえ最も些細な理由のためであろうと——。米国の検事が定めるそこでの主要な議題は、彼らを追い出すことだった。そして彼らにとっては、OSHOの移動が基本方針であり目的だった。

ラジニーシプーラムは、本質的にエネルギーに満ちた現象だった。ほとんどあらゆることが透明でありながら、それでも何も確実ではなかった。劇的な変化が、肉体、構造上、感情、そしてエネルギーのレベルで起こった。活気のない瞬間は決してなく、何も確かではなかった。それは、ここと今に在るための訓練だった。何という贈り物だろう！

全ての逆境、挑戦、そして圧力の下で、ラジニーシプーラムの精神は活力に満ちたままでいた。誰もその精神を破壊できなかった。それでも、ラジニーシプーラム現象を理解することが厳しく思えるのは、それが本質的に一つの実験であり、最後の答えではなかったからだ。それは知られざるものへの実験だった。そのプロセスの中では何も間違っていなかった。あらゆることが劇的で生き生きとしている中で、人間的な環境の中で、それがそうあるように起こった。

ＯＳＨＯにとってラジニーシプーラムは遊び《リーラ》であり、エネルギーの陽気な表れだ。リーラにはどんな最終的な目的も終わりもない。それが起こっている間の、その瞬間で充分だ。そうした動的で無目的な戯れは、もし人がそれを深刻に受け取ったり、エゴを通して眺めたりすると、非常に難しくなり得る。いずれの場合でも、人はその現象を非難するか、それを徹底的に破壊することで終わりかねない。

ラジニーシプーラムは、まさに創造性の強烈な表現だった。創造されつつあるものに自分自身を同一化させない限り、創造性は喜びの源泉のままであることを、私は自分のラジニーシプーラムの体験から学んだ。私たちが自分を非同一化する時、まさにその手段は終わりになる。あらゆる歩みと努力が私たちを成長させ続け、そしてＯＳＨＯが指摘するように、「存在と調子を合わせる」のだ。

しかし、それを乗り切る前に、もう一つの並外れた出来事が起こった。一九八四年の初めに、ＯＳＨＯは新しく発見された病気、エイズについてのメッセージ、それは世界的な伝染病になるだろうという警告を世界に与えた。それは、彼の弟子たちでさえ不意を突かれた恐ろしい発表だった。

「これは、人間がこれまで直面した最も重大な責任だ。しかし覚えておきなさい、責任が大きければ大きいほど、挑戦が大きければ大きいほど、あなたが最高の知性、潜在力、才能、創造性に至ることが可能となる……。私はこれらの二つの事柄、エイズと核兵器について、おそらくこれはあなたが眠り続けたいと思わなくなる瞬間になるだろうという単純な理由のために、間断なくこきおろしている。これはあなたが、生と死そのものよりも深い何かを知りたいと思う瞬間だ。それは平和な世界になる。それはあなたに属していて、あなたはそれを要求しなければならない」

ＯＳＨＯは二、三のスピリチュアルで、しかも実践的な指針を与え、安全なセックスの実践を提唱した。報道機関はラジニーシプーラムの五つ星ホテルで、全ての部屋にコンドームが備え付けられたという事実をからかった。もちろん、ＯＳＨＯの助言で救われた生命の数は数えきれない。

彼の洞察の賢明さは、数年かかって理解されるのだろう。称賛に値するのは、彼がセックスへの無責任で放縦な態度の危険な結末について、人類に警告する最初の存在であるからだ。ＯＳＨＯの助言は目覚ましく効果的であることがわかった。今日まで彼の弟子たちは、彼の指針に従った人々の誰かが感染したのをまだ見ていない。世界で新しい事例が二、三秒ごとにある時、これはＯＳＨＯのビジョンを証明するものとして有効だ。エイズの実験だけは、まさにそれに続く生命救済の可能性を証明する見地からも、ラジニーシプーラムがこの惑星のあらゆる知的な人を歓迎することは当然だった。

第9章

正義と民主主義の滑稽さ

Travesty of Justice & Democracy

1985

1981

一九八五年、米国の権力者たちはＯＳＨＯを「入国管理法違反」で逮捕するために、ラジニーシプーラムを軍事攻撃する準備をしていた。テキサスのワスコで起こったことと多少類似して、国家警備隊が召集され、近くの町で準備を整えていた。ＯＳＨＯは、扉の後ろで企てられていた秘密計画を暴露した。

「アメリカでの前回の選挙の前に、オレゴンの州知事が、彼の政府の全ての高官たちと内密に会合を催した。司法長官がいて、ノルマ・パウルス（オレゴン州からの共和党政治家）がいて、政府の中で何らかの役職を持つ全ての人たちがいた。彼らは報道関係者たちを中に入れなかった……。それでもあなた方はこれを民主主義の国と呼び続けるのだろうか？

彼らは、私の人々をどう扱うかについて決めていたが、私の人々の誰もそこに居合わせることを許さなかった。そして知事が出て来て記者会見を開き、彼は完全に嘘を言った。内部で起こったことと、彼が外部で言ったことは完全に矛盾していた。記者会見で彼はこう言った。

『事態は正常だ。恐れる必要は何もない。あらゆることが管理されている。我々はラジニーシたちを冷静にさせようとしているのだ』

彼がどのように私たちを冷静にさせようとしていたのか、私にはわからない。彼は決してここに来なかったし、決して私たちに伝言を送らなかったのに、私たちを冷静にさせていたと言う。彼は自分を魔術師だと思っているのだろうか？　そして彼は、自分は人々を熱くなり過ぎないようにさせている、と言った。

内部では全てが違っていた。今、その会合の秘密記録が見つかった。彼はそれは燃やされたと思っていた。しかし、この世界では不可能な事も起こる。今、私たちは会合の内側で何が起こったのかを知っている。そこでは誰かを冷静にさせる議題も、平和を作り出す議題も全くなかった。それどころか彼らは、ラジニーシプーラムを完全に破壊するための自分たちの軍隊が、そこへ到着する所用時間について決めていた。彼らはどんな瞬間にも、三時間以内に、軍隊が私の人々を滅ぼすことができるように、軍に警戒態勢を取らせることを決定していた」

一九八三年のポートランドでのホテル・ラジニーシの爆破以後、ラジニーシプーラムには、独自の武装した警備員たちがいた。銃を持つことは、オレゴンではあらゆる軽トラックのために一般に普及していたので、それを準備することは当たり前だった。

都市とその増加した住人たちへの敵対行為と、ある種の暴力的な侵攻の脅しが緊迫しているように見えた時、突然ＯＳＨＯは退去を決定し、一撃でその情勢を緩和した。彼は、問題になっている重要な点は都市の合法性でもなく、都市運営を誤って指導したほんの少数の個人たちでもなく、彼自身にあるということがわかっていた。だから、都市に住むサニヤシンたちの生活と安全への慈悲と彼の深い懸念から、ＯＳＨＯはラジニーシプーラムを立ち去った。

それでも、残念ながらそれは話の終わりではない。一九八五年十月二十九日、ＯＳＨＯと彼の世話人たちは、滞在するためにノース・キャロライナのシャーロッテに着くと、すぐに逮捕された。米国政府の重装備した男たちのグループが暗闇から飛び出し、ＯＳＨＯが旅をしていた貸切り飛行機を取り囲み、彼と彼の世話人、料理人、そして医者を捕らえ、彼らの手首、腰、足の周りを鎖で拘束した。誰もが何の逮捕状もなしに逮捕され、拘置所に連行されて、次の三日間を滑稽な法廷の光景の中で過した。そこでは、彼らがなぜ拘束されねばならないのかは言うまでもなく、逮捕の理由を誰も知っているようには思えなかった！　ある講話の中で、ＯＳＨＯはその試練の様子を語っている。

「アメリカで逮捕された時、私は手錠をかけられ、重い鎖が腰に巻き付けられ、足にも同様に鎖を巻かれた。私は歩くことすらできなかった。そして彼らは、人々が通り中にいて、私が手を上げるかもしれないことを恐れていたので、私の手錠に繋がっていた別の鎖を、私の腰の周りの鎖に付けた。それで私は自分の手を動かせなかった。そして彼らは、車で非常に狂ったように突進した……その理由は人々が至るところにいて、彼らは手を振って、私に勝利のサインを示していたからだ。その時私は、なぜ彼らがそんなに急いでいたのかを理解した。写真家たちや報道関係の人々が至るところにいたが、もし彼らが、人々が私に挨拶していて、それでも私が何の逮捕状もなしに逮捕されたことがわかるなら、民主主義についての全ての話は、全くナンセンスであるように見えるからだ」

ＯＳＨＯ以外の全ての人は保釈金を払って釈放された。噂通り、裁判官はＯＳＨＯを監禁したままにする以外、何もしなかった。裁判官は自分の昇進と引き換えに、政府に要求されたことを明示したに過ぎない。選択の余地は、彼女の出世かＯＳＨＯかにあった。どちらが一番に取り上げられたかを推理しても仕様のないことだ！

次の十二日間は、ＯＳＨＯの生の中で最も異様だった。この平和で愛情深く、紳士的な神秘家は、ポートランドまで六時間の飛行機の旅であったはずのものを、一つの拘置所から別の拘置所へと、国を横切って引きずり回された。ＯＳＨＯは、自分がどれほど非人間的に扱われたかを述べている。

「十二日間、私の代理人たちは、一つの拘置所から別の拘置所へと走っていた。なぜなら彼らは、毎日私を一つの拘置所から別の拘置所へ連れて行き、拘置所を変え、私を殺すための何か間接的な方法を見つけようとしていたからだ。

彼らは私を、疱疹《ヘルペス》とエイズが原因で死のうとしていた男と一緒に、独房に入れた。その独房は二人用のものだったが、六ヵ月間誰もそれを共有しなかったのは、医者が彼は一人のままでいるべきだと指示していたからだ。彼らは私をその独房に入れた。そして医者がいて、看守がいて、米国裁判所執行官がいた間に、彼らが私を移動した時、自分の最後に息を引き取る日を計算していたその男が、私に言った。

『バグワン、あなたは私を知らないが、私はあなたをテレビで見たことがある。そして私はあなたに惚れてしまった。私の近くに来てはいけない。ただ扉の近くに立つのだ。私はヘルペスとエイズに苦しんでいて、死にかけているからだ。彼らはわざとあなたをここに置いた。なぜなら六ヵ月間、彼らは他の誰もここに入れなかったからだ。独房の中のあらゆるものが汚染されている。あなたはただ扉の側に留まり、その扉を叩きなさい。誰かを来させるためには、数時間叩くことが必要だからだ』

看守が来るまで、それはほとんど一時間かかった。私は彼に尋ねた。

『六ヶ月間、この独房には他の人は入らなかった。あなたはこの男が死にかけていることを、完全によく知っている……なぜ、あなたは私をここに入れたのだ?』

すぐさま、私の独房は変えられた。彼らは何も答えなかった。私は医者に尋ねた。

『あなたは、人々の生命を救うためにヒポクラテスの誓い(医師の倫理・任務についてのギリシャ神への宣誓文。現代の医療倫理の根幹を成す患者の生命・健康保護の思想、患者のプライバシー保護のほか、専門家としての尊厳の保持、徒弟制度の維持や職能の閉鎖性維持なども謳われている。)をしてきたに違いない。あなたはそこにいて、殺人者たちをこの独房に入れることさえ回避してきたのに、それについて何も言わなかったのか』

彼は私に言った。『私たちにはどうすることもできない。あらゆる間接的な方法を利用すべきだ、という命令が上部から来た。だから、もしその人が死んでも、私たちに責任はない』」

ある時OSHOは、彼の代理人たちが彼の居所を知ることを妨げられていた間に、デヴィッド・ワシントンという偽名で、オクラホマの拘置所に入るように強いられたことさえあった。

最終的に、OSHOはオレゴンのポートランドに移され、保釈が認められた。別の告訴の中で、彼は「偽装結婚を取り決めたこと」について告発されつつあった。それは、全てのラジニーシプーラム物語に関する究極の皮肉とも言えた。OSHOは、全ての結婚はある意味で偽装だ!と何十年も話してきた。だが一番重要な点は、その尋問の期間、彼は誰とも決して話さなかったことだ。彼は沈黙して自分の部屋に留まり、ただ彼の秘書、世話人、医者とだけ、それも必要な時にしか会わなかった。拘置所での十二日間と、都市が破壊されたことへの陳述に対して、米国検事の議題ははっきりしていた。それは、OSHOを処分してコミューンを破壊することだ。

ＯＳＨＯに与えられた待遇は、正義と人権の完全な無視だということは明らかだった。全ての非人間性は、彼の私的な弁護士であるフィリップ・Ｊ・トェルケスによる法廷宣言で、明白に証明されていた。ここにあるのは、一九九五年五月七日付けの法廷文書からの若干の関連した抜粋だ。

「ＯＳＨＯには決してどんな暴力的行為の罪もなかった。米国政府の目的は、彼を米国から追い出すことだった……。最終的にＯＳＨＯを告発した容疑は弱く、ＯＳＨＯによる犯罪行為の事実を証明しようとする政府の無能さを証明している。一九八一年六月にＯＳＨＯが到着したすぐ後と、彼の滞在を許可するどんな処置でも取れたその前に、米国政府はＯＳＨＯを米国から追放するという公然とした意図をもって、制限のない調査を始めた。調査は五年間続き、連邦検察局（ＦＢＩ）、米国移民帰化局（ＩＮＳ）、税関、国務省、ワシントンＤＣの司法省、オレゴン州のための米国の弁護士、そして他の機関を巻き込んだ。

オレゴン州にあるワスコとジェファーソンの郡当局者たち、そして民間人たちも、『赤い人々』を追い払う方法を捻出する試みに、最大の助力を尽くした。一九八三年まで、政府は全てのレベルで、ラジニーシ・コミュニティに焦点を合わせた機動部隊に関わっていた。地方の民間人は、ＯＳＨＯの人々に協力して彼らに基本的な公共サービスを与えるどころか、彼らの都市の編入を阻んだ。地方公務員は、建築許可を発行するという明らかな法的義務をしなかった――ＯＳＨＯの人々が、地域の住人から最近購入した土地への建築許可を否認した。オレゴンの千人の友と州の機関は、隣人にとってはどうでもいい乾燥した荒地であったところで――そこは今日再びそうなっている――ＯＳＨＯの人々が共に生活して、そこを回復することを妨げるために、多くの土地使用事例を持ち出してきた。ビクター・アティヤー知事は、もし隣人から嫌われたのなら彼らは出て行くべきだと発言し、州政府は宗教的少数派へ容赦ない敵対行為を優先する態度を表明した。こうしたことは、全市民の市民権を保護するはずの公務員の義務について、実に滑稽な解釈を示すものだ。もし同じ声明と行動が黒人に、またはユダヤ人やアティヤー氏自身の祖先に適用されるなら、それはどう見えるだろうか？

チャールズ・ターナー――当時のオレゴン州のための米国の弁護士であり、起訴の遂行に対する責任のある男は、逮捕状なしでＯＳＨＯを逮捕した後、記者会見を催した。記者会見でターナー氏は……ＯＳＨＯの告発の目的は、ＯＳＨＯを米国から追い払うためだったと述べ、法的手続きは、政治的な目的に叶うように利用されてきたことを認めた……。目的は刑罰ではなく、コミュニティの破壊とＯＳＨＯの追放だった。その目的はやり遂げられ、刑罰は二の次だった。

ＯＳＨＯ自身による不正行為の起訴で唯一の申し立ては、彼は米国に永久に留まるつもりだ、というものだった……。実際には、ＯＳＨＯに留まるつもりは少しもなく、単に医療的な理由で訪れていただけで、去る準備ができていたとの充分な証拠がある。ＯＳＨＯは全ての世俗的な問題と同様、これらの詳細の処理を、彼の弟子たちに頼っていた。今日適用できる法律の下では、そこに留まるという望みは、進んで法律に従うことと結びつけて考えれば、法的に成立する違反でさえないものだ」

これらのＯＳＨＯへの過度の法的解釈による犯罪の告発は、米国では過去に全く起訴されていない。それらは行政上の過程で普通に提起された。それらが犯罪的に起訴された理由は、その事件を証明するまでもなく、その刑事上の過程が、ＯＳＨＯに対して武力行使をする機会を政府に与えたことにある、というものだった。米国移民帰化局は、まず行政上の過程で、ＯＳＨＯは正当な宗教的指導者でビザ申請の権利があることを否定しようとしたり、ＯＳＨＯの教えは「宗教とは正反対」だと述べようとしていた。その立場は、宗教的教義の評価に基づいた内容として憲法上容認できないとされた。しかしそれは、意思決定者の宗教的な強い憎しみが原因だった。なぜならその決定は法律に反していたし、ＯＳＨＯは世界的に有名な宗教的教師だという事実を無視していたからだ。権力者たちは自分自身を翻さなければならず、ＯＳＨＯは宗教的教師であり、ビザの権利があることを認めて、その資格があることを容認せざるを得なかった。

しかし入国管理局の権力者たちは、永住権を与えることを拒み続けた。なぜなら彼らは、ＯＳＨＯを米国から追い出す方法を見つけるように、ワシントンＤＣの有力な政治家たちから強い圧力をかけられていたからだ。世界的な捜査の三年後、入国管理部門は、拒否するためのどんな根拠も見つけられなかったため、彼らは最終的に問題を米連邦地検に引き渡した。そこならうまくやってのけるだろうと期待したのだ。なぜならそこにはＯＳＨＯへの完全に政治的な敵意があり、ホワイト・ハウスまでを含む政府の最高地位からこの男をどうにかして追い払えという指示があるからで、米司法省はＯＳＨＯの精神状態について憶測に基づいた起訴を提出した。

起訴が発行された数日後、米連邦検事は、告発の存在をＯＳＨＯの弁護士に知らせることさえ拒否し、また、問題を裁判所でしっかり解決するための彼らとの交渉も拒否した。その代わりに米連邦検事は告発の存在を認めることを拒否したと同時に、彼ら自身がその存在を認めない告発からの逃亡者として

OSHOを逮捕した。OSHOが米国に留まるのを妨げる五年間の試みの後、彼らは彼が去ろうとしているように見えたその時に逮捕した！　米国政府は、全く政治的目的を遂げるために、法的過程を不正利用した。

OSHOが最終的に釈放された時、出発するために彼が座って待っていた部屋で爆破未遂があった。その意図は既にはっきりしていたが、それは後でOSHOの弁護士たちにそれとなく強要された――ある意味、罪状を認めて国を去るほうが、彼自身の安全のために良かっただろう、「さもないと……」

彼の弟子たちは切羽詰っていた。もし彼の望んだように、彼が戦うのを助け、その無罪を証明するなら、彼が生き残ることは期待できない、特にそれが成功したならなおさらだ、ということが充分に明らかなのだ。そのうえ、この全ての悪意のある政治的なドラマは、彼の既に脆弱な健康に損傷を与えかねなかった。明らかに、彼をそれ以上危険に晒すことはできなかった。

「それは政府の検事によって、私の弁護士にすっかり明らかにされた。彼らは私のところに来てこう言わなければならなかった。『このような事は前代未聞です。全く馬鹿げていて実に不法であり、犯罪です。今、彼らはあなたが二つの犯罪を、最も小さな犯罪の容認を望んでいます。彼らはアメリカの面目とアメリカの民主主義とアメリカの正義を保つために、二つの犯罪にあなたが有罪だという容認を望んでいるのです。そして一度あなたが二つの犯罪を容認したなら、何の裁判もなく、あなたは放免されるでしょう』

私は非常に頑固だった。私は弁護士に、その事件と戦う方がよりいいのは、彼らにはどんな証拠もなく、どんな証拠を得ることもできないからだ、と話した。だが弁護士は言った。

『問題は恐喝に関するものです。彼らは、保釈を取り下げてあなたを拘置所に入れる、と私たちに脅迫しています。そして彼らは、十年間その事件を延期し続け、その十年か十五年にかけてあなたを悩まし、あなたを苦しめるでしょう。そして私たちは、彼らがあなたの生命を奪うかもしれないことを恐れています。なぜなら彼らは一つの事をはっきりさせてきたからです。それは、たった一人の個人が政府を打ち負かすことはできない、ということです』

それでどうなったのだろうか？　私が二つの犯罪を容認した時、裁判官はすぐに私に四十万ドルの罰金を科すという判決を下した。約六百万ルピーに相当し、それは私が関与していない二つの犯罪に対してだ。それは彼らが私の弁護士に、私の生命は危険に晒されている、『ただ私の生命を守るために！』、と恐喝めいたやり方で強いてきたものだ。しかし彼らは、いったん私が容認したなら六百万ルピーが罰金になることなど、決して言及したことがなかった。彼らはそれに言及しなかった。これが二番目の策略だった。

私が空港に行った時、私は彼らが私の椅子の下に爆弾を置いたという情報を受け取った。彼らは待っていた――もし私が容認しなかったなら、そして私が裁判に従うことを望んだとしても、彼らはただ爆弾を爆発させて、全ての物事を終わらせただろう、誰もいなくなり、どんな裁判の問題もなくなる――ということを」

十一月中旬に彼の弁護士は、政府の検事によって提案された「協定」に同意し、それによってＯＳＨＯは「オールフォード嘆願」を通した告発で自分の無実を主張したが、それらの二つに判決が下された。彼は四十万ドルの罰金を科せられ、米国を去ることと、五年間の入国禁止を命じられた。彼は法廷で傍聴した後、すぐさま国を去ることになった。ＯＳＨＯによるとこれは政府の計画であり、ラジニーシプーラムの終焉でもあった。

とはいえ、米国政府がどんな手段によってでも米国からＯＳＨＯを追放することを決定した、という事実は残った。米国法務長官エドウィン・メーセは、ＯＳＨＯを追い立てるために「インドにすぐ戻れ、決して姿を見せるな、二度と声を聞かせるな」と宣言した時、この点については何の疑いも残さなかった。にもかかわらず、法律と人権に関する限り、多くの問題が答えのないままだった。ラジニーシプーラムの都市に関わった市の弁護士であるサンギート・ドゥチャネ法務博士は、次の疑問を提起した。

「なぜ米国検事は、起訴をＯＳＨＯの弁護士に知らせなかったのだろうか？　なぜ彼らは、あり得る告発を知らされず、オレゴンに戻るように助言するためにＯＳＨＯと連絡することを邪魔されたのだろうか？　それによってどんな逮捕でも避けられたのに？　なぜＯＳＨＯはノースカロライナでは保釈を拒否され、その後オレゴンに到着した時は、すぐに釈放されたのだろうか？　なぜ飛行機で六時間の距離にＯＳＨＯを輸送するのに、政府は十二日もかかったのだろうか？　政府が彼は危険な人間だとノースカロライナで主張していた頃、いったんＯＳＨＯがオレゴンに到着したなら、なぜ彼らは突然彼を追求することに、もう関心がなくなってしまったのだろうか？

……やがて時が過ぎてＯＳＨＯの身体がしだいに弱まり、彼の健康が原因不明に悪化するにつれて、実に酷い話が展開した。なぜ政府は、ＯＳＨＯを十二日間拘留中にする必要があったのかが突然明らかになった……。OSHOは、自分が十二日間拘留されている間に、米国政府によって毒を投与されたことを暴露した……。それが政府の計画だった――OSHOをインドに戻るように強いて、数年間彼を報道機関から離したままにし、それから跡を辿るのが難しいほど、ゆっくりと静かに弱らせて彼が死ぬようにさせたのだ」

連邦裁判所でOSHOに刑が宣告された後、彼の弁護士の一人であるロバート・マックレーは言った。

「彼らは再びそれを仕出かした。彼らは再びイエスを磔にしたのだ」

第10章
自国でのトラブル
Trouble at Home

1985、マナリにて

インド　マナリにて

ネパール　カトマンズにて

エンジンが夜の暗闇に大きな音を立てている中、個人利用で借りたジェット機の昇降段をＯＳＨＯはゆっくりと登った。彼の弟子たちは、涙を流しながら近くに立っていた。彼らの人生の最も素晴らしい冒険が、そんなにも不意に、それほど不作法に、とても痛みに満ちて終わったことを彼らは信じられなかった。非常に高貴な客《ゲスト》に対し、より多くの時間を自分たちと過ごしてもらえなかった、という思いで彼らのハートは痛んだ。彼は振り返った。彼の髭は風で渦巻いていた。そして友人たち、弟子たち、熱愛者たちに手を振り最後の別れの合図をする時、彼は満面の微笑みを浮かべた。

アイルランドとキプロス経由の航路で、ＯＳＨＯは最終的に一九八五年十一月十七日にデリーに到着した。涙ぐんだ弟子たちの暗くて寒いポートランドの夜から、愛するマスターと再び出会う喜びで空港を圧倒していた、オレンジ色を着た多数のインド人サニヤシンたちで群がるデリーの明るい日光へと向かう旅の二つの終着点は、これ以上の対比などあり得なかった。

米国に話を戻すと、有名な作家トム・ロビンズは、ＯＳＨＯを公然と支援する知識階級で唯一の人物だった。ロビンズによると……。

「……ＯＳＨＯは偉大な人間であり、彼が受けた迫害は、米国には宗教的な自由があると主張する人を全て、嘘つきや偽善者にしてしまった。彼は明らかに多大な影響を及ぼす人間だ。そうでなければ、彼はそのような脅威に遭わなかっただろう。彼は他の誰にも言う勇気がないような事を話す……。そうした類の考え方の人間は扇動的なだけでなく、他人を支配したがる人々を怯えさせる真実の響きがある……。もし礫が今でも慣用されていたなら、もちろん彼は釘で打ち付けられていただろう。しかし私たちは文明化されたので、彼らはその代わりに彼に国外追放を強いなければならなかった。彼らはむしろ、ホワイト・ハウスの芝生で彼を磔にしたかったに違いない」

米国で受けた非人間的な待遇にもかかわらず、ＯＳＨＯはアメリカの土地と人々に、賞賛的で愛情深いままでいた。ある質問への答えの中に、この事実を証明する彼の言葉がある。

「私はそれでも『ブラボー、アメリカ！』と言うだろう。アメリカが私を虐待しなかったという単純な理由のために……。私を虐待した官僚的な人々の小さなグループは、アメリカではない……。アメリカは私についてあまり知識を持っていない。私をあらゆるアメリカ人に知らせたのは、アメリカ政府の行為、虐待だった。そしてこの十二日間に私が行ったところはどこでも――私はほとんど、アメリカ全土を通過したが――私は見知らぬ人から愛と敬意をもって迎えられた。誰もが、アメリカ政府のファシスト政府のような振る舞いを目にした。誰もがこれは宗教的迫害であること、これは民主主義に反することがわかった。私と接した官僚的な人たちの中にも――看守、医者、看護婦、拘置所での他の付添い人、入獄者――たった一人の例外すらいなかった……。私はキリスト教の狂信者に、そして官僚に迫害されつつあった。政府はなぜか私を恐れ、教会もなぜか私を恐れていた……。しかしアメリカの人々からは、私は素晴らしい愛を体験した」

インドでは話が違っていた。インド中から好意を寄せる人たち、友人たち、愛する人たちが、代議士や知識階級も含めて、歓迎と支援のメッセージを送ってきた。到着するやＯＳＨＯは記者会見を開き、偏見を持った不正な米国政府の手から彼が受けたむごい扱いを語った。翌日、彼はヒマラヤのクル・マナリへ出発した。彼と一緒に旅をしてきた弟子たちの小さなチームは、彼が適切に世話を受けられるように、家と他の施設を手配した。

彼はまるで全人生をそこで生きてきたかのように、この新しい環境に移った。彼の平静な態度は、何も彼を乱すことはできないように見えた。彼は単に存在と共に流れていて、結果がどうあろうと、利害関係の場外にいた。彼は、自ら数十年間話してきたこと——ただ観照者であることの典型だった。そこに憤慨の跡はなかった。彼の六百五十冊の本の一つのタイトルにそれがあるように、『そうであるものは、そうであり、そうでないものは、そうではない』（「*What Is, Is, What Ain't, Ain't*」一九七七年二月：ダルシャン日誌）。この男が自らのビジョンに基づいた史上最大の最も重要な実験の一つの破壊を、ほんの少しの悔恨もなくただ見守っていたことを理解するのは全く不可能だ。

この間、火のテストのようなラジニーシプーラムの事件をふまえて、ＯＳＨＯは弟子たちを、地上の隅々へ分散させることに言及した。ラジニーシプーラムを反省して、ＯＳＨＯは言う。

「私は、彼らがコミューンを破壊したのは良いことだと感じている。それは、私の人々を世界中に広がらせることに役立った。そして私のサニヤシンがいる所はどこでも、彼は正しい雰囲気を作り出すだろう……。今、私は大きなコミューンを作ることに興味はない。なぜならどんな大きなコミューンでも、どんな政府の権力によっても、破壊され得るからだ。それがインド政府であるか、アメリカ政府であるかは問題ではない……。あなたが力を持つ瞬間、たとえあなたの力が愛と平和と沈黙に関するものであろうと、ニューデリーでは力強い人々は妨害され始めるだろう。私は歴史を繰り返したくない。ただ愚か者たちだけが歴史を繰り返す」

そこで弟子たちは今までにないほど、彼ら自身の力量へもう一度投げ返された。この切れ目《ギャップ》は、多くの犠牲者たちを要求した。彼と一緒に在り続けた人たちは、真にOSHOの人々だった。

その間、彼は普段の隔離した生活を継続し、質素な食事をして、椅子に座り、彼の秘書と会い、そして講話をし続けた。彼の健康は、米国での拘留期間にひどく打撃を受けていた。拘置所から釈放された時、彼は酷い胃の不調、痛み、吐き気に苦しんでいた。だが日が経っても、全く回復していないように見えた。これは神経の過敏な人間が、拘留生活の醜さに直面したことの結果であると推測された。

彼の視力はより弱くなり、彼の歩きはより不安定になり、そして奇妙にも、彼の髪の毛が抜け落ち続けた。他のあらゆることと同様に、彼の身体は目撃すべき存在の、更にもう一つの部分だった。そう、肉体的な影響は明らかになったのだが、それらは人々が一般的に経験する通常の「心理的」構成分子のすべてを欠いていた。彼は心理を超えていたため、彼の内側にある痛みと不快さを判断することは、非常に難しくなっていた。それについて、目に見える小さな兆候はあった。それでも、わかるものはそこにある肉体的な兆候が全てだった。クル・マナリは、専門医の治療が受けられる場所ではなかった。たとえ彼が、痛みや不快感は鎮まって心配することは何もない、とほのめかしたとしても。それでも彼の健康に関する不安は増した。彼の医師と世話人は、ますます恐れを感じながら見守った。

たいていの日は、国内外のマスメディアが来て、ＯＳＨＯは彼らと会見をした。その他の日では、彼は弟子たちに語り、彼らの質問に答えた。ＯＳＨＯのワークを続けるための場所として、リゾートホテルを購入する計画もあった。

しかし、別の妨害が彼らを待ち受けていた。一九八五年十二月にＯＳＨＯの外国人の弟子たちが、ヒマラヤに彼を訪ねることを禁ずるとインド政府が明らかにした。それは世界的な魔女狩りの、後の世代だけが正しく評価するであろう無法な振る舞いの始まりだった。一方、ＯＳＨＯの弟子たちは、ネパールを訪れるように彼を招いた。彼はその招待を受け入れた。カトマンズで、彼はソルティ・オベロイ・ホテルに滞在し、すぐに大群衆が、彼の朝の散歩と夕方の講話に引き寄せられた。ＯＳＨＯはネパールを好み、滞在するには良い場所であると感じた。王との接触が執り行われ、友人たちは、適した場所を探すことを求められた。

ＯＳＨＯの健康はそれでもまだ優れず、少なくともさらに悪化するのを止めたようには見えた。彼はかろうじて、何とか体重の安定を保つことはできたが、多くの髪の毛を失った。こうしたことにもかかわらず、彼は自分の通常の決まりきった日課――質素な食事を取ること、午後に昼寝をすること、自分の椅子に座ること、秘書に会うこと、そして夕方に講話をすることを忠実に守った。

そしてまず、外国人サニヤシンのネパールへのビザが拒否された。その情報は、インドでのその頃の出来事の二の舞が差し迫っていることを指摘する政治的な内密の情報経路を通して知られた。たとえどれほどネパールの人々がＯＳＨＯの滞在を望んだとしても、インドはネパールでの狙撃を呼びかけたというのが当時の通説だった。ＯＳＨＯの秘書は彼の逮捕もあり得るという、不安を煽る噂を耳にした。自由、民主主義、人権、そして全ての安息という曇ったスクリーンの背後で、その現実は単純だった。力は正義なりだ。ここにＯＳＨＯの発言を挙げる。

「私はインドを去ってネパールに行った。なぜならそこは私がビザなしで行ける唯一の国であり、そうしなければインド政府は、私がインドから去ることができないように、私に対してどんなビザも発行させるなと、全ての大使館に知らせてきたからだ。彼らには、ビザは必要ないというネパールとの条約がある。

しかし、ネパールは小さくて非常に貧しい国だ。最も貧しい。そしてインドからの途方もない圧力の下にある……。インドは、どんな瞬間にも乗っ取ることができる。ネパールには名乗るほどの軍隊さえない。

私を逮捕するか、それとも私をインドに戻すように強制するのが必須だ、と確かな筋からネパール政府に明示された時、私はネパールを去らねばならなかった」

ネパールの王もＯＳＨＯに背を向けたが、それは違う理由のためだった。ＯＳＨＯは説明する。

「ネパールの王は、私の住居とコミューンを持たせる準備ができていたが、その条件は、私がヒンドゥー教に反対する話をしない、というものだった。ネパールはヒンドゥー教の王国であり、世界で唯一のヒンドゥー教の王国だ。私は拒否し、こう言った。

『私は、話すことと話さないことを決して前もって考えたりしない。私は約束できない。そして、もし私が何か間違ったものを見たら、それがヒンドゥー教であろうとキリスト教であろうと、イスラム教であろうと関係ない。私はそれに反対して話すつもりだ』」

たまたまある弟子が、ＯＳＨＯはギリシャで歓迎されるだろう、という本来は閣僚であるギリシャの総理大臣の息子と約束をして到着した。それはぎりぎり間に合った。けれども彼の貸切りジェット機は、カトマンズへの着陸許可を拒否された。英国女王がその国を訪れていたからだった！　時間が要《かなめ》だった。ネパール政府はＯＳＨＯの退去を妨害するかもしれない、という不安がＯＳＨＯの友人たちの間で大きくなっていた。

第11章
ワールド・ツアー
The World Tour

ギリシャにて

ギリシャにて

次の二年間、ＯＳＨＯは再び広範囲にわたって旅をした。彼はタイに向けてカトマンズを出発した。一度、バンコクでＯＳＨＯを乗り継ぎ便に予約させることが不可能になった。ドイツではサニヤシンたちが、彼の座席が予約できるように世界中に必死に呼びかけていた。彼の名前がコンピューターに表示されると常に、航空会社はその予約申し込みを拒否した。彼らは最終的に、地球の裏側で予約係を何とか見つけ、手続きを通過するために彼の名前の綴りを巧みにごまかした。彼と旅をしている人々にとって、タイは快適に待てる場所ではなかった。それでも彼の日課は変わらないままで、幸せそうに眠り、質素な食べ物を食べ、待合室でただ座っていた。活発な大陸間の呼びかけは、最後にはアブダビ（アラブ首長国連邦を構成する首長国）への便を確認した。そこは彼を再び個人用ジェット機に接続させるのに、最も近い場所だった。

それでもアブダビは喜ばしい状況ではなかった。彼らは燃料補給のために必要な時間を、空港のファースト・クラスのラウンジで過ごした。ＯＳＨＯの弟子たちは、首にかけたマラと服装で目立っていた。それとは対照的に、アラブ人たちは気を静めるための数珠と一緒に、伝統的なディシュダシャス（白色のローブ）を着て、頭にはクーフィーヤを被っていた。「宗教的象徴」であるマラへの、明らかな敵意が感じられた。最初はキリスト教徒たちが、それからヒンドゥー教徒たちが、今はイスラム教徒たちが……。

ＯＳＨＯはまたもや、彼の雑多なグループと一緒に、今回は着陸の許可が与えられたクレタ島へ出発した。誰もが手厚く援助した。手荷物は、ＯＳＨＯが招かれた島の南部にある家へ運ばれる前に、税関で特別に検査分類された。その家は、『その男ゾルバ』という映画の監督であるマイケル・カコヤニスが所有していた。その場所ほど、よりふさわしくて美しいところはあり得なかった。

ＯＳＨＯは、一ヶ月間そこに滞在する許可を手に入れた。サニヤシンたちは、その家を完全に塗装し直して、ＯＳＨＯが引っ越すための準備をした。いつものようにＯＳＨＯは辺りを歩き、家を見て、講話のための良い場所を探した。

しかし、問題は既に始まっていた。あらゆるアテネの新聞が、ＯＳＨＯに反対する誹謗運動をうまく組織化して攻撃した。ひどいでっち上げの話が、彼と彼の人々を中傷するために発表された。彼が話したことは全く何も発表されず、ただ彼に関する噂だけが発表された。

ＯＳＨＯはこれに見向きもせず、ヨーロッパ中の報道機関からの質問を散りばめた一連の、とてつもなく美しい講話をした。彼は若者の、老人たちの、現代社会のあらゆる様相の問題について話した。彼はソクラテスについて、光明を得た人の伝統は、まさに彼が話していることであると話した。

「ソクラテスは私が最も愛する人の一人だ。ここに来て、私は途方もない喜びを感じている。なぜならそれは、ソクラテスが呼吸していたであろう同じ空気であり、彼が歩いていたであろう同じ土地であり、彼が話していた、意志を伝えていたであろう同じ人々だからだ。

私にとって、ソクラテスなしではギリシャは何でもない。ソクラテスによってそれはすべてになる。アテネがソクラテスを毒殺することを選んだその日、それは全てのギリシャの魂を毒殺した。それは二度と同じ高みにいたことはなかった。二十五世紀が過ぎたが、たった一人の人間も同じ栄光に、同じ光に、同じ洞察に達することはできなかった。ソクラテスを殺すことで、ギリシャは自殺した。

それは簡単に理解できる。もし彼らがソクラテスを毒殺せず、むしろ彼に耳を傾けてきたなら、そして彼が求めたように彼らの条件付けが落とされたなら、今日ギリシャは知性において、意識において、真理の探求において、世界のまさに頂点にあっただろう。しかし人々は無知だ。

彼らは許されるべきだが *(be forgiven)*、忘れられるべきではない *(be forgotten)*。もし彼らを忘れるなら、それは再び同じ過ちを犯すことになるに違いない。ソクラテスを毒殺したこれらの人々を許しなさい。だが、忘れてはいけない。それが二度と起こらないように——。

ソクラテスが二十五世紀前にしていたことを、私は今している。

人類に関する限り、どんな変化もなしに二十五世紀が過ぎ去った。彼らは三度、私を殺そうとした——三度も私の命を奪うという企てだ。私が解放させようとしている、彼らの鎖を取り除こうとしている同じ人々は、あらゆる可能な方法で私を殺す準備ができている。人類は変わらなかった。それは今でも同じことをしかねない。

しかし、ソクラテスができなかったことを、私はすることができる。

彼はアテネという非常に小さな地域に留まった。ギリシャ全域でさえない。アテネは都市国家で、彼は生涯アテネ人のままだった。私は全世界に属している」

面倒な事が、瞬く間に起ころうとしていた。地方の教会の司教がＯＳＨＯに反対する騒動を引き起こし、彼に話をさせるべきではないと言い始めた。驚くべきことに、二十五世紀前のアテネでソクラテスの処刑を正当化する「若者を堕落させる」という苦情と、まさに同じものを教会が発した。司教はＯＳＨＯの家を、ダイナマイトで爆破すると脅迫さえした！　ＯＳＨＯは彼の講話で、司教と他の人たちによる道徳への偽善的な要求をユーモラスに暴き、まさに体面という見せかけの下にどんな現実があるかを述べている。

一九八六年三月五日に起こったことについて、ＯＳＨＯが語った物語がここにある。

「ギリシャで彼らは私に四週間のビザを許可したが、ギリシャの大司教はひどく騒ぎ立て、大統領と首相に電報を送信した。そして私が滞在していた家の所有者に、もし自分の家を守りたいなら、ＯＳＨＯを追い出すべきだという脅迫の手紙を書き始めた。なぜなら、もし私が三十六時間以内に追い出されないなら、彼は家全体をその中にいる人々と共に焼き払う、生きている彼らを燃やすと言うのだ。そしてこれが最古のキリスト教教会の大司教だった。彼がイエス・キリストを代表しているのだ！

政府は怯えていた。彼らに怯える理由は何もなかった——なぜなら私は二週間の間、家から出たことさえなかったからだ。警察が来た時、私は昼寝をしていた。私の法律に関する秘書のアナンドは、警官たちに『座ってお茶でも飲んでください。彼を起こしますから』と言っていた。しかし彼らは、四フィートのポーチから彼女を砂利の上に突き落とし、ジープのところまで砂利の上を引きずって、政府の行動を妨げようとしたという理由で、彼女を警察署に連行した。

そして私がジョンに起こされた時、私はまるでダイナマイトが爆発したような騒音を聞いた。警察は四方八方から家に石を投げ始め、美しくて大変古い窓や扉を壊し始めた——そして彼らは、ダイナマイトも持っていた。彼らは言った。『お前たちは、すぐ彼を起こさなければならない。さもなければ我々は家をダイナマイトで爆破する』

何の逮捕状もなく――それほど怒り狂うべき理由もなく――ただ大司教が政府に、もし私がギリシャでの滞在を許されたなら、道徳、宗教、文化などあらゆるものが危険な目に遭うだろう、と告げたためにだ。たった二週間で、私は若い人々の心《マインド》を堕落させ得るのだろうか――。

しかしどうだろう。彼らはこの道徳、この宗教、この文化を、二千年にわたって確立してきたのだ――一人の個人によって二週間で壊され得るとはどんな類の文化であり、どんな類の道徳なのだろうか？　それほど弱くて、それほど無力であるのなら、それは存在するに価しない」

ＯＳＨＯは冷静に服を着て、待機しているパトカーのところへ連行された。警察は、彼の医者を同行させることに同意した。ＯＳＨＯは後部座席に静かに座った。数マイル進んで突然、車は道から外れて止まった。警官たちは、ＯＳＨＯに一枚の紙を押し付けて「ここに署名しろ」と言った。しかし、彼はそれを警官たちに投げ返した。その間にオートバイに乗った何人かのサニヤシンが、一人はビデオ・カメラを持って、その場所に到着して警察の行動を撮影し始めた。これは、初めのうちはカメラを追い払おうとしたが、後ほどあきらめて運転を続けた警察に対して状況を複雑にさせた。

ＯＳＨＯは観光警察署に連れて行かれ、数時間収容された。キリスト教徒が、政治家に最終通告をしたのは明らかだった。権力者の元々の考えは、ヘラクリオン港に停泊しているインド行きの船にＯＳＨＯを乗せることだった。数時間の交渉が行なわれた。お定まりの高額なお金が取引され、ＯＳＨＯはアテネへ飛ぶことを許された。

OSHOを手助けしたギリシャ人サニヤシンは、ギリシャから彼が追放されたことを以下の言葉で思い起こす。

「全てのギリシャの新聞が一つの事に同意したのは、歴史上初めてのことでした。彼らはOSHOに反対していました。ギリシャ正教会の地方の司教も、OSHOの存在への強い反対を表明しました。私は司教に面会して議論することを望みましたが、それは無駄でした。怒りで震えながら、司教は私に、自分はOSHOが住んでいた家を焼き払い、OSHOが島を去らない限り『血が流れるだろう』と脅かしました。私は彼の目の中に、同じキリスト教の牧師たちが小説『その男ゾルバ』の作家であるニコス・カザンツァスを罵ったのと同じ恐れ、同じ偽善、同じ態度を見ました。

OSHOがクレタ島に到着した時、彼は私に、自分が十五日後にギリシャに滞在することは非常に難しいだろうと警告しました。その時それは非常に奇妙に思えました。なぜなら私はギリシャ政府から、彼は少なくとも一ヶ月は滞在できると保証されていたからです。しかしOSHOは正しかったのです。一九八六年三月五日に、警察が別荘に侵入してOSHOを逮捕状なしで逮捕し、彼をヘラクリオンの港まで車で運びました。そこではただ二万五千ドルの即時払いだけが、彼をインド行きの船に乗せないように当局を説得させたものでした。

私は国外退去の取り消しを望んで、ギリシャの首相と連絡を取ることに最善を尽くしましたが、たとえ会見が約束されても、それは決して実現されませんでした。後ほど、政府の内部にいる私の友人から、OSHOを追放するという決定は、アテネの米国大使館を経由したレーガン内閣の圧力によるものだったと知りました」

アテネで、またもやＯＳＨＯは、武装して制服を着た男たちの集団に出会った。ペーパーナイフすら所有しなかったこの人間を取り囲む銃の照準は、全ての場面に超現実主義的《シュールレアリズム》な暗示《ヒント》をもたらした。彼は、何人かの報道関係者たちが待つ会場まで歩いた。彼がコンクリートの建物に入ると、すぐさまカメラ、テレビ、新聞記者たちに取り囲まれた。

ＯＳＨＯは記者会見を開いた。それは非常に強烈な瞬間だった。突然、彼の若い頃からの火のような過激さが浮上し、独裁主義的でソクラテスの殺人から何も学んでいないひどく野蛮な政府に、激しく襲いかかった。それはあらゆる事に関する政治家の完全な真実だったが、あらゆる知性的な人々には、そうと知っていてもそれを語る気概《ガッツ》が全然なかった。

突然、帽子のひさしを下げて被った東ドイツ・スタイルの警察署長が中に踏み込んできて、権力者に反対する批判を終わらせることをＯＳＨＯに要求した。ＯＳＨＯは振り返り、彼の目は大きく見開いた。力と威信に満ちた声でＯＳＨＯは言った。

「黙りなさい。これは私の記者会見だ。邪魔をするな！」

大きくて攻撃的な男は憤慨に堪えきれず、まるで落雷に打たれたように群集の中へ消えていった。

民主主義の本場としてのギリシャは、その独裁主義への堕落をどれほど恥じなければならないかというテーマについてＯＳＨＯが話した時、この後の中断はなかった。その間、ＯＳＨＯのジェット機は待機していた。ただ一つ問題があった。行くべきところがどこにもなかったのだ。

アテネでの記者会見が終わった後、OSHOはジェット機まで滑走路を歩いて渡り戻った。彼はその時、ギリシャ当局が彼のパスポートに「追放扱い」と書いたことに注目した。「どういう理由でだ?」と彼はそこにいた税関吏に尋ねた。「話すことに対してか? 自分の住居からさえ決して出なかった旅行者に対してか?」。OSHOのエネルギーは猛々しかった。彼はただペンをつかんで国外追放命令を書き消し、それから係員にそこへ捺印することを要求した。OSHOはこの税関吏が、何かが彼の核心を揺さぶらない限り、官僚的な流儀から離れないだろうと知っていた。この場合でのその何かとは、OSHOのエネルギー、その目、その強烈さ、その厳然たる声だった。係員は、大慌てでパスポートに捺印して消え去った。それは奇妙な状況だった。OSHOと共に旅をしている全ての一団は、OSHOに反対する古風な正統派キリスト教徒に、ギリシャ政府が言いなりになっていることの未熟さに、あっけにとられていた。今や夜は更けていて、結局OSHOのジェット機は、行くあてもなく暗い空の中へ再び離陸した。

飛行機はニースに向かい、真夜中に着陸した。OSHOに場所を確保するための交渉は、既にフランス政府と行なわれていた。それでも、ここは立ち寄るべき場所ではない、というのが大体の意見だった。だがどこに行く? 飛行機が静かに滑走路に配備された一方では、OSHOが次に確保できるところを見つけ出すために電話がかけられた。

一九八六年三月六日、OSHOをスイスへ連れて行くことが決まった。そこに到着して税関を通過し、OSHOの一団は一週間の滞在許可を受けたが、その時突然、その男は好ましくない人物だという言葉が勤務時間中に税関の官吏に届いた。では、今やどこがある? ドイツ政府は既にドイツという国に着陸する権利を、飛行機に燃料を補給するためであっても、ＯＳＨＯには認めなかった。そこで、スウェーデンが次の目的地だった。再び、グループはかろうじて何とか税関を通過したが、その時突然、武装した警察が到着した。またもや同じ話だ。彼は「国家の安全に対する危険人物」であるということが通報されていて、直ぐに去るようにという命令を受けていた。

次はどこだ？　ロンドン。その時間にあまり多くの選択肢がなかったのは、法律的に飛行機は義務として課せられる休息期間なしでは、ある一定の時間しか飛行できないからだ。人々は、考えられるあらゆる問題を手助けするために、既にロンドンで待っていた。そこでもう一度、この奇妙な追放者たちという一群の人々は奔走した……神秘家、彼の秘書、料理人、世話人、医師――実に危険なグループだ！

ロンドンは、彼の到着の準備をしていたかのように思われた。ＯＳＨＯが車椅子で税関まで進むやいなや、受付は友好的でなくなった。イギリスのパスポートを持つ人々は通ることを許されたが、他の人々はテロリストのように扱われた。ＯＳＨＯと一緒の便に乗っていたアメリカ人の内科医は、入国許可を拒否された。オーストラリア人の法律家は、犯罪者のような屈辱的な審査を受けた。もう一人のアメリカ人も滞在の許可を拒否された。ＯＳＨＯは入国を否定された。その代わりに彼は、二人の旅仲間と一緒に拘置所で夜を過ごすように告げられた。

だがその一団は、自分たちはそこへの滞在を全く望んでいないと主張した。彼らは乗り継ぎであり、パイロットが彼らの義務として課せられた休息を取るのをただ待っていただけで、彼らはラウンジに滞在するだろうと告げた。しかし権力者が、ラウンジは料金を支払った乗客のためだけのものだと申し立てたため、彼らはこれさえも否定された。ＯＳＨＯのグループは、自分たちのファースト・クラスの搭乗券を見せて、なぜ自分たちはファースト・クラスのラウンジに出入りしたり休んだりできないのか?と尋ねた。信じがたいことに、何の論理もなく、彼らは冷淡に、それは規則に反している、そして彼は拘置所に行かなければならない、と言った。

最終的に、OSHOと二人のアメリカ人サニヤシンは、難民たちで混み合っている小さくて汚い独房に監禁された。残りのグループはホテルに行った。誰もが立ち去ることができるように、パイロットの休息が終わるのを待っていた。イギリス空港当局の馬鹿げたやり方についてOSHOはこう語る。

「私は国際空港のラウンジで、夜の六時間だけ滞在することを求めた。なぜなら、私のパイロットのジェット機の操縦時間が終わっていたからだ。彼は法律にのっとって、休息を取らなければならなかった。ラウンジから真夜中に、六時間以内に、どのような手はずで私がイギリスの品性、道徳、宗教を破壊できるというのだろうか? 国際空港のラウンジ内に全てのイギリスの道徳、品性、宗教が住んでいるとしたら、たとえそれが私の権利であっても、私は滞在を求めなかっただろう」

翌日、グループは再び出発の準備をした。この時は、OSHOが歓迎されているように思えたカリビアンへ。一方ヒースローでは、権力者は明らかに、OSHOを午後に出発するインド行きの定期便に搭乗させることを望んでいた。一方、インド政府は彼の西洋人の弟子たちが接近することを拒否して、他方では残りの世界が自ら進んで、または圧力の下で、OSHO自身の接近を拒絶している……それは彼の声を剥奪するための、きわめて確実な企てのようだ。イギリスは、手荷物検査や退去を要求する書類業務を際限なく遅延させながら、ＯＳＨＯが期限内にイギリス連合王国を去らなかったため、午後のインド行きの便で強制的に本国へ送還されなければならない、という見え透いた口実を作り出そうとしていた。

ＯＳＨＯと共に旅をしている弟子のグループにとって、マスターと離れ離れになるという考えは苦痛なだけでなく、彼のワークにとって大打撃でもあった。これらの人々がおそらく経験した感情的なトラウマの程度を、部外者が充分に理解することは困難だろう。自らの意識の成長に心血を注ぐこと、それが彼らの人生の目的だった。その手助けをしてくれる光明を得た神秘家と共にあることは、いつの世も、いつの時代も稀なことだった。おそらくそうした最後のマスターは、二十五世紀前のゴータマ・ブッダだっただろう。これはありきたりの離別ではなかった。

結局、一九八六年三月七日に何もかもが片付き、ジェット機は今度はカリブ海へ向けて飛び立った。最初の着陸地はアイルランドで、活気のないシャノンの空港だった。その空港では、ＯＳＨＯは彼のグループと共に、自分たちの手で三週間のビザを手に税関をやすやすと通ってのけた。警察が到着して彼らのビザを無効にしたかった時には、彼らは近くのホテルで落ち着いていた。それは同じ二の舞となるドラマだった。アイルランド当局が、最後の出来事（税関通過）に追いつく時間は充分にあった。サニヤシンたちは、今やもう政治の醜さを徹底的に知っていたため、法廷でこの行動の合法性を論争することに決めていた。最終的な同意は、グループは強制的に移動させられない、というところに行き着いた。それまでイギリスは国家的な「外交術」を使うことで必死だった。カリブ海にあるアンティグアの島にＯＳＨＯをあらかじめ迎え入れることを、何としてでも直ちに撤回するためだ。

これは、OSHOが座って友人たちに話せる場所をこの惑星に見つけるために世界中に働きかけていた人々に、重要で必要な時間を与えた。自由と平等を誇るほとんどの世界は、自由な空間から追い出されているように見えると知るのは驚嘆に値した。まさに「宿屋に部屋が一つもない」（新約聖書：ルカ福音書二章）という古代の無礼が、たとえよりずっと大きな規模であっても、現代という時代で再び行なわれているように思えた。

スペイン政府は、快くOSHOを国に滞在させるように思えた。差し当たって政治的圧力の背景に反対し、彼を歓迎するための熱心な活動がマドリッドで起こっていた。

同時に、ウルグアイ政府が助けになりつつあった。OSHOのような国際的に人を引きつける力によって起こり得る恩恵を想定し、彼を自国に招くことを検討する準備ができていた。それでも、OSHOの周りの人々にとってこの冒険記全てが、私たちが完全に偽善的な世界で生きている現実に、彼らの目を開かせるための機会だった。

その頃、世界の多方面でサニヤシンたちは、OSHOの居場所を見つけるために懸命に働きかけていて、少なくとも自分たちの国は他の国々ほど腐敗していないだろう、自分たちの政治家たちは他の国ほど堕落していないだろう、という幻想の下でそれぞれ尽力していた。イタリア人サニヤシンたちは、運動を起こしていた。スペイン人は試みていた。ドイツ人とスウェーデン人も試みていた。それは世界中にいる全てのOSHOを愛する人たちや友人たちにとって、崇高な学びだった。それぞれが次々と、今日の世界には常に多くの醜さと腐敗がある、という同じ核心の発見に行き着いた。それは彼らにとって、OSHOが数十年間示そうとしてきた、あらゆることの生きた体験だった。今、彼らはそれを直接的に知った。

OSHOのあちこちでの入国を円滑にするために、政治家という政治家に手助けを懇願しても、その結果は彼らの手のひらを差し出すだけだった。OSHOの周りのグループの気分は絶望的になりながらも、同時により成熟するようになり始めた。成功するチャンスがそれぞれ新しい政治的ゲームの絡まりのせいでほとんど消えていくにつれ、未来のより良い世界への、より良い人類へのOSHOのビジョンについての彼らの理解も同様に強くなった。

カナダはその時まで、カリブ海のアンティグアへ飛行予定のOSHOの飛行機に対して、燃料補給のためのガンダーへの着陸を拒否していた。OSHOが飛行機から外に出ないという保証へのロイド保険協会からの保証金にも関わらず、燃料を補給する権利の法外な否定が為された。それで、当局を困惑させる恐れのある宣伝を禁ずるという条件で、他の手はずが整えられるまでアイルランドへの滞留を許された。待っている間、アンティグアはOSHOが来訪する許可を撤回した。オランダも、請われた時にはOSHOを拒絶した。ドイツは既に、OSHOが入国することを否定した「防止的法令」を制定していた。イタリアでは彼の観光ビザ申請は阻止されたままだった。

一九八六年三月十九日に、スペインへのおぼつかない出発の手はずが整えられ、一行はアイルランドを去る準備をした。しかし、自分たちはそこに滞在できるのだろうか、という疑念が彼らの気分に漂っていた。それは最後の瞬間まで確実ではなかった。彼らに出発する準備ができていた頃、ウルグアイ大使館の役人が機内にやって来てOSHOにその国への入国ビザを与えた。OSHOの旅仲間たちが、別の状況では他に類を見ないような全世界的な隔離と世界からの孤立という感覚に、ダカールとセネガルでのしばらくの着陸が唯一加えられた。税関を通過するために賄賂が支払われ、それから近くのホテルに泊まった。

　この全ての期間の始めから終わりまで、ＯＳＨＯは冒険的な休日を過ごす若者のようだった。彼は質素な食べ物を食べ、午後に眠り、彼の秘書と話し、そして自分の椅子に座ることを続けた。周りの誰もが、明らかに絶望的な状況であったものを救おうとして気が変になっていた一方、ＯＳＨＯはアイルランドで売りに出されているかもしれない美しい城を、もっとたくさん見つけ出すために人々を送り出した。

　世界中で、彼の人々はひどく気に病み、心配していたが、彼がどこにいてどんな具合なのか、近々彼と再会できるかどうかはわからなかった。竜巻の中心の沈黙のように、彼は静けさの真髄であり、全てのとっぴな行為を楽しんでいるように見えて、同時に、あらゆる人を以前より大きな努力の方へ押し動かすための充分なエネルギーを与えていた。終焉を迎えるのが確実だったラジニーシプーラムから彼が立ち去ろうとしていた頃でさえ、彼はそこに植えるための、より多くの木々を望んでいた。それは現在に対する彼の信じがたいほどの強烈さであり、去ってしまった過去は無視し、決して後戻りせず、来るはずのない明日のために備えたりしなかった。ＯＳＨＯは「今日しかない」と何度も指摘し、その関心は絶対的に「この瞬間」に向けられていた。次へとつながる「この瞬間」に——。

　彼の健康は良くなかったが、それでも相変わらず彼は、自分の苦しみの兆候をほとんど示さなかった。髪の毛が抜け落ちるのは止まったが、歩行は影響を受けていて、それはまるで彼の目が永久に損傷を受けたかのように見えた。読書は非常に困難になった。彼は数年前に、本を読むことを止めていた。今彼は、秘書が見せるために持参した彼に関する無数の新聞の欄の見出しを、かろうじて読むことができた。彼はまるで、他人事であるかのように、ただ一瞥しただけだった。

大西洋を渡る長距離飛行の後、OSHOの飛行機はブラジル北東部の湾岸都市レシフェに着陸した。権力者は直ちに、飛行機に噴霧を吹きかけようとしていた。それはOSHOを化学煙霧にさらすことを意味していた。彼の喘息への敏感さと現在の弱った健康へのその噴霧を、グループは防止しようとした。

「死んだふりをしようか?」と彼は尋ねた。彼は、スプレー装置を備えた人間を阻止するのに充分効果がある血圧機器と酸素マスクを着用するゲームに、嬉しそうに参加した。カトマンズでの講話の一つで語ったように、「私は良い子ぶった聖者ではない」。目をきらきら輝かせて、彼は何かのおもしろさ、ジョークに対する準備が常にできているように見え、そして新しい何かを体験するあらゆる人たちに対して、可能な限り多くの状況を作るために、利用できるあらゆる機会を使った。

最終的に、彼はウルグアイのモンテビデオに着陸した。既にある友人が、税関手続きでいろいろな人々を助けるためにいた。すぐにOSHOは、裕福なアルゼンチン人たちにとって、有名な海辺のリゾート都市であるプンタ・デル・エステにある美しい家に移された。ほとんどすぐに彼は講話を始めた。続く三ヶ月間、彼は約二十人の人々に毎日二回話した。これらの講話は、その並外れた全ての状況を反映している。

その間に、米国政府はOSHOの居住を否定するように、ウルグアイに圧力をかけようとしていた。一方、彼の人々は全ての異様な事柄に対して奮闘し、この大きな世界で彼らのマスターの家を見つけるために、買収したり陰謀を企てるという深刻なゲームをしていた。

米国の役人は、ウルグアイのサンギネッティ大統領に、OSHOは無政府主義者であり、非常に知的で、人間のマインドを変える力があると明白に言った。もし米国がウルグアイの大統領を操らなかったら、どんなチャンスが彼にあったことだろう？

しかし、関税及び貿易に関する一般協定（ＧＡＴＴ）のウルグアイラウンド協議が、同じプンタ・デル・エステの都市で始められていた時、米国はＯＳＨＯが立ち去るか、もしくはその国の貸付金が取り消されるかに、全ての圧力を注いだ。ウルグアイでのその最終的な日々の間ずっと、警察は目立たない距離から監視を続けた。今や彼と共に旅をしたグループは、究極の追放の人生に慣れていた。

小さな青色のフォルクスワーゲンが、定期的なパトロールの一つである家の周りを周回している時以外は、常にそこに用意されていた。ＯＳＨＯをその国に滞在させるという約束は全く当てにならない、と絶えず思い起こされた。最終的に、彼の退去を命ずる言葉が届いた。飛行機はただこの場合のために待機していて、それからモンテビデオを避けて、地方の空港への着陸許可を得た。警察は彼らの進路の途中にもいた。彼とその一団はすぐさま出発した。警察が到着した時、彼らは誰もがモンテビデオへ出発したと伝えられた。それはＯＳＨＯに、彼の仲間と一緒に滑走路に立ち、常に彼と共にいた音楽家たちが、歌で踊るために充分な時間を与えた。一九八六年六月十八日、ジェット機は行くあてもなく、もう一度暗い空の中へ離陸した。彼が退去を強いられたその翌日、ウルグアイに対する新たなアメリカの貸付が発表された。どういうわけか全ての長い漂浪の旅は、世界の何が間違っていて、なぜ新しいビジョンが必要なのかを、ＯＳＨＯがまさに彼の人々に教える道になった。

ＯＳＨＯは、ウルグアイから彼を強制的に追い出すために採用された不正な手段について、述べている。

「アメリカ政府は世界の全ての政府に、旅行者としてでさえも私をアメリカにいさせるべきではない、と伝えてきた。南アメリカの一つの小さな国であるウルグアイは、私がそこに来たことで非常に幸せだった。なぜなら大統領は私の本を読んでいて、彼は私がウルグアイにいずれ来るだろうなどとは、夢にも思わなかったからだ。だから彼は言った。『我々は、あなたに土地を与えるためのあらゆる努力をするつもりです。それであなたはコミュニティを作ることができます。なぜなら我々は、あなたの存在とあなたの弟子たちによって豊かになるだけでなく、何千人もの巡礼者たちがここにやって来始めるからです。そして我々は貧しい国です。それは財政上の利益も生むでしょう』

そして彼はすぐに私のために、一年の在留ビザを何とか発行してくれた。

しかしロナルド・レーガン大統領がそれに気づいた時、彼はウルグアイの大統領を脅迫した。

『三十六時間以内にOSHOは国を去るべきだ。さもなくばあなたは、我々が過去にあなた方に与えた全ての貸付金を、返さなければならないだろう。そして、我々が次の二年間であなた方に与える予定の全ての貸付金……数十億ドルは与えられないだろう。あなたは選択できる』

今、ウルグアイはそのお金を返すあてはなく、次の二年間で、数十億ドルを辞退するほどの余裕もない。なぜなら全ての都市計画が、それらの数十億ドルに基づいているからだ。全ての経済は破綻するだろう。大統領は私にこう言った時、目に涙を浮かべていた。

『あなたが我々の国に来てくれたことは、少なくとも私に一つの事を気づかせました。それは我々は独立していない、ということです。我々は欺瞞の下で生きてきました。あなたは去らなければならないでしょう。それは非合法的です……なぜならあなたには一年間の有効な在留ビザがあるからです。そしてあなたはどんな凶悪犯罪も犯していません。凶悪犯罪は、在留ビザが取り消され得る唯一の理由です』。それで私は一ヶ月だけそこにいた。そして彼は言った。『私がそうしなければならないのは残念です。私は自分の良心に反してそうするのです』

私がただ、その国を退去することに対してさえ、アメリカの大統領は譲らなかった。私の飛行機はその空港に置かれていた――私は言った。

『問題ない。私は国を去る。私はあなたの国をそんな危機に追い込ませるつもりはない』

彼は言った。『アメリカの大統領は、あなたは追放されるべきだと言い張ります。あなたは追放されてもいないのに、国を去るべきではありません。私は罪を犯すことを強いられています。一つ目は、あなたに何の理由もなく国を去るように言うことです。あなたは何もしてきませんでした。二つ目は、あなたを追放することとです。しかし私は、全く自分ではどうすることもできません。それでも、私は一つの事を望みます。それは、あなたのパスポートにウルグアイからの強制退去のスタンプがあってはならない、ということです。我々には小さな空港があります。そこであなたの飛行機をその空港まで移動してください。そして夕方に、我々に知らせることなく出発してください。そうすれば我々は、彼は我々に知らせずに出発した、彼を追放する時間はなかったと言えます』

しかし彼は誤った。私のジェット機が小さな空港へ移動した時……アメリカ大使館員が監視していたに違いない……アメリカ大使が全てのスタンプを持って、人々を追放することを仕事とする役人と一緒にそこにいた。彼らは全ての書式の項目を埋めなければならなかったため、私はそこで手間取らされた。だが国を去る時、私は『たいした問題ではない――』と言った。実際のところ、私のパスポートは歴史的な書類になっていた。私は何の理由もなしに、非常に多くの国々から追放されてきたのだ。

私がウルグアイを去った時、大統領はすぐさまアメリカへ招待され、ロナルド・レーガンは『友情の意思表示』として、彼に三千六百万ドルを与えた。それは私を三十六時間以内に追い出した謝礼金だった。ぴったり三千六百万ドル、時給は百万ドルだ！　実際のところ、私はこれらの政府に私の歩合高を尋ねたい。あなた方は私のおかげで何十億ドルも得ている。私は少なくとも二パーセントはもらっていいはずだ」

しかしOSHOのハートは、米国への寛容と好意に満ちたままだった。一九八六年六月六日の夕方、ウルグアイでの質問の答えで、彼は宣言した。

「アメリカは私と私の人々に不作法に振舞ったが、私はそれでもグルジェフの声明『ブラボー、アメリカ！』を主張する。なぜなら、アメリカ政府はアメリカではないからだ。彼らは選ばれた少数の愚か者たちだ。アメリカ全体にはそれとは完全に違った趣がある。それは他のどんな国よりも無垢だ。なぜならアメリカは、他のどんな国よりも若いからだ。それは、誰かが光明を得るための基礎として役立つ純潔さだ――。アメリカの人々は最も無垢で、新鮮で若い。それで彼らには新しい人間を誕生させる能力がある」

彼がウルグアイから出国する少し前、モーリシャス島が、OSHOを迎え入れることを知らせてきた。総理大臣が二十億ドルと引き換えにOSHOの滞在を検討するという見通しが、真に政府の意図であるかを確認するために、まず二人がインド洋のこの小さな国へ飛んだ。

OSHOは最終的に、ジャマイカのリゾート都市モンテゴ・ベイへ行った。ビザは何の支障もなくグループに与えられた。話は既についていて、問題は何もないように思えた。それにも関わらず、米国の海軍ジェット機がほとんど同時に着陸し、私服の士官たちが中身の詰まった書類用カバンを持って事務所にずかずか入ってきた。張りつめた雰囲気がグループを貫いて広がり、彼らは指を組んで待ち、それとは何も関係がないことを望んだ。

ほどなく全員が海を見渡せる美しい家に入居した。ＯＳＨＯは昼寝をするために出掛けて、数日ぶりにＯＳＨＯと共にいるグループは落ち着き始めた。しかしそれは、扉がノックされるほんの数時間前の事に過ぎなかった。それは警察だった。全てのビザは「国家の安全上の理由で」回収され、誰もが二十四時間以内に出国するように要求された。

最後の可能性はポルトガルだった。ＯＳＨＯをその国で休息させるための努力がなされつつあった。普通、大西洋を横断する唯一の方法はカナダへ飛び立ち、それからポルトガルまで横断して戻ることだ。しかしカナダはドイツがそうしたように、ＯＳＨＯを運ぶどんな飛行機に対しても、燃料補給のためであっても、その着陸許可を既に拒否していた。最終的に物事は解決され、カナダで燃料を補給した後、飛行機は大西洋を横断して戻った。ＯＳＨＯの旅の方法は依然同じだった。彼は自分の食べ物を食べ、昼寝をし、くつろいだ。事件を憂慮した跡は全くなかった。彼は常に全面的に安らいでいるように見えた。

ウルグアイでの状況以来、ＯＳＨＯはインドに引き返すことを主張していた。しかし彼のグループは、どこか他で彼の住まいを見つけるという希望に、まだしがみついていた。彼らは、いったんＯＳＨＯがインドに戻ったら、再び彼に会うことは叶わないだろうとわかっていた。飛行機がヨーロッパへ向けて再び大西洋を横断した頃、グループの誰もが、おそらくＯＳＨＯのワールド・ツアーは終わりつつあると感じていた。

六月二十日にその貴重な乗客を乗せた飛行機はマドリッドに着陸したが、奇妙なことに彼らと立ち会う人は誰もいなかった。展開している悲劇に、急な電話が一抹の喜劇を加えた。
「マドリッドで何をしているのだ？　我々はリスボンであなた方を待っているのだぞ！」

グループはポルトガルに入国し、ＯＳＨＯをリッツ・ホテルに隠そうとした。その計画は後で彼をより静かな別の場所へ、こっそり逃がすためのものだった。道化芝居の舞台のように、彼らは人知れずに彼をエレベーターに連れて行くと、地下駐車場で待っている車に乗せた。しかし長くて白いローブを着て丸い帽子と腰までの顎髭を持つＯＳＨＯは、間違えようのないものだった。彼がホテルのホールをただ横切るだけでも、人は高く上がった眉を見ることができた。

不幸にも新しい場所は埃まみれで、ほとんどすぐにＯＳＨＯは喘息の発作にかかった。結果、全ての計画は断念された。チームは行った道を戻った。とりあえず彼らは、ＯＳＨＯをホテルへこっそり帰そうとしていた。ＯＳＨＯが全てのエピソードを、それもとりわけ彼を隠しおおせるよう苦心したその着想をただ楽しんでいたことを別にすれば、誰も笑うべきか泣くべきかわからなかった。リスボン郊外の家は、次に計画された宿泊地だった。ＯＳＨＯとグループはシントラへ移動したが、すぐに警察が現れた。ポルトガルでのより長い滞在を確保するどんな試みも否定された。

それは再びインドへ向かう最後の時だった。一九八六年七月二十八日、政治的曲芸の数週間後、講話することのできる家を彼に手に入れさせようと、世界中の道のりの半分を旅してきたこれらの人たちは、彼らの愛するマスターであるＯＳＨＯが最後に飛行機からさよならの手を振った時、リスボン空港の監視台に立っていた。それから彼は去って行った。置き去りにされたこれらの人たちにとって、それは涙と深い悲しみの離別だった。全部で二十一の国々がＯＳＨＯを追放し、または彼の入国を拒否した。
ＯＳＨＯのプライベートな医者であり、そのツアーの間ずっと彼に同伴してきたアムリット医師は、次のようにその体験を要約した。

「この奇妙な旅のどこかに、彼の西洋人の弟子たちへのメッセージがあります。数百万人を死なせた全ての冷戦や戦闘は、自由や民主主義、西洋諸国における人権尊重に関するものだ、と信じるように彼らは育てられてきました。彼らは、ＯＳＨＯを、社会に対する脅威として、またはテロリストとして見てはいません。彼らには、彼のする全ては話すことだ、ということがわかっています。彼がしようと望んでいる全ては、自分自身を理解し、至福に満ちていて、喜びに満ちていて、生という美しい神秘の中へただくつろぐことに関心がある人は誰でも助けることだ、ということを彼らは知っています。これがこの惑星で最も歓迎されない男である根拠だ、という考えは彼らの条件付けには全く合いません。ＯＳＨＯの弟子たちや彼を愛する人たちは、西洋の世界は真に、人々がより良くより自由でより幸せな人生を手助けするものだと聞いて、若い時期を過ごしました。実際にアメリカ人たちにとって、幸福を追い求めることは、彼らの憲法で守られている権利です――。しかし何故かこの旅は、ごまかしのない本当の世界とはどういうものなのかを教えるものでした。ＯＳＨＯと共にいるグループは今、陰謀と取引の、賄賂と政治的な功利主義が隠された世界の中にいます。

ＯＳＨＯのグループは純真でした。出入国管理違反という異様な申し立てに基づいて、ある人間を締め出すことは、全ての西洋世界にとって不可能です。公正に見て駐車違反に相当するものです。彼らは、このキリスト教民主主義的な外観の舞台裏には、その全ての人生をこれらの社会で生きているにもかかわらず、彼らがこれまで気づいたことのない醜い現実がある、という事実を全く見ることができませんでした。ＯＳＨＯが行く先々で数日の滞在を妨害したことさえ、どことなく異常でした……。彼らは希望と期待に満ちて、次の選択肢へ向かってまっすぐ駆けつけました。それはまるでＯＳＨＯが、彼の弟子に全く新たな現実と鼻を突き合わさせることで、彼らの条件付けを解除しているかのようでした。それでも、直に偽善を体験すること、それはＯＳＨＯのワールド・ツアーのサニヤシンたちが、決して忘れることのない学びになっています」

ＯＳＨＯと旅をしたグループのもう一人の弟子プレム・マニーシャは、自分の気持ちをこう表現した。

「この時期の、この体験の一つの特徴は、弟子としての私たちがＯＳＨＯを、当然のことながら、ただ自然で人間的であるように守りたかった、ということが見えていました。でもそれはジレンマを引き起こしました。彼を守りたいという私たちの愛と懸念からの願いと、そうすることが彼のワークに干渉するという可能性の間で……。

彼は、私が私のワークである、私は私のワークのためにだけここにいる、と言ってきましたので、彼の身体のためには保護されるべきですが、彼がワークをすることができないというのなら、（おそらく同じジレンマを、ソクラテスはその選択肢を言い渡された時に予見していたでしょう）それは意味がありませんでした。そして彼は、決して恐れから行動してはいけない、と常に言っていました。それは私が思うに、彼の利益のために、彼の幸福のために、という心配さえ含むのでしょう。これに反して、私たちの誰が彼を危険に晒すかもしれないような何らかの行動を引き起こしたり、扇動したり、またはそのようなことを言ったりするでしょうか？

カトマンズで、OSHOの国際的ワークのための秘書であるハシャは実際に、あり得る影響を恐れて、雌牛の屠殺について話さないことや、ヒンドゥー教を攻撃しないことをOSHOに求めました。彼女の懸念は、もし彼がネパール当局を怒らせたら、他にOSHOが行ける国がどこにもなくなることでした。OSHOはその時は何も言いませんでしたが、（『私は良かったのか？』と彼は、後になって悪戯っぽくハシャに尋ねた）。私たちがカトマンズにいた間は、雌牛の屠殺やヒンドゥー教を攻撃することについて話しました。彼はその結果を全く無視しました。真実を明瞭に語ることが、彼にとってはより重要でした。その代償が何であろうとも……。

その時、そしてワールド・ツアーを通して、私たちは何も失わなかった一人の男を、その活動中に見ていました。これが私の心を力強く打ちつけたものでした。彼は誰の助力も、誰の支援も必要としませんでした。彼が何も『必要でなかった』のは、彼が究極のものを実現していたからです。生でさえ、彼の光明の後では固有の意味を持つことを止めました。それは、彼が真実と知ったものを言うために、進んでその生を危険に晒したからでしょう。これは私たちにとって理解することが困難ですし、OSHOのような誰かを愛する者ではない人々、またはその様な人と共鳴していない人々にとっては、疑いなく難しいことです。なぜなら私たちはみんな常に、支えるために、定義のために、確認のためにお互いを必要としているからです。

これらの必要性から自由になって存在している人を理解するためには、まず人は自由ではないということを、そして二番目に、人は自由になれると理解すべきです。だから私たちが実際に、ＯＳＨＯと呼ばれる現象を理解することにある種の抵抗を持つのは、彼を理解することさえも、私たち自身の心理的かつスピリチュアルな貧困を認めることになるからです。それで私たちのほとんどは、あまりそれを望まないのです」

第12章

彼は戻った

He is Back

一九八六年七月二十九日、世界を巡るあわただしい旅の後、OSHOはムンバイに到着し、個人的な客としてあるサニヤシンの家に泊まった。彼はマ・ヨーガ・ニーラムを、インドでの秘書として任命した。インド人サニヤシンたちはすぐに動き出し、彼が滞在するための家を探し始めた。彼は今やコミューンを望まず、人々が来て彼の話を聞くことができるほんの一軒の家を望んでいた。数日以内に、世界中から彼の友人たちと愛する人たちが、再び彼に群がり始めた。彼にふさわしい場所の探索が続いていた間に、その人数は増大した。しかし、どんな家も彼にとって充分ふさわしいものではなかった。

サニヤシンの宿主は、家族からの圧力のせいで、OSHOをもはや彼の客として守れないほどの無能ぶりを示した。それは再び動くべき時だった。疑いもなく、選択は一九七四年三月にOSHOが最初に行ったプネーになった。計画が練られ、OSHOを受け入れるための場所が準備された。その旅でのあらゆる問題を避けるために車を利用することが権力者たちにも告知され、警察の護衛が日曜の朝に手配されていた。突然、真夜中にOSHOは出発を決めた。すぐさま準備が整えられ、護送隊が深夜に出発し、一九八七年一月四日のちょうど夜明け前にプネーに到着した。

権力者たちが安全な通行を提供するその裏の現実を、OSHOは看破していた。彼らは真夜中に出発するようなことは計画していなかった。実際に、翌朝のムンバイで警察が家に到着した時、彼らは自分たちの管理すべき男が既にプネーに到着していたのがわかって激怒した。プネーの権力者たちも激怒した。彼らの計画は、OSHOが都市に入るのを妨害することだった。警察は礼儀をわきまえずに振る舞った。

彼らは何の逮捕状もなくOSHOの寝室へ無理やり乱入し、都市に入ることやそこでの滞在を禁じるという命令を伝えた。明らかに、いたちごっこはまだ進行中だった。インド政府は議会で彼らの行動を露骨に否定する一方、OSHOを訪ねたいと望む人には誰ひとりビザを承認しなかった。それにもかかわらず、何千人もの訪問者たちがインドや外国から流入し続けた。プネーの権力者たちは、コミューンの避けられない拡大を縮小するために全力を尽くした。

それでもコミューンは再び開花し始めた。全ての区域は整備されて新しいブッダ・ホールが建てられ、拡張が行われ、OSHOは再び話し始めた。『アジア・ウィーク』の表紙が表現したように、「彼は戻った！」

OSHOのワークは大変な勢いで成長し続けた。ラジニーシ国際瞑想大学は、今や十個の学部を持つOSHOマルチバーシティ（多様的大学）になった。それは数多くの人々が科学的に、そして同時に影響を受け、触れ合える、世界で最も大きな変容のスクールに変わった。いくつかの革新的なプログラムとトレーニング・コースを通して、それぞれの体験は、OSHOが瞑想と呼ぶ同じ内的な沈黙と平和へ導く。そして瞑想は人の変容のための手段であり、その終着点になる。

OSHOマルチバーシティとは、人類のために捧げてきたOSHO自身の生と教えへの入り口、全ての多元性への入り口だ。OSHOによれば、マルチバーシティでは、人間が獲得したあらゆる類のスピリチュアルな次元を提供すべきだということだ。その機能は全ての雰囲気と全ての趣きを、たとえそれらが矛盾していても、一緒にもたらすことにある。マルチバーシティはどんな教育制度とのどんな競争の中にもない、と明確にしなければならない。そのため、それはどんな政府による承認も必要としない。それは、どんな大学も探求しないことを探求する。それは普通の大学や教育制度が提供しないことを、全て探求する。

ＯＳＨＯマルチバーシティが含む十個の学部とは――変容センター、自分の中心に定まることと禅武道のためのスクール、創造的芸術のスクール、ヒーリングアートのアカデミー、愛と意識の研究所、瞑想アカデミー、神秘学のスクール、チベッタン・パルシング・ヒーリング（チベット式脈導治癒）の研究所、瞑想クラブ、そして創造的な余暇などがある。組織の中で意識の研究所は新しく開発された学部だ。

その発足の後、間もなくコミューンは芸術のメッカになった。指導する音楽家、詩人、画家、そしてダンサーは、コミューンの何千人もの訪問者たちを大いに楽しませる芸術を披露した。世界的に名高い芸術家たちには、シヴクマール・シャルマ（サントゥール奏者）、ハリプラサード・チョーラシア（バーンスリー奏者）、ザキール・フセイン（タブラ奏者）、Ｌ・スブラマニアン（ヴァイオリン奏者）、上海のキウ・ツェン・ピン、ソナール・マンシン（インド古典舞踊家）、マルライカ・サラバイ（インド古典舞踊家）、詩人ニーラジ、そして他にも多くの人たちが含まれていた。これらの出来事は、音楽、芸術、そして瞑想が一つだったインドの歴史の初期の時代を想起させる。

別の変化が、コミューンの構内で実施されつつあった。ＯＳＨＯは不可解にも、構内の全ての建物を黒色に塗るように、窓は青くと求めた。いくつかの大きなピラミッド形の建物がこれらの色で建てられると、その効果は著しいものがあった。その近くには、有機的な食べ物を供給する特別なレストランが開店した。水泳、テニス、バレー・ボール、または気泡風呂《ジャグジー》でくつろいだ時間をただ過ごすための、「ＯＳＨＯバショウ（芭蕉）」という健康施設が、瞑想者たちのために設計された。

美しい書店がオープンし、多方面にわたるＯＳＨＯの本やカセット・テープ、ビデオで一杯だった。しかし、おそらく最も感動を呼び起こしたものは、ＯＳＨＯが特に瞑想のために企画した、構内に隣接した禅庭造園計画だった。ＯＳＨＯはそこを緑化するためのビジョンを与えた。そこは人々が座って一人でいることを楽しめる分離した区域だが、同時に瞑想者たちが全ての創造物との一体感を得られるような、大地の波動を含んでいる。

その秋、ＯＳＨＯは彼のワークの新しい局面に最後の手を加えた。彼は、コミューンでは全ての日中の活動のためにマルーン色のローブを着なければならないと明示した。マルーン色は、コミューン内のワークのエネルギーを調和するために役立つ。それはエネルギー的な体験に関するもので、宗教的な意義は全くないと説明し、ローブはコミューン内だけで着るようにとはっきり言った。彼はまた「ホワイト・ローブ・ブラザーフッド」も導入した。それは少なくとも、彼が長きにわたり話してきたマスターと弟子との間の沈黙の交感《コミュニオン》が起こり得た。最初に強烈な踊りの時間があり、ＯＳＨＯが沈黙の合間のインド音楽の時間を指示し、その後静かに座る時間が続いた。しばらくするとＯＳＨＯは立ち上がり、全ての人たちにナマステをして去り、ブッダ・ホールの周囲をゆっくりとドライブした。この後に一本の講話ビデオが上映された。

ＯＳＨＯはこの夕方の行事の重要性を強く説いた。これらの瞬間は、弟子たちの一日の頂点だと説明した。今、誰もが沈黙の深みへ入り、たちまちそこに誘導されるほど深く実存的になるにはどうすればいいのかを、よく述べていた。それはまるで、これが変容の鍵であることを、彼の人々に確実に実感させようとしたかのようだ。彼は、世界中の彼の人々に、現地時間の毎晩七時に瞑想して座るように説く。それは世界的なホワイト・ローブ・ブラザーフッドだ。

ある意味で、彼の生涯のワークと実験は完成に至っていた。彼の個人へのワークは、ダイナミック瞑想とクンダリーニ瞑想を含む、実に科学的に設計された多くの瞑想テクニックを通して実現された。全ての人々に瞑想的な体験をさせるための彼のワークは、数千時間もの講話ビデオをもって完成する。そこでは音と沈黙の同じ組み合わせが、あらゆる人のスイッチを切り替えるための、非瞑想者から瞑想者への移行を助けるためのものになる。OSHOは、セラピーと瞑想の間に、究極の橋を架ける瞑想的なセラピーも世界に与えた。最も有名なミスティック・ローズを、彼はヴィパッサナ以来最も重要な瞑想と説明した。

OSHOは彼が働きかけた方法で、穏やかに人々に変化をもたらしてもいた。過去に彼が愛の道や瞑想の道について、特に活動的な瞑想について語ってきたのに反し、今彼は単に観照について語った。彼は自分自身を禅に捧げ、覚者《ブッダ》とは観照する意識であるということを実存的に論証することに捧げた。ある時は、禅が幾世紀にもわたって努力したにも関わらず、なぜほんの僅かのものしかもたらさなかったのかについて説明した。禅はOSHOが説明するように、今日に至るまでまさに最大の努力をしてきたが、それは失敗した。それが失敗したのは、禅の導師たちが正しい事を間違ったやり方で話していたからだ。

過去の禅の導師たちは、弟子は完全にくつろぎ、どんな努力もなしに油断のないままでいる、ということを強調していた。しかし、OSHOは彼独特の論法でこう指摘する。

「もし、どんな努力もなしに油断なくいられるのなら、あなたは既にどんな努力もなしに、油断なくいただろう」

禅の崩壊をもたらしたのは、この矛盾だった。OSHOは、瞑想者がどんな努力もなしに油断のなさを体験できる環境を作るために、彼が自分の言葉と言葉の間の隙間《ギャップ》――言葉を発する時に彼の沈黙から生じるもの――をどのように使っているかを説明した。これはまさに、市場での瞑想、ゾルバ・ザ・ブッダ、普通の人である光明を得た人、というOSHOのビジョンのまさに基礎だ。

この期間に、OSHOは三つの新しい「瞑想的セラピー」を作った。ミスティック・ローズ、ノー・マインド、そしてフー・イズ・イン（内側にいるのは誰か）だ。これらは、普通の人がセラピーの必要なしに直接瞑想に入るのを助けることを目指していた。実際に、カトマンズに戻るある地点で、彼は突然、目を上げて尋ねた。

「どれだけ長く、私たちはセラピーをやり続ければ良いのだろう？　私は瞑想について語ってきて、あるグループの人々はそれを二十一日間行なったが、全員が関わっていなかった……ミスティック・ローズと呼ばれる、この瞑想に関わりなさい。それには四つの段階がある。全ては特別な目的のために設計されている。あなたの存在から、何世紀もの間、あらゆる世代によって注入されてきた全ての毒素を取り出すために――。笑いが最初の段階だ。偉大な作家の一人、ノーマン・カズンズは、つい先日、彼の生涯の実験について記していた――もし何の理由もなく二十分間笑うなら、緊張は全て消えるということを。彼の意識は成長し、ゴミは消え去る。

あなたはそれを確かめることができるだろう。もし何の理由もなしに笑えるなら、あなたは自分の内側に抑圧されたものを知るだろう……。まさに子供時代から、あなたは笑うのではなく『真面目にしなさい！』

と言われてきた。その抑圧的な条件付けから脱出しなければならない。

二番目の段階は涙だ。涙は、さらにもっと深く抑圧されてきた。涙は弱さの象徴だ、と私たちは言われてきた。そうではない。涙はあなたの目だけでなく、あなたのハートも清めることができる。それはあなたを柔らかにする。それはあなたをきれいに保つための、あなたに重荷を負わせないままにするための、生物学的な策略だ。女は男よりも気が狂うことは少ない、というのは今やよく知られた事実だ。その理由は、女は男よりもより簡単に泣き叫ぶことができるからだとわかってきた。小さな子供に対してさえ、こう言われる。『男らしくしなさい、女みたいに泣くんじゃない！』

だが、もし自分の身体の生理機能を見るなら、自分が男であろうと女であろうと、あなたは同じ涙に満ちた腺を持っている。女は男よりも自殺することは少ないことがわかってきた。そしてもちろん、歴史の中のどんな女も、狂暴な宗教、戦争、大虐殺の根拠をなす原因にはならなかった。もし全世界が再び泣き叫ぶことを学ぶなら、それは途方もない変容、変成であるだろう。

三番目の段階は沈黙だ。私はそれを『丘の上の観照者』と呼んできた。ヒマラヤの頂上の天辺に、一人でいるくらいの沈黙になりなさい。全く沈黙して一人でいなさい、ただ見守って、耳を傾けて……感じやすく、だが静かでいなさい。そして四番目の段階は、手放《レット・ゴー》しだ」

彼の日課は、ほとんど同じままで続いた。彼は質素な食べ物を食べ、午後の昼寝をして、健康が許す時は講話をし、夕方には秘書に会った。彼は常に、弟子たちがその時発行していた新しい本、雑誌、新聞を見ることに関心があり、それらは以前よりも数が多かった。美と審美的なものへの彼の生涯の愛を反映する表紙のデザインとタイトルに、彼は提言を与えた。

だがすぐに、ＯＳＨＯの弱りかけた健康は、彼の人々の間で大きな関心事になった。彼を心地良く元気にさせるために、彼の喘息を悪化させている街の空気なしに、彼がこよなく愛した緑樹の中で彼がいくらかの時間を過ごせるように、空調設備を施した歩道が造られた。初期の症状が和らいだ一方で、より不吉な光景が明らかになり始めた。米国の拘置所から解放された直後から、主要な症状として、抜け毛、深い骨の痛み、消化器系統の問題があった。今、より慢性的な問題が彼を悩まし始めた。彼は以前よりも非常に弱々しくなり、しばしば骨と関節の痛みを、特に身体の右側で訴えた。

夕方の講話での彼の不在は、時間が経つにつれて次第に増えていった。それから、彼は単純な耳感染症に苦しめられた。それは全ての通常の治療に抵抗し、最終的に手術を必要とした。この時点で、彼の医療スタッフは診断の助けを仰ぐために、全ての入手可能な情報をロンドンに送った。ロンドンの専門家による意見では、彼の症状はタリウム中毒と完全に一致していた。たとえこの時までに全ての痕跡がなくなっていたとしても、ＯＳＨＯの主張通り、それは米国の拘留所に彼が留まった間に投与されていたことが確証された。

右半身の問題は、再発する目の症状と、肩とその腕の下の痛みとともに、彼を悩まし続けた。それは今や彼のあごにまで広がっていた。この痛みを緩和するために、ＯＳＨＯは下あごの右側の歯を全て抜いた。彼の甲状腺は、しばらく前から機能を止めていた。これらの右側の障害は、放射線中毒によるものではないかという疑念があった。ＯＳＨＯは、オクラホマの拘置所でのある奇妙な夜の間に、毛布や枕なしに寒い独房に押し込まれて、他の入獄者たちとは異なる特別なマットレスの上に寝かされたことを述べた。

彼は枕を作るためにマットレスの上の先端を丸めた。そのためおそらく放射性の原料が、標的とされた彼の頭の右側の代わりに、右のあごと肩の間に置かれたのだろう。

彼の健康はずっと優れなかったが、それでも何とか自分のワークを継続し、彼の二つのお気に入りの主題、カリール・ジブランとニーチェに関する講話を行なった。（「*The Messiah*」、「*Zarathustra: A God That Can Dance*」、「*Zarathustra: The Laughing Prophet*」）

さらに彼は聴衆の質問に答え、世界の酷い状態と、個人的な変容の切迫した必要性を警告した。たとえＯＳＨＯが報道機関との会見を止めたとしても、報道機関は多様な問題に、特にインドに向けられた問題への彼の見解に関心を持ち続けた。インドの写真入り週刊誌『*The Illustrated Weekly of India*』の編集者は、「私がインドを管理したなら」というＯＳＨＯに関する特集記事のための、いくつかの質問ができるかを確かめるために電話をしてきた。その特集記事は一九八九年十月十四日号に掲載された。記事は次の言葉で始まった。

「ある人は彼を、最も偉大な現存する思想家の一人と見る。他の人たちは、騙されやすい集団、素早く麻薬の注射を施す精神的な詐欺師と見る。とはいえ誰もが否定できないものが、人の心を動かす彼の魔法だ。コレガオン・パークの人を惑わす指導者は、今も世界中から人々を引き寄せている。我々インド人のほとんどが、ただの宗教的な悪戯者の一人として無造作に除外している男の話を聞くために、はるばる訪れる人々が何千人もいる。ラジニーシは生を違う視点で見ている。彼はあなたにも、生を違う視点で見るように説き伏せる。以前には決して見たことがない事柄を見るために……。だがその重要な問題についてのラジニーシの考えとは何だろう？　魂の問題を論議するのではなく、インドの政治について彼がどう感じたかを見出すべきだ」

プリティッシュ・ナンディ（ジャイナ・テレビ総合司会者）は、今日のインドに関する重要な問題についての見者の見解を引き出した。腐敗、地方自治主義、教育、政策、ラム・ジャンマブーミ運動、女性の地位、社会主義、そしてもちろん、ドールダルシャン（インド国営放送）と報道の自由について――。

しかし、ＯＳＨＯがより関わっていたのは人々の成長だった。彼はそれらの弱点を彼らに曝け出すことで、個人の成長がどれほど重要になってきたかを、再び彼らに思い出させたかった。彼は主として次の問題――世界の分裂、貪欲と全くの権力の乱用に支配された病んだ世界の更なる症状の環境破壊に、焦点を合わせた。その上、ＯＳＨＯはミハイル・ゴルバチョフを、完全な災難と見なしていた――つまりゴルバチョフは自分が何を破壊していたのか自覚せずに、メディアと米国政府によってＵＳＳＲ（ソビエト社会主義共和国連邦）を破壊するために操作されつつあった、と。ＯＳＨＯは、結局ひどい結果をもって、ソ連へと後退する非常に崩壊的な要素を招いたＵＳＳＲの解体のために、ゴルバチョフはノーベル賞を与えられるだろう、と正確に予言していた。

世界がゴルバチョフを賞賛していた一方で、ＯＳＨＯは唯一の警告の声であったようだ。彼は全ての古い病気の再発を、宗教的な策謀と競争の、国家と人種の衝突の再発を、ユーゴスラビアの終わりを予見した。彼は、自分はもはや世界には関心がなく、ただ彼の人々にだけ関心があると言う。彼が「新しい人間」と呼ぶものが生まれない限り、惑星地球は破壊に向かって進み、そして唯一、この新しい人間だけがそれを救うことができる。新しい人間は、彼の人々の中から起こり得る。

「私たちはまさに、選択の余地となるものを、これらが二つの選択の余地であることを、世界に対して明らかにしなければならない。あなた方の古い世界や古いイデオロギーは、生がもはや存続不可能な頂点へあなた方を連れて来た。私たちは全く過去に根差していない。私たちにはただ未来だけがあり、過去はない。あなた方にはただ過去だけがあり、未来はない。

私たちはそれを明らかにしなければならない――私たちがしているのは、新しい人間を創造することだ。なぜなら古い人間は失敗してきたから、完全に失敗してきたからだ。彼の全ての努力は、どこにも導かなかった。そして少なくとも、あなた方が死にかけている今、私たちにチャンスを与えてほしい。私たちも、ただの失敗者かもしれない。それは起こり得る最悪のことだ。だがあなた方はいずれにしても損失者ではない。あなた方は死に瀕していたのだ。

だから私たちは、死にかけている、毎日死にかけている、最終的な死に近づいている古い腐った構造に対して選択の余地を提案している、ということを全世界に気づかせる必要がある。それが死ぬ前に、私たちはこの死にかけている構造から、若い人々の知性的なグループを救うことができる。もし古い人々が年を取り過ぎていて変容できなくても、何も心配はない。彼らはいずれにせよ死ぬ定めにある。しかし全ての人類が彼らと共に死ぬべきではない。

もし世界中の若者だけを救えるなら、それで充分だ。まさにアダムとイブが全世界を創造した。もし若者を救うことができるなら、私たちはあらゆる可能な意味でより高く、あらゆる可能な意味でより良い新しい存在たちをもって、世界に再び人を住まわせることができる。そして私たちは過去に犯してきた同じ過ちを犯しはしないだろう」

彼が肉体を離れるちょうど一年前、彼はプネーの循環器専門医によって、心臓発作と診断された断続する酷い胸の痛みに苦しんでいた。それは米国での彼の監禁が致命的な影響となった疑いの、最初の兆候だった。

一九八九年四月十日、彼は穏やかに、だが力強く厳然と「覚えておきなさい、あなた方はブッダだ。サマサティ」と言って講話を終えた。そして彼が去るために立ち上がった時、彼は自分の身体に起こっている断裂を感じた。それはほとんど彼をよろめかせるほどだった。彼はつつましいナマステで手を合わせると、ゆっくりとホールを去った。この言葉の重要性に気づいた者はいなかった。彼は決して再び公に話すことはなかった。

二年間改装中だった新しくてより大きな寝室が完成し、彼はそこに移った。しかし二週間以内に、彼は突然、初めの頃の小さな寝室に戻ることを望んだ。それで新しい部屋は、ミスティック・ローズのためのグループルームとして使われた。実のところ彼は、新しい寝室を初めから自分の霊廟《サマーディ》として見ていたことが後に明らかになった。彼の健康は悪化し続けた。彼はただ、自分のベッドだけでますます多くの時を過ごし、ほとんど誰にも会わず、夕方の講話のためにだけ起き上がった。地方のニュース・レポーターにどんな具合かを尋ねられた時、彼は自分にはただ「去るための六ヶ月」しかないと言った。けれどもレポーターは、このコメントの意味するものを記録しなかった。

私は彼とのダルシャンを、非常に生き生きと思い出す。それは一九八五年の末、ラジニーシプーラムを去ってずいぶん後に、一九八九年六月二十五日に、彼の朝食の部屋にて一人で彼と会った時だ。マ・デヴァ・アナンドが私を彼の部屋に案内した。私は彼に頭を垂れた。実に愛らしく笑い、真に美しく椅子に座っている彼を見た。彼の身体は壊れそうに見えたが、それでも輝いていた。私は低い声でこう言う彼に耳を傾けた。

「彼らは私の夢を壊した！　彼らは私の身体を壊そうとした。私は骨に痛みを感じている。私の身体全体は火の上にある！　毒の作用を消すには九年かかるだろう」

彼はさらに、サニヤシンたちが苦しめられたりビザを否定されないように、彼らにオレンジ色の服を着ないこととマラを内側に保つように求めたことを説明した。身体の苦しみについて語る彼の話を聞いて、私のハートは痛んだ。彼は愛情を込めて私自身について問いかけ、そして言った。

「あなたがここに来たのはいいことだ。どこにも行く必要はない。ここがあなたの我が家だ。あなたには、私のことに関してするべき多くの仕事がある……」

彼の愛と慈悲に圧倒され、私は深い感謝をもって彼の足に触れた。

一九八九年十月まで、ＯＳＨＯにはもはや、彼の人々と一緒に踊れるほどの強さはなかった。数年間彼は人々を喜びと祝祭の中で踊るように招き、彼らとともに踊ってきた。今、彼は一つのメッセージを送った。彼の人々は、彼にではなく音楽に従って自発的に踊らなければならないと。彼の身体は日ごとに衰弱していた。彼の愛する人たちと友人たちがブッダ・ホールに集まり、喜びに満ちて腕を振り、音楽に合わせて揺れ動いていた間に、彼はホワイト・ローブ・ブラザーフッドに入り、ナマステで合掌して立った。ミュージシャンたちが音楽をしだいに盛り上げていくにつれて、ホールは「OSHO！」という叫びで爆発した。それから彼が、より多くの彼の人々に顔を向けるために、丸い演壇から少し先の方を振り向くと、再び「OSHO！」という叫び声が爆発した。

OSHOが説明するように、「OSHO」とは彼の名前でさえない。それはまさに癒しの音だ。何ヶ月か前に、彼はユーモラスな方法で、自分の全ての古い名前を処分して誰をも驚かせた。立ち去るべき最初のものは『バグワン』だった。「ジョークは終わった」と彼は宣言した。それから彼は『シュリ・ラジニーシ』を落とした。彼は、OSHOという自分の名前はウイリアム・ジェームスの言葉で、大洋《オーシャン》に溶けるという意味を持つ「オーシャニック」から入手したと説明した。オーシャニックは体験を描写する、と彼は言うが、体験者はどうなのだろう？　そのためにOSHOという言葉が使われる。後になって彼は、「OSHO（和尚）」は、極東では「祝福された者、天はその人の上に花々を降り注ぐ」という意味で歴史的に使われてきた、ということを見つけ出した。そういうわけで、OSHOは彼の全ての旧名をあらゆるものから削除した。ただOSHOという癒しの音が残る。まるで彼が、地球上の彼の時間であった信じ難い脚本以外のところに、自分自身を書き込もうと最善を尽くしていたかのように……。

第13章

あなたに私の夢を託す

I Leave You My Dream

1990.1.19

一九九〇年一月十六日、ＯＳＨＯは夕方の瞑想が続く全ての時間帯を、その最後の時間まで、弟子、愛する人、そして友人たちと座るために出て来た。次の夜、アムリットはブッダ・ホールで発表した。

「今日から、ＯＳＨＯは私たちと共に座ることはありません。それでも、彼はいつもの通りやって来ては私たちにナマステをするでしょう。それでもすぐに去って行くでしょう。彼はホールを去った後、私たちと一緒に瞑想し続けるだろう、とあなた方に伝えるようにと言いました。さらに誰もが全ての夕方の間、そこにいることを求めています」

翌日、ＯＳＨＯは瞑想音楽と沈黙の十五分の間、座ることさえできなかった。彼はブッダ・ホールに入った。彼のその夕方のナマステはゆっくりとして慎重であったが、彼はホールの隅々にまで及ぶようにしようとした。彼の身体は、明らかに非常にもろい状態にあった。彼は壇上から去る時、身体を支えるために壁に手をついた。彼はある方向へ歩むと、ナマステで手を合わせてミュージシャンたちを見た。まるで、ありがとうとさようならを言うかのように……。ＯＳＨＯが彼の部屋へ静かに導かれつつあった時、瞑想音楽と沈黙がいつものように続いた。

翌朝、ＯＳＨＯの身体は大変な痛みを感じたため、歩くことは非常に困難になった。その夕方、彼は人々に会うために外出できなかった。それでも、彼は自分の部屋で彼らとの瞑想を、いつものように七時に始めていた。そのため夕方のダルシャンは彼なしで行なわれた。

一月十九日の朝まで、OSHOはさらに弱々しい不整脈と、さらに強い痛みを感じて起床した。単純なペースメーカー機器が心臓疾患の治療を担えたが、彼はどんな専門的医療支援も丁重に断った。

「存在がそのタイミングを決める」と、彼はスタッフに知らせた。

ゆっくりと、その日が経過する間じゅう、彼の身体は更に弱まっていった。彼は為すべきワークについて語った。彼は、コミューンがそのままのやり方で機能し続けて欲しいと言い、ワークがとてもうまく進んでいることに満足を表わした。そして最後に、彼は「あなた方に私の夢を託す」と宣告した。

一九九〇年一月十九日、午後五時、OSHOは肉体を離れた。

その夕方、彼のサニヤシンたち、OSHOの愛する人たちや友人たちが、瞑想と彼らの愛するマスターに会うためにブッダ・ホールに集まった。アムリットはホールに入り、マイクを取ると、涙ぐんだ声でその知らせを分かち合った。

衝撃の波が、ブッダ・ホールで待っていた全ての人たちの間にさざなみを起こした。そのニュースは野火のように、ニュース・メディアを通してインドと世界中に広がった。彼の身体がダルシャンのために置かれている間、彼の人々はホールに集まった。それから彼の身体はムラ・ムタ川のガート沿いにある火葬場に運ばれると発表された。

OSHOの身体は黒いビロードで覆われ、十分間その壇上で安置するために、花々がブッダ・ホールに用意された。それからOSHOの身体は、歌って踊るサニヤシンたちの長い行列の中、ガートに運ばれた。アシュラムからガートへの道は人々でいっぱいになった。警察が交通を取り締まって、群集を取りしきる助けをした。夜の十時に、OSHOの弟であるヴィジャイ・バルティが、火葬用の薪に松明を置いた。多くの人々は、朝の早い時間まで祝祭と沈黙の中で歌い、ハミングをしてガートに残った。

ＯＳＨＯを火葬する薪が翌日まで燃え続けていた間、彼のサマーディの準備がチャン・ツー・オーデトリアムでなされていた。もちろんそこに涙はあったが、それでもＯＳＨＯは今でも私たちと共にいる、という非常に強い認識や、それを美しく思い出させるものがあった。一月二十一日の日曜日の朝、サニヤシンたちが道に沿って並び、バラの花びらを降り注ぎ、歌い、そして祝っている時に、彼の遺灰はコミューンに運ばれた。その遺灰は次のように読める碑文を添えて、チャン・ツー・オーデトリアムの新しいサマーディに安置された。

ＯＳＨＯ――決して生まれることなく、決して死ぬことなく、
一九三一年十二月十一日から一九九〇年一月十九日の間、ただこの惑星地球を訪れた。

ブッダが、光明を得たマスターが身体から去る時、何が起こるのだろう？　彼は他の全ての存在のように死ぬのだろうか？　ＯＳＨＯのような光明を得た存在の死の現象を、私たちはどのように理解したらいいのだろう？　彼はそれに対する洞察を、既に私たちに与えていた。

「あなたが『私は一人で来て、一人で去る』と知るようになったら、来ることも去ることもない。なぜなら魂は決して生まれず、決して死なないからだ。生は永遠の連続体だ。それは続く。それは決して来ないし、決して去らない。この身体は生まれてくるかもしれない。この身体は死ぬかもしれない。だがその

生命、エネルギー、自己、魂、または何であれ、あなたがこの身体に存在する意識と呼ぶものは、決して生まれてこなかったし、決して死なないだろう。その意識は連続的だ。その中には、これまでどんな破壊もなかった。

……ブッダは時間の中で生きていない、空間の中で生きていない。彼の身体は動き、私たちは彼の身体を見ることができる。だが、身体はブッダではない。ブッダとは、私たちには見ることができない意識だ。彼の身体は生まれ、そして死ぬ。彼の意識は決して生まれず、決して死なない。しかし私たちは、その意識を見ることができない。その意識がブッダだ。この光明を得た意識が、私たちの存在全体のまさに根だ。そして根だけでなく、それの開花でもある。時間と空間は両方ともこの意識の中に存在しているが、この意識は時間と空間の中には存在していない。

もし死が現実だったなら、存在は全くの不合理であるだろう。存在は気が狂うだろう。もしブッダが死ぬなら、それはそのような美しい音楽、そのような輝き、そのような優雅さ、そのような美しさ、そのような詩が、存在から消滅するという意味になる。それなら存在は非常に愚かだ。それなら何が要点だろう？その時、どうしたら成長できるのだろう？　どうしたら進化できるのだろう？

……いや、ブッダは死ぬことはできない。彼は吸収される。彼は全体によって吸収される。彼は継続する。今、その継続性に身体は無い。なぜなら彼は、宇宙それ自身の身体を除いては、どんな身体も彼を中に入れられないほどの広がりとなったからだ。彼は小さな表れを持てないほど、大洋的になった。今や彼は、ただ本質においてのみ存在できる。彼は花としてではなく、ただ香りとしてのみ存在できる。彼は形を持つことはできず、存在の無形の知性としてのみ存在できる」

シーク教の宗教と歴史の優れた学者で有名な作家、そしてジャーナリストであるクシュワント・シンは、OSHOが身体から去ったことについて、これらの言葉で彼の気持ちを表現した。

「私はアチャリヤ・ラジニーシの死を聞いて、本当に深く悲しんだ。私の見解では……彼はインドが生んだ最も独創的で、最も博学で、最も頭脳明晰で、そして最も革新的な思想家だった。そして加うるに、彼は言葉、話すこと、書くことへの生まれつきの才能があった。私たちは、来る数十年の間に彼のような人を見ることはないだろう……。わずかな言葉で、この偉大な人物を正当に評価することは不可能だ。私は読者に、現在出版されている何百冊もの本で、彼の講話を読むことを勧める。ラジニーシが去ってしまうことで、インドは最も偉大な息子たちの一人を失った。インドの損失は、世界中の開いた精神を持つ全ての人たちに共有されるだろう」

―― *Sunday, Calcutta, 1990.1.28*

『インドの運命を変えた十人』の一人としてOSHOに言及したクシュワント・シンは、将来の世代の精神を狂信的信仰と順応主義の束縛から解放するためにアチャリヤ・ラジニーシを加えた。「彼は全ての宗教を公然と非難した、徹底的にスピリチュアルな人間だった」 ―― *Mid-Day, Bombay, 1991.7.14*

インドの元大統領であるギャニ・ザイル・シンも、同様にOSHOに敬意を表した。

「私はラジニーシを、非常に学識のある人物だと見なしている。私は、一世を風靡した少数のインド人哲学者たちの一人であるラジニーシを尊敬している。他のいわゆるグルたちやスワミたちは、政治的な後援を楽しんでいる。彼らは脱税や土地の横領等のような、とても多くの揉め事に巻き込まれている。ラジニーシは自分の所得税を常に払い、現行法を厳守するように彼のアシュラムを運営していた唯一の人だった……。ラジニーシが独特であったのは、彼が学識のある人だったからだ」

——*The Daily*, 1992.11.22

一九九一年一月十一日、インドの元総理大臣チャンドラ・シェカールは、デリーの公的な行事の中でこう言った。

「OSHOはこの国と世界に、どんな人々も誇りに思えるビジョンを与えた。OSHOは私たちに大きな強さを与えてくれた。私はその強さを私たちに与えてくれたことに対して、彼の思い出に頭を下げる」

有名なコラムニストであり、『*Illustrated Weekly*』の元編集者であるM・V・カマスは言った。

「私は一度話したことがある……OSHOはユガ・プルシャ（時代の精神原理）だと。ユガは文字通りに受け取られるべきではない……。私が言おうとしているのは、OSHOは私たちの時代の、知恵と哲学の内容に充分に寄与してきたということだ。確かに彼は、今やゆっくりと消えつつあるこの世紀の最も傑出した思想家たちの一人として、際立っていた……。OSHOとともに言葉は果てしなく流れる。挑発的に、挑戦的に……。百年の内に、OSHOのワークに関するより多くの記事は、現在まで顕著なベストセラーである聖書そのものよりも、多く出版されるだろう」

インドの有名な詩人アムリッタ・プリタムは、次の言葉で彼女の敬意を表した。

「思想、芸術、または科学の分野で、たまたま天才である何人かの人たちがいます。そして時々、世界は彼らに栄誉を与えます。しかしラジニーシ（ＯＳＨＯ）は独特で、完全に例外です。彼は、まさにその存在がこの世界に栄誉を与えた、この国に栄誉を与えた、という人です」

ラージャ・サバ（インドの上院議会）の会員仲間への挨拶で、彼女はこう言った。

「彼（ＯＳＨＯ）はインドについて、そして人類について、心からの最も高い関心を持っています……。彼は、インドがこれまで生み出した最も偉大な人たちの一人です」

政治や知性、制度的なもの等のどの水準からも、西洋でＯＳＨＯに起こったことを考察してみよう。インド国民とその人間意識への古くからの貢献はもっともだとする態度が広まり、全く弁明の余地がないほどとなった。しかしそれをインド国民は強く主張もせず、関心も持たず、内々の事にし続けていることが、どれほど愚かであるかを我々は誰も気づかなかった。現代では、多くのインド人がそうした事実を認識し、心を痛めている。

国際社会に礼を尽くし、その価値の本源に基づいて、インドは自国の人々のインド独特の自主的な理解を示すべきだという認識が高まっている。そのような誠実な試みを通してのみ、ＯＳＨＯがサティアム・シヴァム・スンダラム――真、善、美、の価値をさらに高めることで行なってきた莫大な貢献を認めることが可能になるだろう。次の言葉は、彼ら自身を代弁するＯＳＨＯから来ているものだ。

「真実は集団的になり得ない。それは個人的なままだ。集団的な一般人が、理由もなく真実の人間を酷く恐れることはない。それは、真実が決して集団的にならないからだ。ただ嘘だけが、集団的になる。たとえたった一人の真実の人間でさえ、嘘という森全体に火を点けるのに充分足りる。なぜなら何千という嘘でさえ、たった一つの真実の声明には直面できないからだ……」

「私は、一人という多数派で自分の旅を始めた、と語ってきた。そして今日、私はあなたに、私は一人という多数派で自分の旅を終わるだろう、と言わなければならない。私があなたに真実を与えることはできない、という単純な理由のためにだ。もし私の考案したものを通してあなたがそれを発見するなら、あなたも一人という多数派になる。しかし、真実そのものはとても力強いので、一人の人間に、全世界に反対して立つために充分な勇気を与える」

それはまるで、何か新しいものの始まりであるかのようだ。突然、どれだけ長く、彼は彼の人々を準備してきたのだろう、ということが明らかになる。一九七四年の昔に、彼は彼らから徐々に撤退するだろう、と言っていた。今、たとえ身体の中にいなくても、彼の存在は誰であれ、それを体験する人にとってはまだ大いにそこにある。彼を自分の身体により長く留まらせるための、何らかの医療的な介入をすることへの彼の拒絶は、彼に関する限り、彼のワークが完了したことを意味している。

彼の人々は、真実の探求を続けるために必要なものを全て持っている。現代の人間であるＯＳＨＯは、マスターの物理的な存在なしに、光明や瞑想の趣きを与えるために最新の科学技術を使用するという点において、歴史上最初の人物だ。自分は騙されていると気づくくらいしか役立たない人々を探すための渇きは、もう持たなくていい。外側を探すために必要な渇きは、もう少しも持たなくていい。最終的な答え、究極の目的地は、それが常にそうであったように、内側——個人の内にある。そして今、関心を持つ人なら誰に対しても、その扉は永久に開かれている！

追　記

Post Script

初期瞑想キャンプ地マウント・アブ

〈追記一　友人たちの集い〉一九六七年十二月二十三日、ロナヴァーラでのＯＳＨＯの講話

私たちは、とても重要な問題を考えるためにここに集まっている。

個々の人々に向けて私が話していることを、いつか公開する必要があるという考えは、私にはなかった。それについては考えたこともなかった。私は自分の能力と手腕に応じて、自分にとって嬉しいと感じるものは何でも、彼らに役立つだろうと思われることは何でも話している。だが徐々に、何百何千という人々と接する機会を持つにつれ、私には限界があるということ、そして私がどんなに願っても、それを必要とするすべての人々に私の言葉を届けることはできないと認識し、理解し始めた。そして多くの人々が、この上もなくそれらの言葉を必要としている。国中が、全地球が極端なまでに渇望し、困窮している。

たとえこの惑星の残りの地域を考慮しないとしても、このインド自体が精神的な危機状態にある。古い価値はすべて粉砕されてしまい、あらゆる古い価値への尊敬や敬意は消えてしまったが、新しい価値は何も誕生していない。人間は、どこへ行くべきか、何をすべきかも全くわからずに、立ちつくしている。このような状況では、人間の心《マインド》が全く落ち着かず、非常に苦しく、また不幸な状態に陥るのも当然だ。ひとりひとりが、自分の内にあまりにも大きな惨めさを抱えている。もしその人のハートを開いて中を覗き込むことができたら、私たちは途方に暮れるだろう。多くの人々と接触すればするほど、外側から見えるのとは全く反対のものをその人が内面に抱えていることを知って、私はますます不思議に思った。彼の微笑

みは偽りで、その幸福は偽りで、そのいわゆる喜びも偽りだ。そして彼の中には幾多の地獄が、深い闇が、たいへんな不幸と惨めさが蓄積している。

この苦しみ、この苦痛を撲滅する方法はある。それらから自由になることは可能だ。

人間の生は、天上の平安と旋律をもった生になり得る。これに気づき始めて以来、人間の生を平安に導き得るものを、彼らが必要とするものをもたらさないとしたら、それはある意味で罪を犯すことになるとも感じた。知っていようと知っていまいと、私たちは怠慢の罪を犯していることになる。

だから私は、人々の生を変容できるものを最大多数の人々にもたらすことが必要だと感じ始めた。しかし私には限界があり、私の能力や手腕にも限界がある。ひとりでは、私がどれほど走ろうと、どれほどたくさんの人々に出会おうと、それがどれほど広範囲に及ぼうとも、周りにある生の広大さを見れば、そして深く苦悶するこの社会を見れば、そのすべてに対処する方法は全くない。海岸で一滴の色を落とせば、小さな波に色はつくかもしれないが、広大な海には何の違いも起こらない。そして滑稽にも、色がついたかもしれないその小さな波は、瞬く間にその大きな海に呑み込まれて、その色も消えてしまうのだ。

だから私たちは、どうすれば平和の色をこの生の広大な海の中へ遠く、そして広く行き渡らせることができるのかを話し合うためにここに集まった。しかし私は同様に、自分の平安にだけ関心を持つ人は、本当の意味で平安になることは決してない、とも気づいている。なぜなら自分にだけ関心を持つことは病気の原因の一つだからだ。ただ自己中心的であることだけが、病気になる基本的な理由の一つだ。自己中心的になって自分にだけ関心を持ち、周りにある他のすべてを忘れる人は、美しい家を建てながら、家を囲んでいるゴミの山を気にしない人のようなものだ。彼は自分の所有地に、家の周りのゴミが彼の家の周り全てに悪臭を放っていることに気づかずに、美しい庭を造るかもしれない。もし近隣全てが汚いなら、彼の庭、花々、そしてその香りはあまり意味がないだろう。その悪臭は彼の家に入り、花々の香りを消してしまうだろう。

人間は自分だけに関心を持つべきではなく、環境にも関心を持つべきだ。宗教的な人は自分自身に関心を持つだけではなく、周りのあらゆることにも関心を払う。私は、自分自身の平安に関心を持つだけでは充分ではないとも感じる。平安のそよ風が、私たちが相互に関係している人たちに、私たちがつながっている人たちに、知覚のあるすべての存在に達することに関心を持つことが必要だ。それもまた、私たちの関心事であるべきだ。そして、周りの生のすべてに平安をもたらしたいと懸命に願う人は、他の人々を平安にすることに成功するかもしれないし、しないかもしれない。だが、まさにその努力で、彼自身は確実に平安になる。

仏陀の生涯にある逸話がある。おそらく作り話だろうが、非常に美しい話だ。

仏陀が涅槃《ニルヴァーナ》、究極の解放を達成した時、彼は解脱《モクシャ》の扉に達し、門番が門を開けた。だが仏陀は、その門に背を向けて立った。そこで門番が「なぜあなたは、モクシャに背を向けて立っているのですか?」と尋ねると、仏陀はこう言った。

「私の背後にたくさんの人々がいる。彼らがみんなモクシャを達成するまで、私はここに止まって待つつもりだ。私は自分ひとりで解脱のなかに入れるほど、酷く、残酷で、暴力的ではない。私が達成したすべての平安はただ、自分はモクシャに入る最後の人間になるべきだ、まず他の人たちすべてが入るべきだ、と私に言っている」

これは非常に美しい物語だ。この物語によれば、仏陀は他の人たちがすべて先に入れるように、モクシャの門前でまだ待っている、ということになる。彼自身はみんなの最後に入ることを望んでいる。

このような感情が起こった人のハートは、既にモクシャを達成している。彼はモクシャの門に入る必要などない。彼にとってモクシャという観念はすべて見当外れになる。このような人々だけが平安に至り、周りに平安を広げるための強烈な啓示が、その人生で機能し始めるのだ。

このような方向に関心を持つようになった友人たちは、ただ自分自身に関心を持ったままでいるべきではない。他の人々や彼らの環境にも関心を持つようになるべきだと、私は感じる。なぜならこの関心が他の人々に恩恵をもたらすかもしれないからだ。たとえもたらさないとしても、それでも彼ら自身にとって、非常に意味深いものであるからだ。それが大いなる平安と、大いなる至福に深く入るために役立つのは、不安の原因のひとつは自己中心になることにあるからだ。そして自分の中心から周りの人たちすべてに広がっていく人は、平安になることに向かって動き始める。どんな方法でなら、愛と平安と慈悲のメッセージをできるだけ多くの人々に広げることができるかを、あなた方と話し合うために私たちはここに集まった。そのメッセージを確実に彼らに届かせるのに、どんな方法があるだろうか？　それは可能だろうか？

それを広告にしてはいけないし、カルトを作るべきでもなく、組織や集団を作るべきでもない。私たちは、それ自体が強力になるような中心を作ろうとしているのではない。集団にもならずカルトにもならず、組織にもならずどんな中心権力も作らずに、できるだけ広くメッセージを広げようとしているのだ。これには、多大な熟慮が必要だ。

カルトを作りたいのなら、たいして考える必要はない。組織を作ろうとしているのなら、たいして考える必要はない――世界の誰もが集団や組織の作り方を知っている。何千というカルトが既に作られてきた。私たちはそれらのカルトの中に、もう一つのカルトを作ろうとしているのではない。カルトや組織を作ることなく、それでも自分が愛しているもの、自分にとって至福と感じられるものを誰にでも分かち合えるようにするために、私たちはそれを徹底的に考え抜かなければならない。私たちは伝道者にはなりたくないが、それでも広めることは可能かもしれない。ゆえにそれは非常にデリケートな問題であり、非常に注意深く、大きな感受性をもって徹底的に考える必要がある。これは綱渡りのようなものだ。ひとつの選肢は、カルトになる危険があるために全く広めないことだ。これは、私たちはこのメッセージを、全く誰にも広めないという意味だ。そして二番目の代わるべき手段はこのメッセージを広めることだが、最後にはカルトを作ってしまう。その危険も存在する。

私たちはメッセージを広げなければならないが、カルトが作られないように、絶対に気をつける必要がある。だからそれは、必要な伝達を、生きたメッセージを、最大多数の人々に届けるために宣伝もせず、カルトや組織にもならずに広めることを可能にするという問題だ。あなた方がここに招かれたのは、この事を話し合うためだ。来るべきセッションで、私は自分に見えている事柄について、あなた方に段階的に話すつもりだ。そして私はあなた方にも、この点で考えることを期待する。私はあなた方に二、三の基本的な事柄を話すつもりだ。あなた方が、それを考えることができるようにね。

まず始めに、今日の友人たちの集いは、このメッセージほど大きくはないということだ。組織は必要なく、必要なのは集いだけだ。そして組織と集いの違いを明確に理解すべきだ。

集いとは、誰もが自由であり、誰もが自由に来て、自由に立ち去ることができるという意味だ。集いの意味は、誰もが対等で、誰もより高くもより低くもなく、どんな階層にも属さず、誰も追随者ではなく、誰も指導者ではないということだ。これが集いの意味だ。私たちは権威や階層や、上下階級がある組織ではなく、友人たちの集いを作らなければならない。組織にはそれ固有の下部組織があり、そこには底部から頂点までの階層があり、段階や地位もあり、それとともにあらゆる政治が入ってくる。なぜなら身分や地位があるところには、必ず政治が入って来るからだ。地位がある人は、誰かが自分に取って代わり得ることに怯えるようになる。地位のない者は、地位にたどり着こうと懸命になる。だから組織には固有の危険がある。

この集いでは、それぞれの人は自分の愛から来ているに過ぎない。愛以外に彼が従うべき戒律は他にはなく、彼が果たすべき何らかの宣誓や誓約もなく、彼が傾倒する何らかの誓いや訓戒もない。彼はただ、自分の愛と個人的な自由から加わっただけであり、自分がそうしたい瞬間に去ることができる。そして彼はこの集いの一部である時でさえ、どんな教義やイデオロギーにも縛られていない。その時でさえ、彼は異なる意見を持つ自由があり、自分自身の考えを持ち、自分自身の考えに従い、自分自身の知恵に従う自由がある。彼は誰かの追随者になるためにそこにいるのではない。そこで友人たちの集い〝ジーヴァン・

ジャグルティ・ケンドラ〟が生れてくるかもしれない。私たちはこの点で考えねばならない。

確かに、友人たちの集いが形作られる規則は、組織が形作られる規則とは異なる。友人たちの集いとは、完全に私たちが、無政府主義的な制度と呼べるものだ。組織は、規則や原理や法規によって縛られるうまく計画されたシステムだ。私は法律や規則や原理によって人々を縛るつもりはない。なぜなら私は、まさにそれらの事柄と戦っているからだ。そのような組織なら既に世界中に存在している。そんなものをもう一つ作っても何の意味もない。確かに組織にはより大きな効率性があり、集いにはそれほどの効率性はありえない。だが自由を犠牲にして効率を持つことは、高価な取引だ。民主主義は独裁政権ほど効率的ではないが、効率は犠牲にできても、自由を犠牲にすることはできない。友人たちの集いとは、自由な個人の自発的な集まりだという意味だ。もしその中にいくつかの小さな法規や制度があったとしても、それは個人よりも下位にあるものであって上位にはない。それは機能的だろうが、目的《ゴール》であることはできない。私たちはいつ何時でも、自由にそれを崩壊させることができる。決して、それらが私たちを崩壊させる能力を持つべきではない。法規は私たちのためにあるのであり、その反対ではない。これを心に留めておくことが重要だ。

さて、ある友人たちは憲章があるべきだと考えている。確かに憲章はあるべきだが、それは組織のための憲章のようであってはならない。それは友人たちの集いのためであることを、心に留めて形作られるべきだ。それは非常に機能的であり、実用的なもので、この目的のための大要を述べている。だが、それを固守することを強要するものではない。それはいつ何時でも投げ捨てて燃やすことができる。そしてその憲章にどれほどの価値があっても、私たち個々の友人たちのほうが価値があることを心に止めておくことが重要だ。なぜならこの憲章は、これらの友人たちのために作られたからだ。彼らはこの憲章のために集まってきたわけではない。だから私たちは、全員ひとりひとりの、個人の価値と尊厳が守られるような友人たちの集いを作らなくてはならない。明らかなことだが、個人の数が多くなればなるほど、その人たちの考え方や理解の仕方は多様になるだろう。友人たちの集いが大きくなればなるほど、当然、彼らの中での相違点は大きくなるはずだ。

だから私たちは画一性を作り出そうとすべきではない。そうしないと組織が存在に入って来始める。そして私たちが画一性を作り出そうとすればするほど、その人の個性、彼の尊厳、彼の自由は破壊され始める。重要なのは画一性ではなく、すべての友人に対する、さらには意見の異なる友人に対してさえの尊敬だ。なぜなら私の全ての展望は、国中に自由な考え方が生まれ得ることだからだ。だから自由な思考を生み出すことを望む人々自身が統制された思考の罠にかかるなら、そこには危険があるだろう。だから私に対してさえも、この友人たちの集いは、どんな特別な崇敬も示すべきではない。私に対しても、どんな崇敬の感情もあるべきではない。私に対しても、合理的なアプローチと知性的なアプローチがあるべきだ。もし私の言うことがあなたにとって正しく思えるのなら、それがあなたの好みなら、有益に見えたら、その時にだけあなたはそれを人々に伝えるべきだ。ただ私がそれを言ったからという理由だけで、私の言うことを人々に伝えるという過ちを犯してはならない。

友人たちの集いは、ある個人に中心を置くべきものでもない。なぜならその人が、私が、または他の誰かが崇拝の中心になりかねないからだ。私たちはどんな崇拝も持たないし、誰の信者でもなく、また私たちにはどんな指導者もいない。集団的には、私たちはあるビジョンを、あるメッセージを愛しており、それがより多くの人々に達すれば、彼らは利益を得るだろうと感じている。それが私たちが集まってきた理由であり、このビジョンを人々にもたらしたい理由だ。

だからまず最初に、組織について少し話そう。私たちは組織を作りたいのではなく、ただ友人たちの集いを作りたいだけだ。そこでこの二つの間の微妙な違いを理解してみたい。この友人たちの集いを組織化から守るために努力するのは、すべての個人の責任になるだろう。それは私ひとりの手中にはない。私はそれを話すことができるだけで、私ひとりの手には負えない。もし私たちが完全に油断したら、組織になってしまう危険がある。だから非常に警戒する必要がある。それは組織にならないように、非常に意識的な実験であるべきだ。

カルトが形作られる一定の知られざる方法がある。私たちが気づきもしないうちに、カルトは形成され始める。だから気をつけなければならない。前もって気づいていれば、それが起こらないような方法で処理できるかもしれない。これは一つの対処法だ。そしてもう一つの可能性は、それが組織かカルトになるかもしれないと恐れて、私たちが全く何もしないということだ。それはもう一つの危険だ。もし何もしないなら、広めなくてはならないメッセージを広めることはできない。そうなると、このメッセージを人々にもたらすためにできる限り駆け回ることが、私一人の肩にかかることになる。私はいずれにせよそれを続けるだろう。私にとっては何の違いもない。だがその同じメッセージは、より多くの人々に届け得るものだ。協力する友人たちが多ければ多いほど、それはより遠く、より容易に達することができる。そして今日は、科学が多くの技術を開発して社会を近代化しているから、それを利用しないのは馬鹿げている。それを利用しなかったら、私たちは間違いを犯していることになるだろう。例えばここで、私がマイクを使わずに話したとしても、ここでは問題はない。そしてたとえ私の声が、あなた方にあまりはっきり届かなかったとしても、まだ問題はない。人数がより少なければ、私の声は充分遠くには届かないだろう。マイクを使えば、私の声は長い距離に達する。だが人数がもっと多かったら、私の声は充分遠くには届かないだろう。それがすべて使われるなら、仏陀やマハーヴィーラが二十回の人生で成し遂げられたものより——彼らがそう望んだものより多くのワークを、一人の人間がその生涯で達成できる。

仏陀とマハーヴィーラは不利な境遇にあった。彼らに利用できた手段が何であろうと、それを使うことで、彼らは十二分にそのワークを為した。だがもし誰かが、現在の時代に同じ方法でそのワークをするように求めたなら、それは全く馬鹿げているだろう。今日では多くの技術が手に入り、そのすべてを使うことができる。そして一人の人間が、現代の技術がなければ四百年間生きてもできなかったほどのワークを、一回の生涯で成し遂げられる。だから私たちはこれらの技術をすべて利用しなくてはならない。これもまた考えるべき重要なことだ。私がひとりでそれをするのは不可能だ。そのためにはもっと多くの友人たちが必要であり、多くのタイプの友人たちが必要だ。ある人は手仕事ができるだろうし、ある人は知性を使えるだろうし、金銭の管理ができる人もいれば、他のことで役に立てる人もいる。その人の理解がどんなものであれ、その人の気質がどんなものであれ、人はそれに応じて手伝うことができる。友人たちの多様性が、広ければ広いほど良いと覚えておくのも重要だ。なぜなら異なったタイプの人たちが来て、異なった方法で貢献し、異なったタイプのワークをし、異なった手助けを提供すればするほど、ワークはより豊かになるからだ。

自分たちのサークル内にいる友人たちが、見知らぬ他人を恐れるということはよく起こる。彼らは、知らぬ者が入って来ると、いろいろ問題を引き起こすことを恐れている。だから一般に起こることは、友人たちの集団がどこかでひとつに集合する時はいつでも、彼らは自分たちのサークルを作って、新しい友人がそこに加わるのを恐れるようになることだ。その恐れは、新参者が面倒を起こすかもしれないということだ。この恐れは自然なことでもある。この防御的感情が全く悪いわけではない。だが二十五人の旧来の友人たちが一人の新参者を恐れる、というのは大変な弱さのしるしだ。それよりも私たち二十五人がその新参者を変容するのであり、新参者が私たち二十五人を変化させるのではない、という考えであるべきだ！

もし私たち二十五人が一人の新参者によって変えられるほど弱いのなら、私たちは変わらなければならない。その中にどんな害がある？　それの何がそんなに悪いことだろうか。

何らかのグループが集まる時はいつでも、サークルが形成され始めることが常に起こる。その時、それとそのサークルの外側の人々との間に距離が作られる。それは知らずに起こることで、誰も意識的にやってはいない。これはマインドの自然な特徴だ。

あなたが見知らぬ村に行って、あなたに数人の友人たちがいたら、おそらくあなたは、その村でどんな友人も作らないだろう。あなたはその数人の友人たちのサークルに取り囲まれたままでいて、そこから出て来ないだろう。自分がやむをえず独りであることに気づくような状況では、話は違ってくる。あなたは友人を作るだろう。そうでなければ、あなたは新しい友人を作ることはないだろう。

そのように、あらゆるグループには、それ自身に閉じこもったままでいるという傾向がある。そこには閉じこもるようになる傾向がある。そして閉じこもっていることにはある種の安全性がある。すべては知られていて、すべては快適だ。私たちが好きなことは何でも、他の人たちも好む。誰か見知らぬ者が入ってきたら、新しい事を言うかもしれないし、全てをかき乱すかもしれない。私たちはこの恐怖を落とす必要がある。このワークが広範囲にわたって広大になるためには、この恐怖は落とすべきだ。臨機応変な対応が非常に大切であり、自分のハートを充分に広々と開いたままにして、最も正反対の性質の人々でさえ同化できるほど、自分の両腕を遠くへ広げるべきだ。たった一人ですら除外されてはいけない。私たちは自分自身の内側に、私たちとは完全に異なる人のための空間さえ、作らなければならない。そして、どんな有用な能力が彼にあるのかを見つけなければならない。

これに関連して、インドでは最近において（一九六七年当時）、マハトマ・ガンディーが偉大な実験をした。彼は異なる見解を、それも対立する見解さえ持つ多くの人々を一緒に集めた。全く似通っていない人々や、彼らとの間にどんな意見の一致も得られないような人々が同じ傘の下にやって来て、大規模な事業の手助けとなった。

特定の試みにおいて、異なる見解、考え、異なる個性の人々は含まれるべきではない、と誰かが考える時はいつであれ、その試みは偉大なものにはなり得ない。それは非常に制限されたままであるだろう。それは「他の遠い場所から来る全ての河川は、私と一緒になるべきではない。どんな種類の泥やゴミを、どんな種類の物質や無機物を持ち込むのか、そしてその水が良いのか悪いのかが、誰にわかるだろう？」と考える小さな小川のように残るだろう。もし川がこんな風に考え始めたら、それはただ小川のままでいるしかない。それが大河ガンジスになることはできない。だからもしガンジスになるつもりなら、それらのすべてを受け容れなくてはならない。だから、あらゆるものを受け容れるというこの能力が必要になる。

できるだけ多くの人々が一致できる方法を熟考する必要がある。私たちは空間を作り出さなければならない。だんだんと、どうしたら加入する機会を人々に提供できるか、どうすれば彼らのためのワークを見つけて彼らも参加するように手助けできるか、その方法を考えなければならないだろう。

とても多くの人々が全国からやって来て、ワークの手助けをしたいと私に言う。大勢の人々が、ワークの手助けをするために何をしたらいいのか、と手紙で尋ねてきている。これらすべての友人たちが貢献できる余地を作るのはあなた方の責任だ。そして何の役にも立たない人がいるという観念を、完全に落として手放しなさい。地上にはそんな人は存在しない。人のことなど言うまでもなく、動物や鳥たちでさえ手助けになる。彼らの助けさえも……。

何の役にも立たない人は絶対にいない——地上の誰ひとりとして無用ではない。

だから私たちは、興味を持った人々にどうしたら一番いいワークをしてもらえるかを、考察する必要がある。もし、この人はこうだ、あの人はああだという考えに関わるなら、それは非常に難しくなるだろう。どれほど多くのワークが阻まれることになるのか、あなたには想像もできない。

ある男がガンジーのアシュラムによく来ていた。人々は彼についての不満を言った。彼は本当に不道徳で、酔っぱらいで、あれもやったこれもやった、と――。ガンジーは、ただそれを全て聞き続けただけだった。友人たちは全員、非常に心を乱されるようになった。ガンジーがこの男がアシュラムに来るのを禁止せず、それどころかその男をより近くに来させ続け、ついには追い出される心配がなくなって、その男がむしろ傲慢な態度でアシュラムに入ってくるようになったからだ。

ある日、ガンジーの側近の何人かが、状況があまりにも酷くなったとガンジーに告げた。その日、彼らはこの男が酒場に座っているのを自分の目で見て、その男がカディ、つまりガンジー・スタイルの服を着てワインを飲んでいるのは何ともみっともない不面目なことで、あんな男がアシュラムに来ているのは全くの不運で、これではアシュラムの不名誉になってしまうと――。

するとガンジーは言った。

「私はいったい誰のために、このアシュラムを開いたのかね？　善い人々のためだろうか？　それなら悪い人々はどこに行ったらいいのだろう？　それに彼らが善いなら、そんな人がこのアシュラムに来るどんな必要がある？　そもそも私は何のために、また誰のためにここにいるのだろうか？　そして第二には、彼がカディを身にまとって酒場に座っていたので、人はどう思うだろうか？とあなたは言う。もし私が彼をそこで見たなら、彼をこの胸に抱きしめたことだろう。なぜなら私の心に最初に起こるのは、これは驚いた、どうやら私の言葉は大衆にまで届き始めたらしい、という思いだからだ。酒飲みまでがカディを身にまとい始めた、と。あなた方には、カディを身にまとっている者がワインを飲んでいるように見える。私には、ワインを飲む者がカディを身にまとい始めたと見えただろう。そしてそれなら、その男がワインを飲むのを止める日も、そう遠いことではない。変容がその男に始まった。彼は勇気を示した。少なくともカディを身に着けた。彼のハートに愛が生まれた、変容が始まったのだ。

だから、この男はどちらの側からも見ることができる。彼はカディを着ながらワインを飲んでいるようにも見える。そうなるとあなたのマインドは、彼をアシュラムから追い出したくなるだろう。だがそれは別の角度から見ることもできる。酔っぱらいがカディを身にまとっている、と。そうなれば、大喜びでその男をアシュラムの中に歓迎したくなる。

もし、このアシュラムが拡大していくべきものなら、また大衆にまで広がっていくべきものなら、あなた方は一番目の観点ではなく、二番目の観点を取らねばならないだろう。そうすれば、誰が私たちに近づいて来ようとも、その人のいい点だけが見え、彼を役に立てる方法が見えるだろう。そして私たちは愛をもって見始めたその人に対して、計り知れない、きわめて貴重な多量のエネルギーと、善く在ることへの勢いを与えている、ということもあなた方に話したいと思う」

もし二十人の善い人々が、悪い人を善人として受け入れ始めたら、彼にとって悪く在り続けることは難しくなる。だが、全世界が誰かを悪い人間だと言い始めるなら、その人が悪くなったり、そう在り続けることは簡単になる。もし誰かが泥棒で、別の人がまるで彼は泥棒ではないかのような信頼を示したら、彼の盗む能力と彼が盗みそうな気配は弱まるだろう。なぜなら、他人のハートの良い感情を尊敬しない者など、どこにもいないからだ。

もし泥棒が私たちの中に来たとして、私たちが彼をまるで善人であるかのようにただ信頼できたら、彼はここで盗むことはできなくなるだろう。全ての普通の法則に反するようだが、それは不可能になる。なぜなら自分を尊敬し信頼してくれる非常に多くの人々のほうが、盗むことよりずっと貴重になって、彼はそれを拒否できなくなるからだ。

あらゆる個人には善く在りたいという感情があるが、問題は誰も彼らを受け入れる用意がないということだ。そして彼らが、自分を善人として受け入れる用意のある誰かに出会うと、彼らの中で何が目覚めて上昇するようになるのか、あなたには想像もできない。

あなたは、アメリカの女優グレタ・ガルボの名前を聞いたことがあるかもしれない。彼女は、ヨーロッパのある小さな国の貧しい家庭に生まれた。そして十九歳まで、彼女は二束三文で床屋の手伝いの仕事をしていた。彼女が髭を泡立てていたそのアメリカ人旅行者は、鏡に映った彼女の顔を見て言った。

「非常に美しい。あなたの顔は非常に美しい」

グレタは彼に言った。

「あなたは何をおっしゃっているのですか？　私はこの仕事を六年もやってきましたが、私を美しいだなんて言ってくれた人は、これまで誰もいませんでした。何をおっしゃっているのですか？　私は本当に美しいのですか？」

そのアメリカ人は言った。

「あなたは非常に美しい。こんなに美しい女性を、私はめったに見たことがない」

それからグレタ・ガルボは、その自叙伝にこう書いている。

「まさにその日、私は初めて美しくなった。一人の男性が私を美しいと言ってくれた。私自身はそれに気づいていなかった。その日、家に帰って鏡の前に立った時、私は自分が完全に違う女性になっていたのに気づいた」


十九歳まで床屋の手伝いをしていたこの少女は、後にアメリカの最も偉大な女優になった。

それに対する感謝の相手は、初めて彼女に美しいと言ったそのアメリカ人しかいなかった。

彼女はこう言った。

「もしこの男性がその日、私にこのひとことを言ってくれなかったら、私はたぶん、生涯床屋の助手のままだったでしょう。私は自分が美しいなどとは、全く思ってもいませんでした」

彼がそれを何気なく言っただけだ、ということはあり得る。そしてこの男性は自分の言ったことに気づいてさえいなかった、それはさりげない意見に過ぎなかったのかもしれない、という可能性はある。そして彼は、自分から出たその単純な言葉が、ある女性の中に美しさのイメージを誕生させ、眠っていたものをどういうわけか彼女の中に目覚めさせたことを、感じてさえいなかったかもしれない。

あなたが人々のために何かをしたいと望むなら、その人々の中に眠っているものを目覚めさせることが必要だ。そのため、彼らは何者であるかよりも、彼らは何者に成れるかに、もっと焦点を合わせることが必要だ。もしあなたに為すべき大きな仕事があり、手助けなしにはどんなワークもできず、私が助けになる他の誰かを推薦しても、あなたは「しかしあの人は悪い人です。不正直で信頼できません」と言うかもしれない。

その人間を悪いとか不正直だというのはかまわない。誰がそうではないだろう？　そして問題は、彼が何者であるかではなく、むしろ彼は何者に成れるかにある。もしあなたが彼に何か大きなワークをしてもらうつもりなら、彼がそう成れる範囲内で、それを呼び起こさなければならないだろう。

クリパラーニ（政治家）は、ガンジーのアシュラムで料理人としてよく働いていた。あるアメリカ人のジャーナリストがアシュラムに滞在していて、彼はこう尋ねた。

「あなた方の食事を料理しているこの人は、Ｊ・Ｂ・クリパラーニのように見える」。クリパラーニは皿を洗っていて、彼は「この老人には驚いた！　実際、私は料理人にしか向かない人間だったが、この人は言葉に言い尽くせない何かを、政治家としての資質を私の中に目覚めさせた」と言った。

この目覚めは、最も取るに足らない人間にさえ起こり得る。いったん私たちが彼を呼び起こすなら、彼の魂の中に眠っているものを近くに引き出して彼を信頼するなら、いったん彼の中で眠っているものに呼びかけて、それに対して挑戦を作り出すなら、多くのものが彼から出てくることになる。また、あなたは最も偉大な人間でさえ、意気消沈させることができる。最も偉大な人間に、お前はつまらない人間だと言ったら、そしてこれを彼が色々なところで度々聞いたとしたら、疑いなく彼はつまらない人間になるだろう。

だから、もし精神《スピリチュアル》革命がこの国で大規模に実行されるとしたら——それが起こることは絶対に必要だ——そして、もしそのための道を開くことしかできなくても、それだけでも充分だ。なぜなら誰か他の人が、それを完成させるだろうからだ。誰を通してそれが起こったところで、何の違いもない。要点は、それが私たちだけを通して起こらなければならない訳ではない。そうではなく、もし私たちがその道さえ開くことができ、そうして後ほど、いつの日か革命がそれを受け継げるなら、それで充分すぎるくらいだ。問題は既に対処されている。だからもしそれが為されるべきなら、全く包括的なグループが形成される必要がある。組織は決して包括的ではあり得ない。友人たちのグループは非常に包括的で、非常に広範に及ぶものであり得る。その中には、多様性を受容できるものがあるからだ。誰も強制されたりコントロールされない。グループの中では誰もが自由であり、誰もがコントロールされるべきではない。なぜなら知性的な人は、自分はコントロールされつつあると感じ始める時はいつでも苦しむからだ。知性的な人は、誰も束縛されることを喜ばない。

劣等感のある人々はコントロールされることを望む。劣等感に満ちている人だけが、足枷をはめられたがっている。他の誰もそんなことを望む者はいない。そのためこのグループは、誰かが中に入って来た時に、自分はどこかに入ってしまった、どこかに縛り付けられたと感じることさえないほど、開かれたままにしなければならない。彼は自由を感じるべきだ。中に入ろうが外へ出ていこうが、それが違いを感じさせないように、またはそれが何らかの違いを作ったと感じさせないようにすべきだ。

私はそんなグループが起こってほしい。友人たちのそのような包括的なグループが、起こってほしいと思っている。なぜなら最初、革命のために集まる人々は、それがどれほど大きな革命になろうとしているのかに気づいていないからだ。

レーニンの仲間たちは、一九一七年に起こったことが、あのような広範囲の現象になるとは思っていなかった。ヴォルテールと彼の仲間たちも、フランス革命が何をもたらすのかを知らなかった。ガンジーと彼の友人たちも、何が起こるのか、あるいは起こらないのかを知らなかった。キリストはそこで何が始まっていたのかを、全く知ることはできなかった……。キリストにはわずか八人の友人がいただけで、その彼らもあまり教育を受けた人々ではなく、ただの野人にすぎなかった。ある者は大工であり、ある者は靴職人であり、ある者は漁師だった――教育を受けた人々ではない。キリストには、それが非常に広大な革命になることを、いつか世界の半分が彼のメッセージを認知する日が来ることを、想像する方法さえなかった。彼は想像すらできなかった。

最初に種を蒔く者は誰も、その樹がどれほど大きくなるかなど想像さえしない。それが想像されたら、そのワークは考えられないほど、美しいものになるだろう。

ますます多くの人々と国中で出会っているうちに、私はこのワークが巨大なバンヤン樹に成り得ると感じ始めた。何千人という人々が、この樹の下に日陰を見つけられるだろう。それは何百万という人々の渇きを潤すことができるほどの、巨大な泉に成り得る。だがこのことは、最初にここに集まった友人たちには、まだはっきりしていない。もし彼らがそれに気づくことができたら、おそらく彼らは組織化されたやり方で、ワークを始めるかもしれない。

最近、私はある科学の本を読んでいた。ロシアでは道路を建設する時、百年間にどれだけ多くの人々がその道路を使うことになるかを計画し、それに応じて道路を造るという。それからここでの私たちだが、私たちもインドで道路を造るが、二年間にどれだけ多くの人々がそこを旅するのかすら考慮しない。だから二年毎に道路をまた掘り起こして、幅を広げなくてはならない。そして五年毎に私たちは、交通量が増えてその道路がもはや適当ではないことに気がつく。私たちは目が見えないのだろうか、どれだけ多くの人々がその道路を使うか、算定すらできないのだろうか！　百年後の特定の街にどれだけの人々がいるか、百年後にどれだけ多くの人々がその道路を使うことになるか、そして百年後にその道路がどれほどの広さである必要があるのかを計画でき、現在はそれに沿って建設したほうがいいと決定する彼らは、驚くべき人々だ。

先見の明を持つ人たちのワークは容易になり、困難の再発も少なくなる。

ただ、今(一九六七年)は友人たちのグループは小さいが、十年という時間で、あなたが想像もできないほど大きくなるかもしれない。だから、私たちはそれをふまえてワークをすべきだ――その可能性に適応させるに充分な広さの道路を造らなければならない。十年という時間では、見知らぬ人々がこの道を歩いていることだろう。あなたはここにいないかもしれない、私はここにいないかもしれない、私たちの誰もここにいないかもしれないが、誰かはこの道を歩いていることだろう。だから私たちは、ワークをしている間、それを頭に入れておく必要がある。そして重要なのは自分たちではないということも、覚えているべきだ。重要なのは私たちが創っていて、私たちがその生涯を捧げているこの道だ。もしそれが大きくて充分に広いなら、多くの人々がその上を歩けるだろう。

私たちは、これらの点を詳細に考慮する必要がある。私は次の日に検討する問題の周辺にあるわずかな事柄について、少し言及しただけだ。それについて何ができるかを調べるには、それらの点をそれぞれ詳細に熟慮することが必要だ。細部についての私の理解はごく限られたものだ。それらについては、私よりあなた方のほうが理解している。

私があなた方に話せるのは、考えておくべきいくつかの中心的要点だ。だが私は、細部についてはほとんど何の理解もない。物事をどう行なうべきか、それをするのに何人の人間が必要になるか、どれだけのお金が必要になるか、どれだけの労働が必要になるか。こういうことはすべて、たぶんあなた方のほうが私より良く知っている。それをどのように実用的な形にさせるか、どの程度までそれを扱うか、そのすべてについては、確かにあなた方のほうが私より知っている。私はそのＡＢＣも知らない。それが、私が自分の考えをあなた方に話そうと、そしてあなた方の考えも聞こうと思った理由だ。そしてこの二組の考えの間で、それらが合体することで、おそらくは何かが可能になるかもしれない。私はあなた方に、天上のことについていくつかの事は話せるが、地上のことはあまり知らない。そして天上だけの話にはあまり価値はない。根は大地の中に入らなければならないし、大地から水と栄養を受け取らなければならない。だから私は、樹はどのように天上に広がることができ、それがどのように開花できるかを話すが、あなた方は根について少し考えなければならない。そして覚えておきなさい、花は根ほど重要ではない。花は根に依存しているのだ。

では、この樹が成長するために、このワークにどんな根を与えることができるのだろう？　私は、それがより大きく成長しようとしまいと、全ての努力とエネルギーをそれに与えるつもりだ——私はそれをしている。それは私のためのワークではない。それが私の喜びであり、私の至福だ。私に仲間がいようといまいと、どんな違いもない。それは同じ様に続くだろう。だがもし仲間がいたら、このワークは広大なものになり得るし、多くの人々のところに届くかもしれない。

私はこれらの二、三の要点について、あなた方にいくつかのことを話した。今やあなた方がそれに何らかの考えを示す番だ。詳細なことまで、何ができるか、どのようにそれができるか？　全く開いた心で、それに対する何らかの考えを示してほしい。それから私たちは、ここでそれについて話し合おう。明日の朝、あなた方の全ての意見を求め、それを表現して検討し、それから決定に至る。

私がここで行なっているキャンプは、小さなキャンプだ。だがその時には、このワークに関心をもった全国からの私の友人すべてのためのキャンプを、準備するだろう。このキャンプは実験的なものだ。それはより少ない人数のほうが、より容易に結論に達することができるからだ。大勢の人々では、おそらくそれほど簡単ではないだろう。

だから私たちは熟慮すべきであり、そのあとでもう一度、全国から人々が集まれるキャンプを開催すべきだ。その人たち全員が互いに会うことも必要だ。彼らが互いに知り合うことが必要だ。彼らは自分の地域でワークをしている。あなた方の協力と激励が彼らのワークのために必要だ。彼らはそこで孤独を感じるべきではない。全国にはもっと多くの友人たちもいる、自分たちは一人でどこかに立っているのではない、自分たちには旅の仲間がいる、そしてその仲間みんなが、もし助言を与えるために自分たちと共にある必要があったら、または為すべきワークがあったら、その仲間たちはやって来て助けてくれるだろう、と彼らは感じるべきだ。

最近、ラジコットにいる友人が私に言ったことだが、彼らは私がまだ行ったことがない都市や場所で、私のメッセージを広げたいと望んでいる。そして彼らは、私がそこに行けるような基盤を作りたいと望んでいる。

それが必要になってきた。私が新しい都市に行く時、何百または何千という人々が、私の言葉を聞きに来る。もし何らかの準備作業が前もってされていれば、一万人、五万人の人々が、私の言葉を聞くことができるかもしれない。

別の地域の友人たちは、別の提案をしてきている。彼らの提案は非常に重要であり、非常に有益だ。それらの友人たちみんなが、この状況を考えるために会うことができる。この会合は、それが起こるための基礎になるだろう。だから、今のところ私はこれ以上は何も言わない。明日の朝から、私たちはその詳細について討論し始めよう。そしてあなたたちは、私の話を聞くためにここに来たのではないことを、心に留めておきなさい。これは私の講話のための集まりではない。私はあなたも話すことができるように、自分が話せるだけのことを話した。私は演説をしてきたのではない。それはただあなたが考え、話し合うように励ますためのものだった。

そしてこの考えは、この二日間で私たちが集団的に考え熟慮して何らかの結論に至ったものだ。私たちがワークを順序立てて行なうという確固たる決断に基づいて前進できるようにだ。

〈追記二　師《グル》と弟子《シシャ》の関係性の力学〉

歴史的かつ社会的に、師《グル》は常に、ヒンドゥー教社会において非常に卓越した高貴な場所を保持していた。彼は神性なもの――アチャリヤ・デヴォ・バーヴァと同一視される。ほとんどすべてのヒンドゥー教徒の家族には、指導者、カウンセラー、動機を促す者としての役割をはたす一家のグルがいる。家族の見るところでは、彼の社会における地位は非常に高い。

大雑把に見て、私たちは三つの異なる役割の中に、グルを見ることができる。

※一家のグルとして：彼は経典の権威者、宗教的分派の頭領でもある。儀式を行ない、家族内での赤ん坊の誕生、結婚、他の祝祭のような、幸先の良いことが起こった場合の主人役を務める人。

※正式の教師や教育者として：彼は学校的な環境で教え、教育を授ける。

※自らを知った者、自己領解した存在として：見者——さまざまな事柄の間に相互関連を見る人。彼は真理を見た、または真理を知った人だ。生の全ての矛盾を解消し、平静な心、意識の至高の状態——サマーディを達成した人。いったん成就したことで、彼は至福の状態で自由を楽しむ隠遁者になることもあり、社会から消えることもある。あるいは彼がそれを選ぶなら、社会に留まって探求者たちの精神的な成長を助けることもある。まさに彼の存在には慈悲、愛、祝福を表明する神性さ、カリスマ性がある。

私たちはこの類のグルと、探求者としての弟子という師《グル》と弟子《シシャ》の関係性の力学を見ることになる。まず——たとえグルを公平に記述することが不可能であっても、私たちは次のようにその存在を見てもいい。

※グルは現象であって人ではない。彼には人格はない。グルは独自の個性を持った真正な存在だ。

※グルは二元性を超えている。

※彼は思想家でも哲学者でもない——彼は見者、ドゥラシタだ。彼は意識の高い状態を通して見る。

※彼は教えるのではない。人が丘の上に座って、旅人へ道を示してみせるように彼は示す。

※彼は教師でもなく指導者でもなく、彼の存在、言葉、身振りそのものが、個人の生に変容をもたらし得る触媒的な代行者だ。

※彼は期待しないし、誰かの期待を満たすこともない。

※グルは医者——ずば抜けて優秀な治療者以上の働きをする。仏陀は自分自身をヴァイディヤ、医者と呼んだ。グルは私たちの内的な病いを診断し、予測をし、癒すための治療（瞑想の読解）もして、探求者の健康を回復させる。

※グルは改良者《リフォーマー》ではない。彼は変容者《トランスフォーマー》だ。人を改良することはその人を弱い状態に、または罪を犯すようなことに再び戻すかもしれないが、変容は後戻りできない。

※もし、グルが社会に留まることを選ぶなら、彼は集団的な病気——社会で流行っている病気や精神病を扱う。この点において、彼は反逆者として働く。妥協せず、仮面を剥ぎ、しばしばショックを与え、うわべは狂気じみたように働く。

※そのようなグルは、愛されたり憎まれたりすることがあり得るが、無視することはできない。彼はマインドを通しては理解できない。マインドは、マインドを超えた人を見ることはできない。

※本物のグル、サッドグルは、奇跡を行なわない。たとえ彼の周りで奇跡が起こっていても……。

※人々は、ありとあらゆる質問を抱えて彼のところにやって来る。グルは答えるが、本当は「答え」を与えるためではなく、むしろ全ての質問をひっくるめて、解体するためにそうする。つまり彼は質問者を、その人が真の探索、探求、探究を始めることができ、おしきせの答えに依存せず、または既成の答えに依存しない地点へ連れて行く。

真理の探求において、グルは探求者、弟子を創造的な対話の中に引き込む。言葉から成るものと、非言語的なものの交換という熱心で精力的な過程を通して、グルは生の最も深い神秘と、私たちの周りの宇宙を解明する。そのような対話の注目すべき例は、ウパニシャッドの中のグルと弟子の間に、バガヴァッド・ギーターの中のクリシュナ神と偉大な戦士アルジュナとの間の対話に、プラトンや他の人たちによるソクラテスとのやりとりに、ゴータマ・ブッダと弟子との間の会話に、賢人アシュタヴァクラとジャナーカ王との間の対話に見られる。現代では、同様の対話や会話は、スワミ・ラーマクリシュナ・パラマハンサ、マハリシ・ラマナ、J・クリシュナムルティ、そしてOSHOに関して見られる。

同時代の光明を得た神秘家であるOSHOは、グルのあるべき場所とその役割を理解するために、次のような見方を示す。

「グルの役割は、あなたに真実《リアル》を垣間見させることにあり、教えることではなく目覚めさせることにある。グルは教師ではない。グルは目覚めた者だ。彼はあなたに教義を与えることはない。もし彼が教義を与えるなら、彼は哲学者だ。彼が世界を幻影として語り、世界は幻影であると論じ、それを証明するなら、彼が討論し、論争するなら、彼があなたに教義を知的に与えるなら、彼はグルではない。彼はマスターではない。彼は教師で、特定の教義の教師であるかもしれないが、彼はマスターではなくグルではない。

グルは教義を与える者ではない。彼は技法を、あなたが自分の眠りから出て来るために役立つ技法を与える者だ。グルとは常にあなたの夢の邪魔をする者であり、グルと共に生きることが困難なのはそれが理由だ。教師と共に生きるのが非常に容易なのは、彼は決してあなたの邪魔をしないからだ。むしろ、彼はあなたの知識の集積を、ますます増やし続ける。彼は、あなたがよりエゴイストであれるように助ける。彼はあなたを、より物知りにさせる。あなたのエゴは、より満たされる。今やあなたはより多く知り、より以上に論じることができる。あなたは教えることができる。だが、グルは常に邪魔をする者だ。彼はあなたの夢と眠りの邪魔をする――」

スーフィーの諺に『弟子に準備ができた時、マスターは到着する』というのがある。成長への真剣な欲望と深い関与の感覚は、弟子であることを熱望する人の性質だ。ある人が、自分の無意識と条件付けられた生から脱出するための道を探す必要性を、自分の存在の核心においてはっきり理解するようになる時、不思議にもある人物が、導くためその道を示すために現れる。人が尋ね、問いかけ始める時、ある地点から革新的な進化がある。そこには三つの段階がある。最初は生徒の段階であり、二番目は弟子の、三番目は帰依者の段階だ。生徒は、ただ知的にしか学ばない。彼は知力の面でのみ関わる。だが、それは始まりだ。もし彼が知的に関われるなら、グルを信頼することに気づくかもしれない。その時、彼は感情的に関わることができる。それは彼を弟子にさせる。そして彼が感情的に関わり、グルを信頼できる時、その人は帰依者に変わる。深い交感が、弟子とグルとの間に確立される。

彼が生徒である時、彼はグルを教師として見る。彼が弟子になる時、彼はグルをマスターとして認知する。今、交感が起こり始める。今、感情的なレベルでの触れ合いが、比類のない愛が生じる。探求者は現在、道の上にいる。生徒は自分が生徒であることに気づいていない。彼は自分のことを弟子だと、自分は帰依者だと思っているかもしれない。しかし、彼の働き方は完全に無意識だ。生徒は論理を通して行なう。弟子は愛を通して行動する。帰依者は信頼を通して動く。信頼は愛の最高地点だ。ＯＳＨＯは説明する。

「そして三番目で最も高い状態が、帰依者のそれだ。その状態では、マスターと弟子はもはや別々ではなく統合が起こる——交感だけでなく統合が、ある種の統一が起こる。それが東洋での私たちのやり方だった。探求者は生徒としてやって来て、マスターに恋をして弟子になる。そしてある日、愛は成熟し、マスターと弟子は出会う、本当に出会う。その出会いの中で帰依者が生まれる。その時、マスターはもはや人間ではない。マスターは神であると考えられる。だから私たちは、仏陀を『バグワン』と呼んだのだ。

それはキリスト教での『神』という言葉の意味ではない。それは帰依者が、自分のマスターは、ただ身体の中に生きているだけであって身体ではない、とわかる地点に来た、という意味の言葉だ。今、彼はマスターの超越的なエネルギーを見ることができる。マスターは地上に神を表現する。マスターとは超えたものの、未知のものが、既知のものへ侵入することだ」

弟子らしさとは、基本的に態度と感謝に関するものだ。グルは、弟子の無意識と傷ついた状態を示す。彼は弟子が真実を、元々の顔を見れるように、禅マスターがそうするようなやり方で、その人の仮面を剥ぐ。弟子の態度とは、道を示し、神秘を解明し、真理を指し示してくれたグルに対する完全な受容性と、深い感謝のそれだ。

正にグルと弟子の「関係性」は、二人の個人の間にあるようなものではない。人はこう言うかもしれない。それは関係のない関係性だ、と。なぜならそれは、完全な自由に基づいているからだ。グルはもちろん自由な人だが、彼は弟子も自由なままにさせる──在るために、成長するために、見出すために、探し出すために。関係性は依存性をほのめかす。本物のグルは自分に依存することを決して弟子に望まない。グルの最大の喜びは、弟子が自分自身の道を見つけて、たった一人で進み続けるのを見ることだ。それは一人から一人への道だ。そこにはただ、弟子からの愛とグルからの恵みがあるだけだ。

〈追記三　マ・ヨーガ・ニーラムとの対談〉

マ・ヨーガ・ニーラムは一九七二年十月十七日、ラジャスタンのマウント・アブでの瞑想キャンプでOSHOからサニヤスを授かった。一九八五年十二月に、OSHOが米国から戻ってヒマチャル・プラデッシュのマナリにいた時、彼は彼女に「あなたは私の個人的な秘書になるだろう」と言った。後ほど、彼がワールド・ツアーからインドに戻ってムンバイのジュフに滞在した時、ニーラムはしばらくの間、彼の世話人でもあった。彼女は一九八七年一月から、プネーで彼の個人的秘書として働き始めた。

次の文章は私たちの談話でマ・ニーラムが話したことをまとめたもので、その中で彼女はOSHOと共に在り、彼のワークの不可欠な部分として在るという体験を、大いに愛情と喜びを込めて分かち合った。私は彼の言葉を、マ・ニーラムによって親密に思い起こされたものとして引用した。

■マ・ニーラムとの談話

私のワークがOSHOと会うことに関わっていた間、私はOSHOに、彼のメッセージを彼が「私の人々」と呼んだ人たちのところへどのように届けたらいいのか、と尋ねました。すると彼は答えました。「私を彼らのところへ連れて行く方法について、心配する必要はない。いったん彼らがここに到着したら、ただ彼らを歓迎する方法を捜すだけでいい。建物とそれらの修理に気を配りなさい。部屋や他の施設が、訪問者に常に利用できるようにしなさい」

彼は次のように話すことで、重要な観察を加えたりもしました。

「存在には神秘的な方法がある。あなたは花が自ずと成長するように、常に根の世話をしなければならない」

そこで彼の本質における手引きは、「ただ基本的なレベルで、地に根差したレベルで、コミューンの世話をしなさい。それらのプログラム、セラピー・グループ、贈り物を提供するために、友人たちを招きなさい」でした。全てにおいて、私はＯＳＨＯの、自分のワークの成長と拡張への、実際的なアプローチを見ることができました。

彼は新しい考えを歓迎しました。例えば、私には構内に加えられた新しい建物の一つの中に、創造的芸術の学校を持つというビジョンがありました。ＯＳＨＯはその考えを好み、私を創造的芸術の学校の責任者にさせました。

私はこれまで、何であろうと財産を拡張するような計画に関しては、どんな経験もしたことがありませんでした。でもＯＳＨＯは私の考えと着想に明瞭性と方向性を与えました。彼は細かいことについては決して気にかけませんでした。彼はただ私に大まかな指示だけを与えて、細かい作業を私に残しました。いったん指示が与えられたなら、彼は決して干渉しませんでした。彼は完全に信頼していて、そのワークを自由にやらせてくれました。彼は人が創造的かつ革新的であるために、広大な空間を与えてくれました。彼は私がしたワークが何であろうと、常にそれに満足しました。

ＯＳＨＯはコミューンの維持とメンテナンスについて、とても几帳面でした。彼は次の事を非常に強調しました。調理場はきちんと整頓して清潔に保つこと、飲み水の水質は定期的に検査すること、訪問者や探求者が、健康で病気をしないままでいられるように、高水準の衛生状態を維持させることを――。このように、私は総体的なコミューンの管理責任をまかされました。時たま、私は彼にこう言いました。

「時々私は、このワークのやり方や扱い方がよくわからなくなります」

すると彼はこう言います。「けっこうだ！　私があなたを案内しよう。心配する必要はない」

総体的なアプローチは、誰でも利用できる一様な施設を作ることに関してではありませんでした。むしろ私の努力全体は、個人の必要性と快適さに従って、要求されるものは何でも利用できるようにすることでした。

ＯＳＨＯの秘書として、私のワークの範囲の一つに広報活動がありました。このワークの性質の説明をＯＳＨＯはこう語ります。

「私の秘書として、あなたの自己を存在させなさい。そして一つの遊びのようにこのワークをしなさい。それをあまり深刻に受け取ってはいけない。ただくつろいで、遊びに満ちてそのワークをやりなさい。プネーの地元の住民たちと接触して、彼らを私たちの祭りと文化のプログラムに招きなさい。私の扉は芸術家たち、報道関係者、そしてコミューンの地元の友人たちに開かれている」

世界的に有名な芸術家たちを招くことや、ブッダ・ホールで彼らに演じさせることは楽しい体験でした。芸術家たちは、たとえ彼らの演奏・演技に少しのお金も支払われなかったとしても、非常に喜んでやって来ました。ＯＳＨＯが説明したように、芸術家たちは、素晴らしく多様な受容性のある国内外の観衆に出会える場所を見つけるという夢を持っています。ここがその場所です。彼らは自分たちの芸術を分かち合い、私たちは私たちの瞑想、沈黙、愛、平和、そして鑑賞を分かち合います。

ある時、OSHOはこう言いました。

『セックス・グル』というラベルを取り除きなさい。その目的は終わった」

これをする方法は、報道関係者を招くこと、詩人、作家、芸術家を招くことでした。彼らがこのコミューンを取り囲んでいる私たちの瞑想、創造性、平和、愛を見ることができるようにです。OSHOはスワミ・アナンド・タターガットを、アシュラム担当として任命しました。彼は上品な広報会議、訪問、プログラムを効果的に管理する中で、莫大な助けになりました。私はOSHOマルチバーシティの学長であるあなた（スワミ・サティヤ・ヴェーダント）と、OSHOコミューン報道担当であるスワミ・チャイタニヤ・キルティによっても、同等に支えられました。

OSHOの個人的な秘書として、私は出版、流通、普及の分野でも、彼から重要な指導を受けました。私はOSHOの講話と、コミューンの活動のニュースを載せた隔週発刊『ラジニーシ・タイムス・ニューズレター』の販売を、促進することになりました。彼の本を出版することは、私が非常に楽しんだ大変創造的な挑戦でした。彼自身がその全ての詳細――表紙、デザイン、紙質、レイアウトを調べることに、個人的な関心を示しました。彼は自分の言葉にどんな調整も許しませんでした。講話テープの音声から書き写された内容に対して、どんな変更もされませんでした。彼の説明によれば、彼の言葉は何らかの情報を伝えるための手段ではなく、むしろそれは、内的な成長や変容という目的のためだということでした。

本の表紙の彼の写真に対しては、多くの注意が払われました。私は彼の選んだ写真が、はっきりしていて明瞭かどうかを確かめることに、熱心に取り組みました。とりわけ彼の目は、ハートで深く探求者と繋がるための強烈な手段でした。彼の目を通して生じる虚空と輝く力は、たちまち影響を生み出しました。一度彼は「出版された本にある私の写真は、それ自身のワークをするだろう」と語ったことがありました。

ＯＳＨＯの本の流通と普及についての彼の指示も、等しく役立ちました。それは私にとって全く新しい体験でした。ＯＳＨＯの本の展示会が、インド中の異なる都市で催されました。ＯＳＨＯ瞑想センターがその展示会を企画して催しました。ＯＳＨＯコミューンを代表して、展示会を成功させるために必要な援助を提供するために、少数のサニヤシンが派遣されました。広報活動もまた展示会の不可欠な部分になりました。それぞれの場で、傑出した顕著な個人たちが展示会を開催するために、または主要なゲストとして招かれました。

ＯＳＨＯはその他の瞑想センター、情報センターが、さまざまな都市に作られることを信じていました。そうしたセンターは、コミューンとその活動、瞑想、ＯＳＨＯの本や講話テープ、講話ビデオに関する情報を提供しました。ＯＳＨＯ瞑想センターに関する限り、ＯＳＨＯは民家の中でも、そうしたセンターを始めることを勧めました。たとえより多くとまでいかなくても、ほんの十人ほどの人々を収容できるだけでもです。彼は一つの都市に、一つ以上の瞑想センターを持つことを勧めました。そんなセンターが五〜十キロメートルの距離内で複数生まれたとしても、彼は気にしませんでした。もちろん、これらのセンターの基本的な目的は、朝仕事へ出掛ける前に行えるダイナミック瞑想をすることでした。そして夕方に仕事から戻ると、人々はクンダリーニ瞑想をして、ＯＳＨＯの講話を聞き、それから家に帰ります。

ワークはインドで成長し始め、ますます多くの瞑想キャンプがさまざまな都市で必要になりました。そこで私は、ＯＳＨＯ瞑想キャンプを催す手伝いをしました。スワミ・アナンド・スワヴァーヴはＯＳＨＯによって、このキャンプを指導するための大使に任命されました。ＯＳＨＯの指示は、人々が簡単に移動してこのキャンプに着けるように、彼らの家からあまり離れていない、または人里離れた場所ではないところで瞑想キャンプを催すことでした。

時にはある人々が、自分たちで執り行なった瞑想に関して彼の名前を使わないことに私は気づきました。私がこれを彼に知らせた時、彼は私がそれを問題にすることを引き止めました。彼は自分の指導による正しい情報をそうした人々へ届け、それくらいにしておくようにと私に求めました。彼にとっては、まさに瞑想という事実こそが、より以上の重要性があったのでした。しかし彼は、サニヤシンは瞑想について彼の名前を使うべきだ、ということに非常に特別な思いを持っていました。彼にとってそれは、その個人が彼と彼の名前を支持するのに充分勇敢である、という意味を持ちます。名前はサニヤシンにとって、あくまでも彼に関わる方策として、より大きく作用しました。

私はここで、彼が誰にも彼の名前を利用させなかったことにも言及したいと思います。たとえそれが、店や事業を名付けることに関連して使われたとしてもです。私はこれが、より重要性を帯びているのに気づいています。なぜなら「ＯＳＨＯ」と彼によって考案された瞑想を使うことについて言えば、そのような大きな著作権問題が、この数年間に起こってきたからです。私はこの問題がＯＳＨＯのビジョン、彼のワーク、彼の導きとは完全にそぐわないことに気づいています。

それはさまざまな疑問を引き起こします。ＯＳＨＯの言葉の著作権は存在すべきなのか？というような――。この地球の六十億人以上の人々にとって、どこかの権威者からのどんな許可も求めず、どんな制限もなく、足枷なしで彼の講話や瞑想テクニックを直接利用することは、良くないのでしょうか？　もし彼の全ての本の所有権が自由であるなら、どんな不利なことが起こり得るのでしょう？　そしてもし、何らかの財団が有する著作権があるなら、彼の本は編集と歪曲から守られるのでしょうか？　その時、彼の本はより多く出版されるのでしょうか？　それが管理されている時、どんな種類の知識がより以上に栄えて成長するのでしょうか？

私にとって、それは管理に勝る自由の重要性に関した根本的な問題を引き起こします。ＯＳＨＯの活動の管理についての彼の洞察はどういうものなのか？　そして彼は自分の活動をどのように成長させたかったのかを、人々は知る必要があります。彼のサニヤシンへの彼のメッセージとは何でしょうか？　この問題を大きく扱うにあたり、サニヤシンと一般民衆が入手可能になった私の最近の手紙からの抜粋を引用させてください。

「ＯＳＨＯは、六十年代の終わりと七十年代の初めに、多くの瞑想テクニックを考案しました。彼はその生涯において、瞑想は目覚めた者からの贈り物であり、それは人類の意識を上昇させるための手段であると常に感じていたので、決して瞑想の商標に対する自分の望みを表しませんでした。彼はブッダ・ホールでの講話の一つの中で、これを公然と宣言しました。『物は著作権で保護され得る。思考は著作権で保護され得ない。そして確かに瞑想は著作権で保護され得ない。それらは市場の物ではない。誰も何も独占することはできない。しかしおそらく、西洋は外界の商品と内的な体験の違いを理解できないのだろう』」

彼の瞑想の純粋性を保護する方法を尋ねられた時、彼は非常に単純な解決を与えました。

「私の瞑想を、何百万もの人々が直接それらを知れるように、可能な限り広く利用できるようにさせなさい。それが唯一の肯定的な方法だ。そうしなければ、あなたは人々と戦うことで、時間とお金を浪費するだろう」

これは非常に明快な指針であり、これが彼の望みでした。

ＯＳＨＯと共に在り、彼の指針の元で働く中で、どんな変化が私の生に生じたのかを分かち合うために、私は変化に貢献した多くの実例と状況を話したいと思います。しかしここで、ほんの一例を挙げるなら、ランチ（ラジニーシプーラム）にいる間、私たちは日にほとんど十二時間働き、しばしば疲れ果ててしまったことがあります。自分のワークをしている間、私のマインドはうろつき回り、私が一緒にいた家族や人々を恋しがり、私は自分の内側で分割し、分裂していると感じました。私はこれにＯＳＨＯの注意を求めました。非常に穏やかに愛情を込めて、彼は言いました。

「あなたが全面的に働く時、あなたは仕事そのものからエネルギーを得る。だがあなたが分割し、または分裂している時は、あなたは疲れを感じる。例えば、モップで拭いている時は、完全にモップと共にありなさい。トータルでありなさい。その仕事と一つでありなさい。するとあなたは、よりエネルギーを得たように感じるだろう」

この洞察とこの指導は、完全に私の生を変えました。私は自分の習慣、限界、パターンを全く変えました。彼は「仕事について全面的《トータル》でありなさい」と言います。そしてそれ以降、これは私にとって経文《スートラ》になりました。

彼の講話を聞いている間、例えば、しばしば考えが私のマインドに生じて来たり、または仕事で自分がやり損なった特定の細かい事や、講話に出席している自分とは何の関係もないことを、突然思い出したりします。そこで私は内心こう思いました。小さなノートを持っていて、講話の中にいる間、そのようなことを全て書き留め始めるというのは、良い考えではないだろうか、と。なぜならそうしなければ、講話が終わる頃までに、私は自分が思い出したことを忘れるからです。そこで私はOSHOに尋ねました。講話を聞いている間、メモの走り書きをしていいだろうか、と。再び、穏やかで愛に満ちた声で、彼は言いました。

「私と共にある時は、くつろぎなさい。ただくつろいだマインドだけが、あなたがメモとして走り書きしたい全てのことを思い出させるだろう」

それから彼は私に、ある種の瞑想と言える信じられない洞察を与えました。彼は言いました。

「そのような考えがあなたにやって来る時、ちょっとその考えに、例えば夜の十時に戻って来るようにと告げなさい。その考えは、必ずその時間にやって来るだろう。その時にそれを書き記せばいい」

この洞察は魔法のように作用しました！　それ以来、この全ての年月において、異なる状況で、私はその仕掛けに従ってきましたが、それは間違いなく作用したのです。

感謝に満たされたハートで私たちの対談を終え、そして愛情深く抱擁して、私たちは昼食に出掛けた。

〈追記四　インナー・サークルと常任幹部会〉

ワールド・ツアーから戻って、ムンバイで六ヶ月間過ごした後、OSHOはプネーに落ち着いた。それでも、実用主義者であることと、ワークがどのように成長すべきかに充分気づいていた。彼は一九八九年十二月に、運営する側に完全な支配力を持つ人が誰もいない、全く新しい仕組みを作った。彼は、一人の手が権限と力を独占する可能性そのものを取り除いた。同様に彼は、優れた能力、専門知識、その環境での経験を持つ個人の貢献によって運営されることを確実にするために、実力社会の概念を明確に適用した。OSHOは二つの機能的な実体を作った。まず、OSHOコミューン・インターナショナルの日々の働きに気を配るための、二十一人のサニヤシンからなるインナー・サークルだ。二つ目に、彼のワークの国際的な拡張と成長の世話をするための、サニヤシンたちの小さなグループからなる常任幹部会。彼は両方の場合において、やはり重要なのは機能であって、人ではないことをはっきりさせた。それぞれの人は単に有意義な貢献をすることに責任があり、決定は合意に基づいていた。それは集団的な責任を伴った、集団的な決定である必要があった。二人の人物が何らかの哲学的な討論に入ることなど、思いもよらなかった。ＯＳＨＯが言うには、それは既に彼が充分にしてきたことだ。彼らはＯＳＨＯのビジョンと、ワークの実際的な適用と管理だけを見ることが求められた。

インナー・サークルの最初の二十一人のメンバーは、ＯＳＨＯによって任命された。

スワミ・アムリット、スワミ・アミタープ、マ・アナーシャ、マ・アナンド、マ・アヴィルバヴァ、スワミ・チテン、マ・ガリモ、マ・ハシャ、ジャヤンティーバイ（スワミ・サティヤ・ボディサットヴァ）、スワミ・ジャイエッシュ、マ・カヴィーシャ、マ・ムクタ、マ・ニーラム、マ・ニルヴァーノ（ヴィヴェーク）、スワミ・プロティヌス、スワミ・プラサド、スワミ・サティヤ・ヴェーダント（著者）、スワミ・タターガット、マ・トゥリヤ、スワミ・ヨギ、マ・ザリーン

〈追記五　ＯＳＨＯの略歴〉

◆一九三一～五三年：初年期

一九三一年十二月十一日：中央インド、マディヤ・プラデッシュ州の小さな村、クチワダに生まれる。

一九五三年三月二十一日：ジャバルプールのＤ・Ｎ・ジャイナ大学で哲学を専攻している間、

ＯＳＨＯは二十一歳で光明を得る。

◆一九五三〜五六年：修学期

一九五六年：ＯＳＨＯは哲学科での第一級の栄誉とともに、サーガルの大学から博士号を受理する。

彼は全インド討論会のチャンピオンであり、彼の卒業クラスにおいて金メダル勝者だった。

◆一九五七〜六六年：大学教授と公的な演説者の時期

一九五七年：ＯＳＨＯは、ライプールにあるサンスクリット大学の教授に任命される。

一九五八年：彼はジャバルプールの大学で哲学の教授に任命され、そこで一九六六年まで教える。力強く情熱的な論客である彼は、またインドを広く旅して多数の聴衆に話し、公の討論会で正統な宗教指導者たちに挑戦する。

一九六六年：九年間の教鞭の後、人間の意識を高めることへ自分自身を全て捧げるために、彼は大学を去る。年に四回、彼は十日間の強烈な瞑想キャンプを催す。

◆一九六九〜七四年：ムンバイ

一九六〇年代後半：彼のヒンディー語の講話が、英語の翻訳で入手可能になる。

一九七〇年：四月十四日に、彼は革命的な瞑想テクニック、ダイナミック瞑想を導入する。

七月、彼はムンバイへ移動し、そこで一九七四年まで暮らす。

ＯＳＨＯ——この頃はバグワン・シュリ・ラジニーシと呼ばれていた——は、探求者たちをネオ・サニヤス、または弟子という関係に、世界や他の何かの放棄に巻き込まれない自己探求、または瞑想に関与する道に加入《イニシエート》させ始める。彼は、ラジャスタンのマウント・アブで瞑想キャンプを開催し続けるが、国内のさまざまな場所での講演勧誘の受け入れを止める。彼は自分の周りにサニヤシンの集団を迅速に拡大させることへエネルギーを全て捧げる。

この頃、最初の西洋人たちが到着し始め、ネオ・サニヤスに加入する。彼らの間では、ヨーロッパや米国での人間性回復運動からの精神療法が指導され、彼ら自身の内的な成長における次の段階を探していた。OSHOと共に在ることで、東洋の知恵と西洋の科学を統合した、現代人のための新しくて独特な瞑想テクニックを彼らは体験する。

◆一九七四～八一年：シュリ・ラジニーシ・アシュラム、プネー

これらの七年間、彼はヒンディー語と英語の講話を、毎月交互に毎朝ほぼ九十分間ほど行なう。彼の講話は、ヨーガ、禅、タオイズム、タントラ、そしてスーフィズムを含む全ての、主要なスピリチュアルな道への洞察を提供する。彼はゴータマ・ブッダ、イエス、老子、そして他の神秘家たちについても話す。これらの講話は六百冊以上の本になり、五十ヶ国の言語に翻訳されている。

夕方、これらの年月の間に、彼は愛、嫉妬、瞑想等の、個人的な問題に関する質問に答える。これらのダルシャンは、六十四冊のダルシャン日誌に編集され、その内の四十冊が出版されている。

この頃OSHOコミューンは、東洋の瞑想テクニックを西洋の心理療法と組み合わせた、広く多様な

セラピー・グループを提供している。世界中からセラピストたちが引き寄せられ、一九八〇年までの間に、この国際的な共同体は『世界で最も優れた成長とセラピーのセンター』という名声を博している。およそ十万人の人々が、毎年その門を通過する。

一九八一年：彼は背中の病気にかかる。

一九八一年三月、ほぼ十五年間行なわれた毎日の講話の後、ＯＳＨＯは三年の期間、自ら課した公的な沈黙を始める。緊急手術が必要な可能性を考慮し、彼の個人的な医師の勧告をふまえて、彼は米国へ旅立つ。同じ年、彼のアメリカの弟子たちはオレゴンで六万四千エーカーの牧場を購入し、そこへ訪れるように彼を招請する。結局、彼は米国に滞在することに同意する。

◆一九八一〜八五年：ラジニーシプーラム

中央オレゴン州の高地にある砂漠の不毛の地に、典型的な農業コミューンが出現する。何千もの放牧跡地と田畑が開墾される。ラジニーシプーラムという都市が統合され、やがて五千人の住人たちに必要なものが提供された。世界中から一万五千人の訪問者たちが集う年一回の夏の祝祭《セレブレーション》が催される。極めて急速にラジニーシプーラムは、米国でこれまで開拓された最大のスピリチュアル共同体になる。

一九八四年十月：ＯＳＨＯは、三年半の自ら課した沈黙を終える。

一九八五年七月：彼は毎朝、二エーカーの広さの瞑想ホールに集まった何千人もの探求者たちに対して公的な講話を再び始める。

◆一九八五年九月〜十月：オレゴンのラジニーシプーラムの終焉

九月十四日：ＯＳＨＯの個人的秘書であるマ・アナンド・シーラと、コミューンを管理する数人のメンバーが突然去る。ＯＳＨＯは、シーラの罪を調査するために法執行官を招く。当局はコミューンを完全に破壊するための、絶好の機会として調査を行なう。

十月二十八日：ノース・キャロライナのシャーロッテで、逮捕状なしに、連邦政府とその地区の役人が拳銃を突きつけて、ＯＳＨＯと他の人々を逮捕する。他の人々が解放される一方でＯＳＨＯは十二日間保釈なしで留置される。飛行機では五時間のオレゴンへの帰途に四日間を要する。彼が獄中でタリウムに毒されたことを、その後の出来事が示す。

十一月：不安定なオレゴンで、サニヤシンたちが彼の生命と健康を心配するため、弁護士は彼に対する三十五の最初の告訴の中の二つについて、アルフォード嘆願（この嘆願では、被告は行為を認めずに無実を断言するが、起訴側が被告を有罪であると判決を下すために裁判官を説得できそうな充分な証拠が存在することを承認する）に同意する。嘆願の規則に従うと、起訴側が彼に有罪判決を下すことができたと言う一方で、被告は無罪を主張する。ＯＳＨＯと弁護士は、法廷で無罪を主張する。彼は四十万ドルの罰金を科せられ、米国から追放される。

連邦および州政府が、ラジニーシプーラムの破壊を目論んでいたことが明らかになる。

◆一九八六年：ワールド・ツアー

一月〜二月：彼はネパールのカトマンズへ旅をし、二ヶ月間、毎日二回話す。二月、ネパール政府は彼の訪問者と側近の人たちへのビザを拒否する。彼はネパールを去り、ワールド・ツアーに乗り出す。

二月〜三月：最初に立ち寄った国ギリシャで、彼は三十日の観光ビザを交付される。しかし、わずか十八日後、三月五日に、ギリシャ警察は強制的に彼が滞在している家に侵入し、銃を突き付けて彼を逮捕し追放する。警察の介入は政府と教会の圧力によることをギリシャの報道が示す。

次の二週間の間に、彼はヨーロッパとアメリカ大陸で十七ヵ国を訪問し、または訪問の許可を求める。これら全ての国々は入国ビザの交付を拒否するか、彼が到着した際に彼のビザを取り消して退去を強制するか、のどちらかだった。彼の飛行機の着陸許可さえ拒否する国々もあった。

三月〜六月：三月十九日、彼はウルグアイへ旅立つ。六月十八日、ＯＳＨＯはウルグアイを去るように命じられる。

六月〜七月：その翌月の間に、彼はジャマイカとポルトガルの両国から追放される。全部で二十一の国々が、彼の入国を拒否するか到着後に彼を追放した。一九八六年七月二十九日、彼はインドのムンバイに戻る。

◆一九八七〜八九年：OSHOコミューン・インターナショナル

一九八七年一月：彼はインド、プネーのアシュラムに戻る。

一九八八年七月：OSHOはこの十四年で初めて、それぞれの夕方の講話の終わりに、自ら瞑想を指導し始める。ミスティック・ローズと呼ばれる、革命的に新しい瞑想テクニックも導入される。

一九八九年一月〜二月：彼はバグワンという名前を使うことを止め、ただラジニーシという名前だけを保持する。それでも、弟子たちは彼を「OSHO」と呼ぶことを望み、彼はこの敬称を受け入れる。

OSHOは、自分の名前はウイリアム・ジェームスの「大洋《オーシャニック》 *oceanic*」という言葉から導き出され、それは大洋へ溶け入るという意味を持つ、と説明する。オーシャニックは体験を言い表すと彼は言うが、体験者はどう表すのだろう？そのため私たちは「OSHO」という言葉を使う。同時に彼は、「OSHO（和尚）」は極東で「祝福された者、天はその人の上に花々を降り注ぐ」という意味で、歴史的に使われてもきたことを発見した。

一九八九年三月～六月：ＯＳＨＯは、今まで彼の健康に強く影響を及ぼしていた毒作用の効力から回復する。

一九八九年七月：彼の健康は回復期にあり、彼は今やＯＳＨＯフルムーン・セレブレーションと名付けられた祝祭の間、沈黙のダルシャンに二回現れる。

一九八九年八月：ＯＳＨＯは夕方のダルシャンのため、ブッダ・ホールに毎日現れ始める。彼はホワイト・ローブ・ブラザーフッドと呼ばれた、白いローブを着たサニヤシンたちの特別な集まりを開始する。夕方のダルシャンに出席する全てのサニヤシンたちや非サニヤシンたちに、白いローブを着ることが求められる。

一九八九年九月：ＯＳＨＯはラジニーシという名前を落とし、過去から完全に断絶することを表明する。彼は単に「ＯＳＨＯ」として知られ、アシュラムは「ＯＳＨＯコミューン・インターナショナル」と改名される。

◆一九九〇年、ＯＳＨＯは肉体を離れる

一九九〇年一月：一月の第二週目に入ると、ＯＳＨＯの身体は著しく弱まる。一月十八日、彼はブッダ・ホールに来れなくなるほど肉体的に弱まる。

一月十九日：彼の脈拍が不規則になる。

医師が心臓蘇生術を準備するべきかどうかと尋ねると、ＯＳＨＯは「いや、ただ私を

逝かせてほしい。存在がその時期を決める」と答える。彼は午後五時に肉体を離れる。二日後、彼の遺灰はＯＳＨＯコミューン・インターナショナルに運ばれ、チャン・ツー・オーディトリアム（荘子講堂）にある彼のサマーディに、次の碑文とともに安置される。

ＯＳＨＯ：決して生まれることなく、
決して死ぬことなく、
一九三一年十二月十一日から一九九〇年一月十九日の間、
ただこの惑星地球を訪れた。

〈追記六　推薦図書〉

Appleton, Sue.「*Was Bhagwan Shree Rajneesh Poisoned by Ronald Reagan's America?*」*The Rebel Publishing House. 1986.*

Appleton, Sue.「*Bhagwan Shree Rajneesh : The Most Dangerous Man Since Jesus Christ*」*The Rebel Publishing House. 1987.*

Braun, Kirk.「*Rajneeshpuram : The Unwelcome Society*」*Scout Creek Press. 1984.*

Forman, Juliet.「*Bhagwan : The Buddha for the Future*」*The Rebel Publishing House. 1987.*

Forman, Juliet.「Bhagwan：Twelve Days That Shook the World」The Rebel Publishing House. 1989.

Jyoti, Ma Dharm.「One Hundred Tales from The Thousand Buddhas」Diamond Pocket Books. 1988. Meredith, George (Dr).「Bhagwan：The Most Godless Yet The Most Godly Man」The Rebel Publishing House. 1988.

Murphy, Dell.「The Rajneesh Story：The Bhagwan's Garden」Linwood Press. 1993.

Shay, Ted.「Rajneeshpuram and the Abuse of Power」Scout Creek Press. 1985.

Shunyo, Ma Prem.「My Diamond Days With Osho：The New Diamond Sutra」Full Circle Publishing Ltd. Publishing House. 2000.Thompson, Judith and Paul Heelas.「The Way of the Heart：The Rajneesh Movement」Aquarian Press.1986.

◆著者　ヴァサント・ジョシ　プロフィール

ヴァサント・ジョシは30年以上もの間、学究的な分野において、インドやアメリカ合衆国で働いてきた。アメリカにいる間、ジョシ博士はOSHOの革命的なワークに出会った。彼はOSHOの洞察とビジョンに心を動かされたため、1975年、10日間の瞑想キャンプに参加するためにインドのプネーに到着した。ヴァサント・ジョシ博士がOSHOからサニヤスを授かり、スワミ・サティヤ・ヴェーダントと名付けられたのは、この瞑想キャンプの初日だった。後ほどOSHOは彼を、ラジニーシ国際瞑想大学の学長に任命した。現在、それはOSHOマルチバーシティとして知られている。

ジョシ博士は世界的に講演を催し、論文を提出し、セミナーや会議に参加し、ワークショップを行なう旅をした。アメリカにおいて彼はカリフォルニア大学バークレー校の学部に、そしてミシガン大学アナーバー校に勤めた。彼は国連、世界銀行、アメリカ国防総省、ならびにサン・ディエゴでのディーパック・チョプラ博士のプログラムを含むワークショップを、世界中で催した。1993年に、ジョシ博士はリオ・デ・ジャネイロの地球サミットで、プネーのOSHOインターナショナル・ファウンデーションによって開発された、独特な生態学的計画「From garbage to Zen Garden(屑から禅庭へ)」を提出した。

OSHO・反逆の軌跡

二〇一八年十月二十九日　第一刷発行

著　者■ヴァサント・ジョシ
翻　訳■宮川　義弘
照　校■マ・ギャン・シディカ
装幀・カバー写真■スワミ・アドヴァイト・タブダール
発行者■マ・ギャン・パトラ
発　行■市民出版社
〒一六八—〇〇七一
東京都杉並区高井戸西二—十二—二〇
電　話〇三—三三三三—九三八四
FAX〇三—三三三四—七二八九
郵便振替口座：〇〇一七〇—四—七六三一〇五
e-mail：info@shimin.com
http://www.shimin.com
印刷所■シナノ印刷株式会社
Printed in Japan
ISBN978-4-88178-260-0 C0010 ¥2600E

日本各地の主なOSHO瞑想センター

OSHOに関する情報をさらに知りたい方、実際に瞑想を体験してみたい方は、お近くのOSHO瞑想センターにお問い合わせ下さい。

参考までに、各地の主なOSHO瞑想センターを記載しました。尚、活動内容は各センターによって異なりますので、詳しいことは直接お確かめ下さい。

◆東京◆

・**OSHOサクシン瞑想センター**　Tel & Fax 03-5382-4734
マ・ギャン・パトラ　〒167-0042　東京都杉並区西荻北1-7-19
e-mail osho@sakshin.com　http://www.sakshin.com

・**OSHOジャパン瞑想センター**
マ・デヴァ・アヌパ　Tel 03-3701-3139
〒158-0081　東京都世田谷区深沢5-15-17

◆大阪、兵庫◆

・**OSHOナンディゴーシャインフォメーションセンター**
スワミ・アナンド・ビルー　Tel & Fax 0669-74-6663
〒537-0013　大阪府大阪市東成区大今里南1-2-15 J&Kマンション302

・**OSHOインスティテュート・フォー・トランスフォーメーション**
マ・ジーヴァン・シャンティ、スワミ・サティヤム・アートマラーマ
〒655-0014　兵庫県神戸市垂水区大町2-6-B-143
e-mail j-shanti@titan.ocn.ne.jp　Tel & Fax 078-705-2807

・**OSHOマイトリー瞑想センター**　Tel　0798-55-8722
スワミ・デヴァ・ヴィジェイ
〒662-0016　兵庫県西宮市甲陽園若江町1-19親和マンション101
e-mail vijay1957@me.com　http://mystic.main.jp

・**OSHOターラ瞑想センター**　Tel 090-1226-2461
マ・アトモ・アティモダ
〒662-0018　兵庫県西宮市甲陽園山王町2-46　パインウッド

・**OSHOインスティテュート・フォー・セイクリッド・ムーヴメンツ・ジャパン**
スワミ・アナンド・プラヴァン
〒662-0018　兵庫県西宮市甲陽園山王町2-46　パインウッド
Tel & Fax 0798-73-1143　http://homepage3.nifty.com/MRG/

・**OSHOオーシャニック・インスティテュート**　Tel 0797-71-7630
スワミ・アナンド・ラーマ　〒665-0051　兵庫県宝塚市高司1-8-37-301
e-mail oceanic@pop01.odn.ne.jp

◆愛知◆

・**OSHO 庵瞑想センター** Tel & Fax 0565-63-2758
スワミ・サット・プレム 〒 444-2326 愛知県豊田市国谷町柳ヶ入２番
e-mail satprem@docomo.ne.jp

・**OSHO EVENTS センター** Tel & Fax 052-702-4128
マ・サンボーディ・ハリマ
〒 465-0058 愛知県名古屋市名東区貴船 2-501 メルローズ 1 号館 301
e-mail: dancingbuddha@magic.odn.ne.jp

◆その他◆

・**OSHO チャンパインフォメーションセンター** Tel & Fax 011-614-7398
マ・プレム・ウシャ 〒 064-0951 北海道札幌市中央区宮の森一条 7-1-10-703
e-mail ushausha@lapis.plala.or.jp
http:www11.plala.or.jp/premusha/champa/index.html

・**OSHO インフォメーションセンター** Tel & Fax 0263-46-1403
マ・プレム・ソナ 〒 390-0317 長野県松本市洞 665-1
e-mail sona@mub.biglobe.ne.jp

・**OSHO インフォメーションセンター** Tel & Fax 0761-43-1523
スワミ・デヴァ・スッコ 〒 923-0000 石川県小松市佐美町申 227

・**OSHO インフォメーションセンター広島** Tel 082-842-5829
スワミ・ナロパ、マ・ブーティ 〒 739-1733 広島県広島市安佐北区口田南 9-7-31
e-mail prembhuti@blue.ocn.ne.jp http://now.ohah.net/goldenflower

・**OSHO フレグランス瞑想センター** Tel & Fax 0846-22-3522
スワミ・ディークシャント
〒 725-0023 広島県竹原市田ノ浦 3 丁目 5-6
e-mail: info@osho-fragrance.com http://www.osho-fragrance.com

・**OSHO ウツサヴァ・インフォメーションセンター** Tel 0974-62-3814
マ・ニルグーノ 〒 878-0005 大分県竹田市大字挟田 2025
e-mail: light@jp.bigplanet.com http://homepage1.nifty.com/UTSAVA

◆インド・プネー◆

OSHO インターナショナル・メディテーション・リゾート

Osho International Meditation Resort
17 Koregaon Park Pune 411001 (MS) INDIA
Tel 91-20-4019999 Fax 91-20-4019990
http://www.osho.com
e-mail : oshointernational@oshointernational.com

＜OSHO 講話 DVD 日本語字幕スーパー付＞

■価格は全て税別です。※送料／DVD 1本¥260　2～3本¥320　4～5本¥360　6～10本¥460

■ **道元 6** —あなたはすでにブッダだ—

偉大なる禅師・道元の『正法眼蔵』を題材に、すべての人の内にある仏性に向けて語られる目醒めの一打。『「今」が正しい時だ。昨日でもなく明日でもない。今日だ。まさにこの瞬間、あなたはブッダになることができる。』芭蕉や一茶の俳句など、様々な逸話を取り上げながら説かれる、覚者・OSHOの好評・道元シリーズ第6弾！（瞑想リード付）

●本編2枚組131分　●¥4,380（税別）● 1988年プネーでの講話

■ **道元 5** —水に月のやどるがごとし—（瞑想リード付）

道元曰く「人が悟りを得るのは、ちょうど水に月が反射するようなものである……」それほどに「悟り」が自然なものならば、なぜあなたは悟っていないのか？

●本編98分　●¥3,800（税別）● 1988年プネーでの講話

■ **道元 4** —導師との出会い・覚醒の炎—（瞑想リード付）

●本編2枚組139分　●¥4,380（税別）● 1988年プネーでの講話

■ **道元 3**—山なき海・存在の巡礼—（瞑想リード付）

●本編2枚組123分　●¥3,980（税別）● 1988年プネーでの講話

■ **道元 2** —輪廻転生・薪と灰—（瞑想リード付）

●本編113分　●¥3,800（税別）● 1988年プネーでの講話

■ **道元 1**—自己をならふといふは自己をわするるなり—（瞑想リード付）

●本編105分　●¥3,800（税別）● 1988年プネーでの講話

■ **禅宣言 3**　—待つ、何もなくただ待つ—（瞑想リード付）

禅を全く新しい視点で捉えたOSHO最後の講話シリーズ。「それこそが禅の真髄だ—待つ、何もなくただ待つ。この途方もない調和、この和合こそが禅宣言の本質だ（本編より）」

●本編2枚組133分●¥4,380（税別）● 1989年プネーでの講話（瞑想リード付）

■ **禅宣言 2**　—沈みゆく幻想の船—（瞑想リード付）

深い知性と大いなる成熟へ向けての禅の真髄を語る、OSHO最後の講話シリーズ。あらゆる宗教の見せかけの豊かさと虚構をあばき、全ての隷属を捨て去った真の自立を説く。

●本編2枚組194分●¥4,380（税別）● 1989年プネーでの講話

■ **禅宣言 1**—自分自身からの自由—（瞑想リード付）

禅の真髄をあますところなく説き明かす、OSHO最後の講話シリーズ。古い宗教が崩れ去る中、禅を全く新しい視点で捉え、人類の未来への新しい地平を拓く。

●本編2枚組220分　●¥4,380（税別）● 1989年プネーでの講話

■ **内なる存在への旅** —ボーディダルマ 2—

ボーディダルマはその恐れを知らぬ無法さゆえに、妥協を許さぬ姿勢ゆえに、ゴータマ・ブッダ以降のもっとも重要な＜光明＞の人になった。

●本編88分　●¥3,800（税別）● 1987年プネーでの講話

■ **孤高の禅師** ボーディダルマ—求めないことが至福—

菩提達磨語録を実存的に捉え直す。中国武帝との邂逅、禅問答のような弟子達とのやりとり、奇妙で興味深い逸話を生きた禅話として展開。「“求めないこと”がボーディダルマの教えの本質のひとつだ」　●本編2枚組134分　●¥4,380（税別）● 1987年プネーでの講話

＜OSHO 講話 DVD 日本語字幕スーパー付＞

■価格は全て税別です。※送料／DVD 1本¥260　2～3本¥320　4～5本¥360　6～10本¥460

■ 無意識から超意識へ—精神分析とマインド—

「新しい精神分析を生み出すための唯一の可能性は、超意識を取り込むことだ。そうなれば、意識的なマインドには何もできない。超意識的なマインドは、意識的なマインドをその条件付けから解放できる。 そうなれば人は大いなる意識のエネルギーを持つ。OSHO」その緊迫した雰囲気と、内容の濃さでも定評のあるワールドツアー、ウルグアイでの講話。

●本編 91 分　●¥3,800（税別）● 1986 年ウルグアイでの講話

■ 大いなる目覚めの機会—ロシアの原発事故を語る—

死者二千人を超える災害となったロシアのチェルノブイリ原発の事故を通して、災害は、実は目覚めるための大いなる機会であることを、興味深い様々な逸話とともに語る。

●本編 87 分　●¥3,800（税別）● 1986 年ウルグアイでの講話

■ 過去生とマインド—意識と無心、光明—

過去生からの条件付けによるマインドの実体とは何か。どうしたらそれに気づけるのか、そして意識と無心、光明を得ることの真実を、インドの覚者 OSHO が深く掘り下げていく。

●本編 85 分　●¥3,800（税別）● 1986 年ウルグアイでの講話

■ 二つの夢の間に—チベット死者の書・バルドを語る—

バルドと死者の書を、覚醒への大いなる手がかりとして取り上げる。死と生の間、二つの夢の間で起こる覚醒の隙間——「死を前にすると、人生を一つの夢として見るのはごく容易になる」

●本編 83 分　●¥3,800（税別）● 1986 年ウルグアイでの講話

■ からだの神秘—ヨガ、タントラの科学を語る—

五千年前より、自己実現のために開発されたヨガの肉体からのアプローチを題材に展開される OSHO の身体論。身体、マインド、ハート、気づきの有機的なつながりと、その変容のための技法を明かす。

●本編 95 分　●¥3,800（税別）● 1986 年ウルグアイでの講話

■ 苦悩に向き合えばそれは至福となる—痛みはあなたが創り出す—

「苦悩」という万人が抱える内側の闇に、覚者 OSHO がもたらす「理解」という光のメッセージ。「誰も本気では自分の苦悩を払い落としてしまいたくない。少なくとも苦悩はあなたを特別な何者かにする」

●本編 90 分　●¥3,800（税別）● 1985 年オレゴンでの講話

■ 新たなる階梯—永遠を生きるアート—

これといった問題はないが大きな喜びもない瞑想途上の探求者に OSHO が指し示す新しい次元を生きるアート。

●本編 86 分　●¥3,800（税別）● 1987 年プネーでの講話

■ サンサーラを超えて—菜食と輪廻転生—　※ VHS ビデオ版有。

あらゆる探求者が求めた至高の境地を、ピュタゴラスの＜黄金詩＞を通してひもとく。菜食とそれに深く関わる輪廻転生の真実、過去生、進化論、第四の世界などを題材に語る。

●本編 103 分　●¥3,800（税別）● 1978 年プネーでの講話

※ DVD、書籍等購入ご希望の方は市民出版社迄お申し込み下さい。（価格は全て税別です）
郵便振替口座：市民出版社　00170-4-763105
※日本語訳ビデオ、オーディオ、CD の総合カタログ（無料）ご希望の方は市民出版社迄。

発売　(株)市民出版社 www.shimin.com
TEL. 03-3333-9384
FAX. 03-3334-7289

＜OSHO 既刊書籍＞ ■価格は全て税別です。

探求

※本書の第４章で紹介されている本です。

奇跡の探求Ⅰ，Ⅱ ― 内的探求とチャクラの神秘

内的探求と変容のプロセスを秘教的領域にまで奥深く踏み込み、説き明かしていく。Ⅱは七つのチャクラと七身体の神秘を語る驚くべき書。男女のエネルギーの性質、クンダリーニ、タントラ等について、洞察に次ぐ洞察が全編を貫く。

＜内容＞ ●道行く瞑想者の成熟 ●シャクティパット・生体電気の神秘
●クンダリーニ・超越の法則 ●タントラの秘法的側面 他

第Ⅰ巻■四六判上製 488 頁 ¥2,800（税別） 送料 ¥390
改装版第Ⅱ巻■四六判並製 488 頁 ¥2,450（税別） 送料 ¥390

真理の泉 ― 魂の根底をゆさぶる真理への渇望

人間存在のあらゆる側面に光を当てながら、真理という究極の大海へと立ち向かう、覚者 OSHO の初期講話集。若き OSHO の燃えるような真理への渇望、全身全霊での片時も離れない渇仰が、力強くあなたの魂の根底をゆさぶり、今ここに蘇る。「真理とは何か」という永遠のテーマに捧げられた一冊。

＜内容＞ ●生を知らずは死なり ●秘教の科学 ●真如の修行 他

■四六判並製 448 頁 ¥2,350（税別） 送料 ¥390

炎の伝承Ⅰ，Ⅱ
― ウルグアイでの質疑応答録

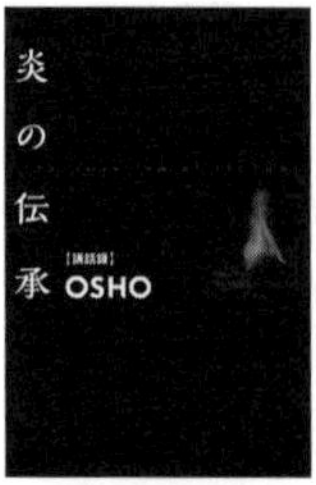

内容の濃さで定評のあるウルグアイでの講話。緊迫した状況での質問に答え、秘教的真理などの広大で多岐に渡る内容を、縦横無尽に語り尽くす。

■Ⅰ：四六判並製 496 頁 2,450 円＋税／送料 390 円
■Ⅱ：四六判並製 496 頁 2,450 円＋税／送料 390 円

死ぬこと 生きること
― 死の怖れを超える真実

OSHO 自身の幽体離脱の体験や、過去生への理解と対応、死におけるエネルギーの実際の変化など、「死」の実体に具体的にせまり、死と生の神秘を濃密に次々と解き明かしていく。若き OSHO の力強さ溢れる初期講話録。

■四六判並製 448 頁 2,350 円＋税／送料 390 円

探求の詩（うた）
― インドの四大マスターの一人、
ゴラクの瞑想の礎

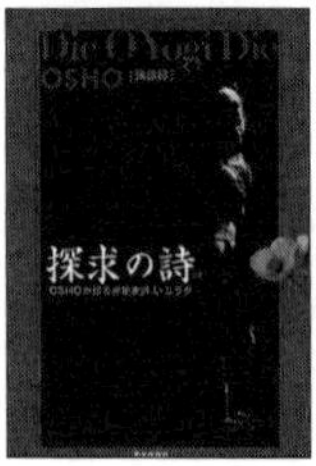

神秘家詩人ゴラクの探求の道。忘れられたダイヤの原石が OSHO によって蘇り、途方もない美と多彩な輝きを放ち始める――。ゴラクの語ったすべてが途方もない美と多彩な輝きを放つ。

■四六判並製 608 頁 2,500 円＋税／送料 390 円

隠された神秘
― 秘宝の在処

寺院や巡礼の聖地の科学や本来の意味、そして占星術の真の目的――神聖なるものとの調和への探求――など、いまや覆われてしまった古代からの秘儀や知識を説き明かし、究極の超意識への理解を喚起する貴重な書。

■四六判上製 304 頁 2,600 円＋税／送料 390 円

■ **グレート・チャレンジ** ―超越への対話―

知られざるイエスの生涯、変容の技法、輪廻について等、多岐に渡る覚者から探求者への、興味深い内面へのメッセージ。和尚自身が前世の死と再誕生について語る。未知なるものへの探求を喚起する珠玉の一冊。 四六判上製 382 頁 2,600 円（税別）送料 390 円

発行 (株)市民出版社
〒168-0071 東京都杉並区高井戸西2-12-20
TEL. 03-3333-9384 FAX. 03-3334-7289
郵便振替口座：00170-4-763105
URL: http://www.shimin.com

＜OSHO 既刊書籍＞ ■価格は全て税別です。

探求

瞑想の道―自己探求の段階的ガイド＜ディヤン・スートラ新装版＞

真理の探求において、身体、思考、感情という３つの観点から、その浄化法と本質、それを日々の生活の中でいかに調和させるかを、実際的かつ細部にわたって指し示した、瞑想実践の書。究極なる空（くう）へのアプローチを視野に置いた、生の探求者必読の一冊。

＜内容＞　●瞑想の土台　●身体から始めなさい　●感情を理解する　他

■四六判並製　328 頁　¥2,200（税別）　送料 ¥390

究極の錬金術 Ⅰ, Ⅱ
― 自己礼拝 ウパニシャッドを語る

苦悩し続ける人間存在の核に迫り、意識の覚醒を常に促し導く、炎のような若きOSHO。探求者との質疑応答の中でも、単なる解説ではない時を超えた真実の深みと秘儀が、まさに現前に立ち顕われる壮大な講話録。

■Ⅰ：四六判並製 592 頁 2,880 円+税／送料 390 円
■Ⅱ：四六判並製 544 頁 2,800 円+税／送料 390 円

こころでからだの声を聴く
― ボディマインドバランシング

OSHO が語る実際的身体論。最も身近で未知なる宇宙「身体」について、多彩な角度からその神秘と英知を語り尽くす。ストレス・不眠・加齢・断食など多様な質問にも具体的対処法を提示。

■ A5 判変型並製 256 頁 2,400 円+税／送料 390 円

ガイド瞑想CD付

インナージャーニー
― 内なる旅・自己探求のガイド

マインド、ハート、そして生エネルギーの中枢である臍という身体の三つのセンターへの働きかけを、心理・肉体の両面から説き明かしていく自己探求のガイド。根源への気づきと愛の開花への旅。

■四六判並製 304 頁 2,200 円+税／送料 390 円

新瞑想法入門
― OSHO の瞑想法集大成

禅、密教、ヨーガ、タントラ、スーフィなどの古来の瞑想法から、現代人のためのOSHO 独自の技法まで、わかりやすく解説。瞑想の本質や原理、探求者からの質問にも的確な道を指し示す。

■ A5 判並製 520 頁 3,280 円+税／送料 390 円

アティーシャの知恵の書
（上）（下）―みじめさから至福へ

みじめさを吸収した途端、至福に変容される……「これは慈悲の技法だ。苦しみを吸収し、祝福を注ぎなさい。 それを知るなら人生は天の恵み、祝福だ」

■上：四六判並製 608 頁 2,480 円+税／送料 390 円
■下：四六判並製 450 頁 2,380 円+税／送料 390 円

愛の道― カビールの講話

儀式や偶像に捉われず、ハートで生きた神秘家詩人カビールが、現代の覚者・OSHO と溶け合い、響き合う。機織りの仕事を生涯愛し、存在への深い愛と感謝と明け渡しから自然な生を謳ったカビールの講話初邦訳。

■ A5 判並製 360 頁 2,380 円+税／送料 390 円

魂のヨーガ
― パタンジャリのヨーガスートラ

「ヨーガとは、内側へ転じることだ。未来へも向かわず過去へも向かわないとき、あなたは自分自身の内側へ向かう。パタンジャリはまるで科学者のように人間の絶対的な心の法則、真実を明らかにする方法論を導き出した――OSHO」

■四六判並製 408 頁 2,400 円+税／送料 390 円

神秘家の道
― 覚者が明かす秘教的真理

少人数の探求者のもとで親密に語られた珠玉の質疑応答録。次々に明かされる秘教的真理、光明の具体的な体験、催眠の意義と過去生への洞察等広大で多岐に渡る内容を、縦横無尽に語り尽くす。

■四六判並製 896 頁 3,580 円+税／送料 390 円

神秘家 **エンライトメント** ●アシュタバクラの講話	インド古代の12才の覚者・アシュタバクラと比類なき弟子・帝王ジャナクとの対話を題材に、技法なき気づきの道についてOSHOが語る。 ■ A5判並製／504頁／2,800円 〒390円
ラスト・モーニング・スター ●女性覚者ダヤに関する講話	過去と未来の幻想を断ち切り、今この瞬間から生きること――。スピリチュアルな旅への愛と勇気、究極なるものとの最終的な融合を語りながら時を超え死をも超える「永遠」への扉を開く。 ■ 四六判並製／568頁／2,800円 〒390円
シャワリング・ウィズアウト・クラウズ ●女性覚者サハジョの詩	光明を得た女性神秘家サハジョの、「愛の詩」について語られた講話。女性が光明を得る道、女性と男性のエゴの違いや、落とし穴に光を当てる。 ■ 四六判並製／496頁／2,600円 〒390円
禅 **禅宣言** ●OSHO最後の講話	「自分がブッダであることを覚えておくように――サマサティ」この言葉を最後に、OSHOはすべての講話の幕を降ろした。禅を全く新しい視点で捉え、人類の未来に向けた新しい地平を拓く。 ■ 四六判上製／496頁／2,880円 〒390円
無水無月 ●ノーウォーター・ノームーン	禅に関する10の講話集。光明を得た尼僧千代能、白隠、一休などをテーマにした、OSHOならではの卓越した禅への理解とユニークな解釈。OSHOの禅スティック、目覚めへの一撃。 ■ 四六判上製／448頁／2,650円 〒390円
そして花々は降りそそぐ ●パラドックスの妙味・11の禅講話	初期OSHOが語る11の禅講話シリーズ。「たとえ死が迫っていても、師を興奮させるのは不可能だ。彼を驚かせることはできない。完全に開かれた瞬間に彼は生きる」――OSHO ■ 四六判並製／456頁／2,500円 〒390円
インド **私の愛するインド** ●輝ける黄金の断章	光明を得た神秘家や音楽のマスターたちや類まれな詩などの宝庫インド。真の人間性を探求する人々に、永遠への扉であるインドの魅惑に満ちたヴィジョンを、多面的に語る。 ■ A4判変型上製／264頁／2,800円 〒390円
タントラ **サラハの歌** ●タントラ・ヴィジョン新装版	タントラの祖師・サラハを語る。聡明な若者サラハは仏教修行僧となった後、世俗の女性覚者に導かれ光明を得た。サラハが国王のために唄った40の詩を題材に語るタントラの神髄！ ■四六判並製／480頁／2,500円〒390円
タントラの変容 ●タントラ・ヴィジョン 2	光明を得た女性と暮らしたタントリカ、サラハの経文を題材に語る瞑想と愛の道。恋人や夫婦の問題等、探求者からの質問の核を掘り下げ、内的成長の鍵を明確に語る。 ■ 四六判並製／480頁／2,500円 〒390円
スーフィ **ユニオ・ミスティカ** ●スーフィ、悟りの道	イスラム神秘主義、スーフィズムの真髄を示すハキーム・サナイの「真理の花園」を題材に、OSHOが語る愛の道。「この本は書かれたものではない。彼方からの、神からの贈り物だ」OSHO ■ 四六判並製／488頁／2,480円 〒390円
ユダヤ **死のアート** ●ユダヤ神秘主義の講話	生を理解した者は、死を受け入れ歓迎する。その人は一瞬一瞬に死に、一瞬一瞬に蘇る。死と生の神秘を解き明かしながら生をいかに強烈に、トータルに生ききるかを余すところなく語る。 ■四六判並製／416頁／2,400円 〒390円
書簡 **知恵の種子** ●ヒンディ語初期書簡集	OSHOが親密な筆調で綴る120通の手紙。列車での旅行中の様子や四季折々の風景、日々の小さな出来事から自己覚醒、愛、至福へと導いていく。講話とはひと味違った感覚で編まれた書簡集。 ■ A5判変型上製／288頁／2,300円 〒320円

数秘＆タロット＆その他

■ **わたしを自由にする数秘**―本当の自分に還るパーソナルガイド／著／マ・プレム・マンガラ
＜内なる子どもとつながる新しい数秘＞ 誕生日で知る幼年期のトラウマからの解放と自由。 同じ行動パターンを繰り返す理由に気づき、あなた自身を解放する数の真実。無意識のパターンから自由になるガイドブック。 A5判並製 384頁 2,600円（税別）送料 390円

■ **直感のタロット**―人間関係に光をもたらす実践ガイド／著／マ・プレム・マンガラ
＜クロウリー トートタロット使用 ※タロットカードは別売 ＞ 意識と気づきを高め、自分の直感を通してカードを学べる完全ガイド本。初心者にも、正確で洞察に満ちたタロット・リーディングができます。 A5判並製 368頁 2,600円（税別）送料 390円

■ **和尚との至高の瞬間**―著／マ・プレム・マニーシャ
OSHO の講話の質問者としても著名なマニーシャの書き下ろし邦訳版。常に OSHO と共に過ごした興味深い日々を真摯に綴る。 四六判並製 256頁 1,900円（税別）送料 320円

＜OSHO 瞑想 CD＞

ダイナミック瞑想
全５ステージ
60 分

◆デューター

¥2,913（税別）

生命エネルギーの浄化をもたらす OSHO の瞑想法の中で最も代表的な技法。混沌とした呼吸とカタルシス、フウッ！というスーフィーの真言《マントラ》を、自分の中にとどこおっているエネルギーが全く残ることのないところまで、行なう。

クンダリーニ瞑想
全４ステージ
60 分

◆デューター

¥2,913（税別）

未知なるエネルギーの上昇と内なる静寂、目醒めのメソッド。OSHO によって考案された瞑想の中でも、ダイナミックと並んで多くの人が取り組んでいる活動的瞑想法。通常は夕方、日没時に行なわれる。

ナタラジ瞑想
全３ステージ
65 分

◆デューター

¥2,913（税別）

自我としての「あなた」が踊りのなかに溶け去るトータルなダンスの瞑想。第１ステージは目を閉じ、40 分間とりつかれたように踊る。第２ステージは目を閉じたまま横たわり動かずにいる。最後の５分間、踊り楽しむ。

ナーダブラーマ瞑想
全３ステージ
60 分

◆デューター

¥2,913（税別）

宇宙と調和して脈打つ、ヒーリング効果の高いハミングメディテーション。脳を活性化し、あらゆる神経繊維をきれいにし、癒しの効果をもたらすチベットの古い瞑想法の一つ。

チャクラ サウンド瞑想
全２ステージ
60 分

◆カルネッシュ

¥2,913（税別）

７つのチャクラに目覚め、内なる静寂をもたらすサウンドのメソッド。各々のチャクラで音を感じ、チャクラのまさに中心でその音が振動するように声を出すことにより、チャクラにより敏感になっていく。

チャクラ ブリージング瞑想
全２ステージ
60 分

◆カマール

¥2,913（税別）

７つのチャクラを活性化させる強力なブリージングメソッド。７つのチャクラに意識的になるためのテクニック。身体全体を使い、１つ１つのチャクラに深く速い呼吸をしていく。

ノーディメンション瞑想
全３ステージ
60 分

◆シルス＆シャストロ

¥2,913（税別）

グルジェフとスーフィのムーヴメントを発展させたセンタリングのメソッド。この瞑想は旋回《ワーリング》瞑想の準備となるだけでなく、センタリング《中心を定める》のための踊りでもある。３つのステージからなり、一連の動作と旋回、沈黙へと続く。

グリシャンカール瞑想
全４ステージ
60 分

◆デューター

¥2,913（税別）

呼吸を使って第三の目に働きかける、各 15 分４ステージの瞑想法。第一ステージで正しい呼吸が行われることで、血液の中に増加形成される二酸化炭素がまるでエベレスト山の山頂にいるかのごとく感じられる。

ワーリング瞑想
全２ステージ
60 分

◆デューター

¥2,913（税別）

内なる存在が中心で全身が動く車輪になったかのように旋回し、徐々に速度を上げていく。体が自ずと倒れたらうつ伏せになり、大地に溶け込むのを感じる。旋回を通して内なる中心を見出し変容をもたらす瞑想法。

ナーダ　ヒマラヤ
全３曲
50 分 28 秒

◆デューター

¥2,622（税別）

ヒマラヤに流れる白い雲のように優しく深い響きが聴く人を内側からヒーリングする。チベッタンベル、ボウル、チャイム、山の小川の自然音。音が自分の中に響くのを感じながら、音と一緒にソフトにハミングする瞑想。

※ＣＤ等購入ご希望の方は市民出版社 www.shimin.com までお申し込み下さい。
※郵便振替口座：市民出版社　00170-4-763105
※送料／ CD1 枚 ¥260・2 枚 ¥320・3 枚以上無料（価格は全て税込です）
※音楽ＣＤカタログ（無料）ご希望の方には送付致しますので御連絡下さい。